DIE ENTDECKUNG DES SCHATTENS

Roberto Casati

DIE ENTDECKUNG
DES SCHATTENS

Die faszinierende Karriere
einer rätselhaften Erscheinung

Aus dem Italienischen
von Barbara Schaden

BERLIN VERLAG

Die Originalausgabe erschien 2000 unter dem Titel
La scoperta dell'ombra bei Mondadori, Mailand.
© 2000 Arnoldo Mondadori Editore S. p. A., Milano
Für die deutsche Ausgabe
© 2001 Berlin Verlag, Berlin
Alle Rechte vorbehalten
Umschlaggestaltung:
Nina Rothfos und Patrick Gabler, Hamburg
Gesetzt aus der Swift
durch psb, Berlin
Druck & Bindung: Friedrich Pustet, Regensburg
Printed in Germany 2001
ISBN 3-8270-0328-8

Gedruckt auf chlor- und säurefreiem Papier

INHALTSVERZEICHNIS

1. Kapitel: Im Anfang war der Schatten – 7

ERSTER TEIL: IM TIEFSTEN SCHATTEN
2. Kapitel: Alte und neue Schatten – 23
3. Kapitel: Schattenverkäufer – 35
4. Kapitel: Der Schatten im Geist – 47
5. Kapitel: Der Schatten des Zweifels – 63

ZWEITER TEIL: SCHATTEN AM HIMMEL
6. Kapitel: Spezialeffekte – 81
7. Kapitel: Ellipsen, Schattenkegel und Pyramiden – 101
8. Kapitel: Der Raub der Sonnenuhr – 123
9. Kapitel: Im Schatten des Minaretts – 139
10. Kapitel: Die Zeit flieht durch das Loch im Schatten – 147

DRITTER TEIL: DAS JAHRHUNDERT DES SCHATTENS
11. Kapitel: Schattenkriege – 161
12. Kapitel: Venus imitiert Dianas Schatten – 181
13. Kapitel: Vielleicht hat Saturn seine Kinder verschlungen – 191
14. Kapitel: Die Geschwindigkeit des Schattens – 203

VIERTER TEIL: SCHATTENVISIONEN
15. Kapitel: Die Schattenlinie und die Schattenstrahlen – 219

16. Kapitel: Schattenverflechtungen – 245
17. Kapitel: Lektionen der Finsternis – 261
18. Kapitel: Erinnerungen von jenseits des Grabes – 275

FINALE
- Die Entdeckung des Schattens – 285

AUSKÜNFTE ÜBER DEN SCHATTEN
- Die Namen des Schattens – 293
- Die wichtigsten Entdeckungen und wissenschaftlichen Messungen zum Schatten oder mit dem Schatten als Hilfsmittel – 297
- Weiterführende Literatur – 301
- Bildnachweis – 317
- Dank – 319
- Namensregister – 321

1
IM ANFANG WAR DER SCHATTEN

> Die Erde aber war wüst und wirr,
> Finsternis lag über der Urflut.
>
> Genesis 1,2
>
> Wagest du, Scheusal,
> Neben der Schönheit
> Dich vor dem Kennerblick
> Phöbus zu zeigen?
> Tritt du dennoch hervor nur immer!
> Denn das Hässliche schaut er nicht,
> Wie sein heilig Auge noch
> Nie erblickte den Schatten.
>
> Goethe, Faust

Es fängt ganz entspannt an

Die erste totale Mondfinsternis, die ich bewusst und aufmerksam miterlebte, war am 4. April 1996, kurz nach Mitternacht, in Paris. Falls Sie je in eine solche Situation geraten sollten, bedenken Sie, dass eine wichtige Voraussetzung für die Beobachtung einer Mondfinsternis ein bequemer Sessel ist. Ich bin längerem Postenstehen auf dem Lande in einer feuchten Nacht ziemlich abgeneigt und hätte die Mondfinsternis wahrscheinlich nicht beobachtet, wenn ich sie nicht in aller Bequemlichkeit von zu Hause aus hätte sehen können. Der Mond stand sehr schön in meinem Fensterausschnitt (damals wohnte ich im obersten Stock eines Wolkenkratzers) und leuchtete strahlend, trotz der Lichtverschmutzung über der *Ville lumière*.

Ich hatte gedacht, das Interessanteste an einer Eklipse sei der Anblick, wie sich der Erdschatten langsam über den Mond schiebt und ein schwarzes Lichtbündel, projiziert von einem Negativscheinwerfer, am Himmel seine Spur zieht. Diese Erwartung erfüllte sich natürlich: Pünktlich erschien der Schattenkegel der Erde und verdüsterte erst und löschte dann ganz die helle Pracht des Mondes. Doch genau in diesem Stadium, nämlich während der Phase der totalen Finsternis, hatte ich – verzeihen Sie mir den Kalauer – eine Erleuchtung.

Zum ersten Mal *sah* ich den Mond als das, was er wirklich ist, und das will ich hier festhalten: Der Mond ist ein dunkler Felsbrocken von ziemlich beachtlichen Ausmaßen, der in einer bestimmten Entfernung über mir schwebt und mir seltsamerweise nicht auf den Kopf fällt. Natürlich kannte ich die Gesetze, die ihn auf seiner Umlaufbahn halten, aber meine Augen, die es nicht gewohnt sind, Steine am Himmel fliegen zu sehen, wollten nichts davon wissen. Wie sie im Übrigen auch blind für die – mir ansonsten durchaus einleuchtende – Vorstellung sind, dass der Mond ein großer dunkler Felsbrocken ist: Normalerweise gaukelt das durchscheinende Licht, das die Mondoberfläche reflektiert, dem Blick das Trugbild einer leichten und zarten Laterne vor.

Während der Eklipse verliert der Mond seine sozusagen göttliche Natur und löst sich aus der Gesellschaft der übrigen sichtbaren Himmelskörper, die alle strahlen. Auch die Planeten, die wie der Mond dunkel sind und nur von reflektiertem Licht leuchten, erkennen wir nicht als solche: Unser wenig wählerischer Blick setzt sie ohne weiteres den Sternen gleich. Das Licht verleiht dem Mond eine Leichtigkeit, die sein freies Schweben in der Nacht, als hinge eine Lampe am schwarzen Plafond des Himmels, annehmbarer, ja beinahe normal erscheinen lässt.

Es ist also der Schatten der Erde, der die wahre Natur des Mondes preisgibt.

Seither musste ich ständig über Schatten nachdenken. Bis dahin hatte ich den Schatten einfach als interessanten Fall einer seltsamen, nicht ganz klar definierten Erscheinung betrachtet, der zudem einige komplexe philosophische Fragen aufwirft. (Für einen Philosophen sind seltsame Erscheinungen stets Anlass zum Nachdenken.) Abgesehen von diesem begrenzten theoretischen Interesse sah ich den Schatten immer nur durch den Filter der herabwürdigenden negativen Assoziationen, die ihm unsere und viele andere Kulturen angehängt haben: Im Schatten versteckt man sich und schmiedet Ränke, der Schatten ist düster und Furcht einflößend. Aber während ich die Mondfinsternis beobachtete, die sich inzwischen ihrem Ende näherte, wurde der Schatten auf einmal viel wichtiger und beachtenswerter. Wenn es der Schatten zu Wege bringt, unsere Vorstellung vom Mond ein für alle Mal zu verändern, indem er ihn aus dem Olymp der Götter vertreibt und in die minerale Welt verbannt – ein spektakulärer Sturz, der in umgekehrter Richtung die einzelnen Stationen in der großen Kette der Wesen zurücklegt –, so ist er ein wertvolles Werkzeug der Erkenntnis: Er verhüllt nicht länger, sondern offenbart.

Mit anderen Worten, zu viel Licht kann schaden. Und doch gibt es etliche, die vom Licht nie genug bekommen, wie das wohl berühmteste Gleichnis der abendländischen Literatur zeigt.

Es kann auch ganz anders anfangen

Wir betreten einen Gang, der uns unter die Erde führt. In einem schwach beleuchteten Saal sind die Teilnehmer an einem Experiment versammelt. Von frühester Jugend an waren sie hier unten gefangen und wurden über die Vorgänge in der Außenwelt im Dunkeln gelassen. Um ganz sicher zu gehen, sind sie in eiserne Fesseln eingeschmiedet. Aus der Nähe erkennen wir, dass die Art ihrer Fesselung sie sogar daran hindert, einander zu sehen, und sie zwingt, alle in dieselbe Richtung zu blicken. Ihre einzige Zerstreuung – allerdings das Kernstück des Experiments, dessen Protagonisten die Gefangenen ohne ihr Wissen sind – ist eine merkwürdige Vorführung dort, wohin alle Blicke gerichtet sind. Die Probanden wissen nicht, dass sie sich in einer außergewöhnlichen Lage befinden, sie leben seit vielen Jahren mit diesem Anblick und hatten nie die Möglichkeit, etwas anderes zu sehen. Man erklärt uns, bis dato sei das Experiment gelungen: Die Gefangenen sind überzeugt, die Vorführung sei die einzige existierende Wirklichkeit und die Darsteller deren einzige Bewohner. (An diesem Punkt fragen wir, um welche Aufführung es sich handelt. Wir wüssten gern, was die Gefangenen in all den Jahren gelernt haben.) Wir erfahren, dass sich die Versuchsleiter eine überaus raffinierte Inszenierung ausgedacht haben. Die Darsteller sind nämlich keine Menschen aus Fleisch und Blut, die über eine Stimme und einen Willen verfügen, sondern bewegte Statuen, in Gang gesetzt von einer Dienerschar, die verborgen in einem Laufgraben hinter einem Mäuerchen hin und her eilt. Und damit nicht genug: Die Gefangenen sehen auch die Statuen nicht, denn das Mäuerchen, über dem sich die Statuen bewegen, befindet sich nicht vor, sondern hinter den Gefangenen. Ein Feuer sorgt dafür, dass die Statuen *einen Schatten* an die Wand gegenüber werfen, dieselbe, auf die alle Gefangenen gezwungenermaßen starren.

Seit jeher sehen sie nichts als ein Schattentheater, und deshalb ist ihr Geist unendlich weit von der wirklichen Welt entfernt. Schon eine normale Theateraufführung und, mehr noch, ein Theater mit Statuen oder Marionetten hätte ihnen lediglich eine grobe Karikatur des Universums präsentiert, ein Schattenspiel hingegen ist noch weniger: es ist das Abbild eines Abbilds.

(Aber wozu die komplizierte Inszenierung, fragen wir und erhalten zur Antwort, die entscheidende Phase des Experiments stehe noch bevor.) Die jahrelange Fesselung der Gefangenen diente dazu, sie von der Wirklichkeit möglichst weit zu entfernen. Was wird geschehen, wenn man einem der Gefangenen die Möglichkeit einräumt, aus dem Bauch der Erde emporzusteigen und die Welt der Dinge kennen zu lernen und das Sonnenlicht, das ihnen Form und Farbe verleiht? Es ist anzunehmen, dass der aus der Höhle tretende Gefangene zuerst vom Tageslicht vollkommen geblendet ist und dann, wenn er allmählich wieder sehen kann, angesichts eines Universums farbiger und dreidimensionaler Dinge seinen Augen nicht traut: Zu lange hat ihn die flache und farblose Welt der Schatten genarrt.

Glücklicherweise ist dieser Versuch nur ein Gedankenexperiment: es steht im siebten Buch der *Politeia* (»Der Staat«) von Platon (427–347 v. Chr.), geschrieben vor mehr als zweitausend Jahren, zwischen 388 und 367 v. Chr. Mit seinem Höhlengleichnis legt Platon uns nahe, auch wir seien nicht anders als diese Gefangenen, selbst wenn wir uns für frei und wissend halten, weil wir nicht unser Leben lang in Ketten lagen und einem Schattenspiel zusahen. Die Gefangenen, die nur Schatten sehen, können nicht fassen, dass noch etwas anderes existiert, und sind nicht in der Lage, die wahren Dinge kennen zu lernen. Wir hingegen, die wir zwar die Objekte selbst und nicht nur deren Schatten sehen, sind wiederum nicht imstande, ihr eigentliches Wesen zu betrachten, das verborgen ist und das nur erkennt, wer hinter den oberflächlichen Schein zu blicken vermag. Unsere Kenntnis der Welt ist wie die der Gefangenen in einem Trugbild eingesperrt. Was geschieht, wenn der Gefangene, der ans Tageslicht getreten ist, in die Höhle zurückkehrt und die Zurückgebliebenen von der Existenz einer besseren Welt zu überzeugen versucht? Er macht sich zum Gespött seiner einstigen Gefährten. Beim Betreten der Höhle sind seine nun lichtgewohnten Augen erst einmal blind, und seine Gefährten werden denken, dass das vielgerühmte Licht in Wahrheit nur Schäden verursacht. Und so, meint Platon, ergeht es auch dem Philosophen, der versucht, den Menschen die wahre Natur der Dinge zu erklären.

Aber betrachten wir jetzt einmal die Lage der Gefangenen. Zuerst einmal ist festzuhalten, dass es zum Zweck des Experiments gar nicht nötig wäre, Schatten zu erzeugen: Statuen oder Marionetten sind völlig ausreichend. Logisch betrachtet, hätten sogar leibhaftige Darsteller genügt, um uns den Unterschied zwischen Abbild und Wirklichkeit vor Augen zu führen. Warum hat sich Platon ausgerechnet Schatten ausgesucht? Eine Antwort wäre, dass der Schatten ein verstörendes Beispiel minderwertiger Erscheinungen ist: er ist eine *Verminderung* des wirklichen Gegenstands, der ihn verursacht. Er ist flach, körper- und farblos und überhaupt ohne Eigenschaften. Sein Umriss umfasst ein undefiniertes Inneres. Vor allem aber ist er eine *Abwesenheit*, ein *negatives Ding*: Schatten ist das Fehlen von Licht. Negative Dinge sind jedoch etwas Sonderbares. Die Darsteller und die Dienerschar stehen immerhin auf der Gehaltsliste des Theaters, selbst die Statuen werden erfasst, wenn einmal Inventur gemacht wird. Die Schatten aber tauchen nirgendwo in der Zählung auf. Ihr unsicheres Wesen verwirrt den Verstand und beunruhigt uns. Und als wäre dies noch nicht genug, ist der Schatten seit jeher mit Argwohn und Angst verbunden. Schatten sind fremdartige Gebilde, wir wissen nicht viel über sie, eines aber wissen wir: sie sind keine gute Gesellschaft. Zu Recht greift Platon auf den Schatten zurück, wenn er die Absicht hat, uns zu beunruhigen.

Da ist aber noch etwas. Platon geht davon aus, dass der Schatten sich von der Erkenntnis unterscheidet. Er ist ein Schirm zwischen den Gefangenen und den Dingen. Doch trotz ihrer beklagenswerten Lage, trotz des Abstands, den die Komödianten mit ihren erbärmlichen Tricks schließlich zwischen ihnen und der Wirklichkeit herstellen – trotz alledem haben die Gefangenen Grund zum Optimismus. Sie können den Schatten aufmerksam studieren. Sie können die dreidimensionale Form des Gegenstands, der ihn wirft, im Geist rekonstruieren. Sie können die mathematische Schönheit der Beziehung zwischen dem Objekt und seinem Schatten begreifen. Im rechten Licht betrachtet, erweist sich der Schatten als großartiges Werkzeug der Erkenntnis: Aus diesem Grund kann uns Platons Gedankenexperiment letztlich nicht recht überzeugen. In Wahrheit hilft uns der Schatten, die Welt zu rekonstruieren. Und tatsächlich benutzen wir ihn ständig, um die Beschaffenheit unserer Umwelt zu erfassen.

IM ANFANG WAR DER SCHATTEN

Wie sähe die Welt ohne Schatten aus?

Wenn das Licht das Werkzeug des Sehens ist, so ist der Schatten sein großer Gegenspieler: Der Schatten ist ein ideales Versteck, weil der Blick die Dunkelheit nicht zu durchdringen vermag. Doch ebenso kann das Auge auf den Schatten nicht verzichten: Die in ihm enthaltene Information ist ein wichtiges Hilfsmittel des Sehens. Die Evolution der Lebewesen, die in einer Welt voller Schatten stattgefunden hat, passte durch Selektion die biologischen Systeme an unterschiedliche Helligkeitsniveaus an. Warum sind viele Tierspezies am Bauch heller als auf dem Rücken? Weil das Licht in erster Linie von oben kommt: der helle Bauch wirkt der unvermeidlichen Entstehung eines Schattens unter dem Körper entgegen. Damit verliert das Tier an Kontrast und ist weniger leicht zu erkennen. Hier hat die Evolution auf den Umstand gesetzt, dass das visuelle System der Räuber vorwiegend nach Schatten Ausschau hält.

Es hätte auch ganz anders sein können. Man müsste die gesamte Physik umschreiben, aber gestatten Sie mir hier nur eine Hypothese: Sämtliche Objekte im Universum könnten schwach phosphoreszierend sein. Das geringe Licht, das sie verströmen, brächte nur äußerst geringe Schatten zu Stande, die auf ihrerseits leuchtende Flächen fielen und folglich ausgelöscht würden. In einem derartigen Universum hätte die Evolution keinen Grund gehabt, für Schatten empfängliche Augen hervorzubringen, wie sie in unserer Welt entstanden sind. Unser Gesichtssinn ist vom Hell-Dunkel-Kontrast derart bezaubert, dass uns alles substanzlos und flach erschiene, fänden wir uns unversehens in einer Welt ohne Schatten wieder.

Ein weiteres hypothetisches Beispiel für eine Welt ohne sichtbare Schatten: Wären unsere Augen mit Lampen ausgestattet, könnten wir die Schatten, die sie entstehen lassen, nicht sehen; der Schatten würde stets von dem Schatten werfenden Gegenstand verdeckt. Die Sonne hat ein ungetrübtes Bild von der Welt, weil sie »nie erblickte den Schatten«, wie Goethe im *Faust* schreibt.

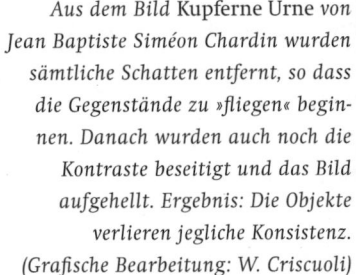

Aus dem Bild Kupferne Urne *von Jean Baptiste Siméon Chardin wurden sämtliche Schatten entfernt, so dass die Gegenstände zu »fliegen« beginnen. Danach wurden auch noch die Kontraste beseitigt und das Bild aufgehellt. Ergebnis: Die Objekte verlieren jegliche Konsistenz. (Grafische Bearbeitung: W. Criscuoli)*

Ungetrübt mag es (das Bild) sein, mit Sicherheit aber ist es flach. Flach sind die Räume und Gesichter, die mit Blitzlicht fotografiert wurden, und flach, ohne räumlichen Zusammenhang, sind auch die Bilder, wenn wir die Schatten wegretuschieren.

Auch das Gegenteil trifft zu: Die Aufhebung der Helligkeiten lässt die Plastizität eines Gegenstands verschwinden. Galileo Galilei (1564–1642) dachte sich ein Beispiel aus, das vermutlich das allererste naturwissenschaftliche Experiment war: Man schwärze die beschatteten Teile einer Statue ein, um die Übergänge und verschiedenen Graustufen zu beseitigen und einen reinen Schwarzweißkontrast zu erzielen. Die Skulptur werde dann flach, ohne Körperlichkeit erscheinen, womit die Überlegenheit der Malerei über die Bildhauerei bewiesen wäre. Modern formuliert, zeigt das Experiment, dass Volumen allein nicht ausreicht, um voluminös auszusehen – man muss auch den entsprechenden Eindruck machen. Nicht zuletzt dazu dient ein Make-up: Die Intensivierung der Dunkelheit in den von Natur aus leicht verschatteten Gesichtsregionen ruft den Eindruck größerer Tiefe hervor.

Was sollen wir hingegen zu einer Welt wie der von Platon erdachten Angst einflößenden Höhle sagen, einer Welt, in der die Wahrnehmung ausschließlich von Schatten abhängig ist? *Eine* Antwort wissen wir: Im Jahr 1953 setzten die Psychologen Hans Wallach und D. N. O'Connell eine Variante des Höhlengleichnisses in die Tat um. Sie nahmen ein Drahtstück und verbogen es zu irgendeiner unregelmäßigen Form, dann stellten sie einen Schirm davor und richteten von hinten eine Lampe auf den Draht, so dass sein Schatten auf den Schirm fiel. Der Beobachter sieht lediglich den Schatten des verbogenen Drahtstücks auf einer Leinwand. Bleibt der Draht reglos, hat der Beobachter den Eindruck eines filigranen schwarzen Gebildes, wie eine Strichzeichnung. Allerdings ist der Draht auf dem Teller eines Plattenspielers befestigt: Kaum beginnt sich der Teller zu drehen, verändert sich die Projektion des Schattens auf dem Schirm. Wie in Platons Höhle sieht der Beobachter nur den Tanz der Schatten, zweidimensionale Gestalten in Bewegung. Und doch sieht er keineswegs eine schwarze Strichzeichnung, die sich verformt, indem sie sich verkürzt und verlängert, sondern er hat den deutlichen Eindruck eines dreidimensional gebogenen Drahtstücks, das sich im Raum dreht. Das Gehirn arbeitet fieberhaft, um einer sich verändernden Wirklichkeit mit wechselhaftem Erscheinungsbild solide Strukturen zu Grunde zu legen. Man mag einwenden, dass hier allerdings ein Unterschied zu den Gefangenen in den Höhlen besteht: Die Beobachter von Wallach und O'Connell wurden nämlich nicht in Ketten gehalten und gezwungen, vom zartesten Alter an *ausschließlich* Schatten zu betrachten. Ihr Gehirn könnte gelernt haben, Gegenstände dreidimensional zu sehen, während bei Platons Gefangenen die Gehirnentwicklung unter der absonderlichen Aufzucht in der Höhle erheblich gelitten hätte. Jedoch waren die Gehirne unserer Vorfahren unzählige Generationen hindurch mit einer Welt stabiler dreidimensionaler Gegenstände konfrontiert und vererbten uns die natürliche Neigung zur Wahrnehmung greifbarer Objekte. Diese Anlage kommt beim geringsten Anlass zum Tragen und zeigt uns auch dort, wo nur Schatten zu sehen sind, konkrete Gegenstände. Vielleicht käme unser Gehirn in einer Welt der Schatten besser zurecht, als Platon vermutete.

Natürlich wissen wir heute viel mehr über die Vorgänge der Wahrnehmung als die alten Griechen (obwohl das Experiment von Wallach und O'Connell mit so bescheidenen Hilfsmitteln auskommt, dass es auch im fünften Jahrhundert v. Chr. hätte durchgeführt werden können: Es reicht, den Plattenspieler durch eine Töpferscheibe zu ersetzen). Heißt das, wir tun Platon Unrecht?

Zu diesem Buch

Oder ist es vielmehr Platon, der dem Schatten Unrecht tut? Dass wir den Schatten völlig unwillkürlich und selbstverständlich benutzen, um Gegenstände im Raum wahrzunehmen, ist nur ein Aspekt seiner Verbindung mit der Erkenntnis. Seit Urzeiten haben die Menschen den Schatten bewusst eingesetzt, und dies, obwohl sie ihn fürchteten und nie so genau wussten, was er eigentlich ist. In die Geschichte der Wissenschaften ist der Schatten eingewebt wie der Schussfaden in den Stoff. Die Beschaffenheit dieses Schussfadens zu prüfen ist ein interessantes Unterfangen.

Zu diesem Zweck müssen wir auf zwei verschiedenen Ebenen vorgehen. Einerseits müssen wir uns klarmachen, weshalb der Schatten eine Falle für den Verstand darstellt. Müssten wir sein Wesen beschreiben, gerieten wir in eine Sackgasse: Wenn der Schatten eine Abwesenheit ist, etwas, das nicht existiert, dann existiert er eben nicht, Punktum. Aber wieso können wir dann überhaupt von ihm reden? Vielleicht ist er mehr als ein Fehlen, vielleicht ist er nur eine Illusion? Eine rätselhafte Erscheinung ist der Schatten in jedem Fall. Auf der anderen Seite ist er trotz seines unfassbaren Wesens und seiner Rätselhaftigkeit ein wertvolles Werkzeug der Erkenntnis. Wie lassen sich diese beiden Aspekte unter einen Hut bringen?

Dieses Buch ist ein Versuch, zu zeigen, dass der Schatten zwar auf den ersten Blick vielleicht nicht gerade Vertrauen erweckend erscheint, in Wahrheit aber durchaus keine schlechte Gesellschaft ist.

Als ich eine Liste verschiedener Entdeckungen des Schattens aufstellte, war ich verblüfft. Die Liste ist ziemlich lang; ich habe sie in den Anhang aufgenommen. Ich will nicht auf jede einzelne eingehen, sondern stattdessen die Geschichte des fortlaufenden Dialogs erzählen, den die Erdenbewohner seit mehreren Jahrtausenden mit dem Himmel führen. Mit Erstaunen erfuhr ich, wie viele Mitglieder der Verein der Schattenforscher zählt, eine Gesellschaft mehr oder minder bekannter Persönlichkeiten – von Eratosthenes bis Galilei, von den arabischen Astronomen bis zu den zeitgenössischen Mathematikern, den Malern der griechischen Antike bis hin zu Leonardo da Vinci –, die den Schatten als Freund der Erkenntnis betrachteten. Und mit Erstaunen sah ich, wie eine derart konfuse und ambitionslose Vorstellung auf derart raffinierte Weise ausgenutzt werden konnte.

Und ich staunte auch jedes Mal, wenn ich mit Freunden im Kaffeehaus, mit meinen Studenten und meinen Lehrern oder mit unbekannten Reisegefährten im Zug über den Schatten sprach, denn jedes Mal erfuhr ich etwas Neues. Der Schatten ist ein Wunder des Geistes. Man meint in ein paar Zeilen alles darüber sagen zu können, aber wenn man ihn aufmerksam studiert und mitten in sein dunkles Herz späht, erweist er sich als unendlich komplex.

Erster Teil

IM TIEFSTEN SCHATTEN

Vorhang

PLATON UND SEIN SCHATTEN

Unterhalb der Akropolis geht Platon in Richtung Meer. Skia, sein Schatten, ist im grellen Mittagslicht kaum zu sehen. Schrill zirpen die Zikaden.

SKIA: Das ist anstrengend! Können wir uns nicht einen Moment ausruhen?
PLATON: Was redest du da? Ausruhen! Ich bin es doch, der geht! Dein lächerliches Getanze ist ja nichts als eine Imitation meines Gehens.
SKIA: Es stimmt, dass ich nicht gehe. Aber du trittst mich dauernd mit Füßen!
PLATON: Na und? Du bist doch bloß ein Schatten. Bist nicht aus Fleisch und Blut und empfindest keinen Schmerz. Ich weiß nicht einmal, wieso ich überhaupt mit dir rede – vielleicht liegt es an der Hitze, die mir die Sinne trübt.
SKIA: Aber die Kühle, die meine Brüder dir spenden, wirst du nicht verachten. Wir könnten uns im Schatten dieser Höhle dort unten ein wenig niedersetzen.
PLATON: Niemals! Lieber zerschmelze ich in der Sonne. Ich nehme gewaltige Mühen auf mich, um die Menschheit der Finsternis zu entreißen. Dies ist wahrhaftig nicht der rechte Augenblick, das Licht zu verlassen.
SKIA: Dass ich dir nicht gefalle, ist klar wie der lichte Tag. Trotzdem haben wir noch ein gutes Stück Weg vor uns, das wir gemeinsam gehen müssen.
PLATON: Darauf würde ich liebend gern verzichten.

SKIA: Was haben die Schatten dir denn getan? Was hast du gegen uns?

PLATON: Ihr seid zu aufdringlich, das ist es. Ihr lenkt ab. Ihr seid finster. Den Kindern macht ihr Angst. Ihr seid schwer zu begreifen. Ihr verursacht alle möglichen Probleme.

SKIA: Könntest du vielleicht mal ein Beispiel nennen?

PLATON: Lies, dann wirst du schon sehen.

2

ALTE UND NEUE SCHATTEN

> Sehr viele kenne ich, die sich vor dem Schatten
> mehr fürchten als vor dem, was den Schatten wirft.
> *Abraham B. Yehoshua*, Die Manis

> Out, out, brief candle!
> Life's but a walking shadow.
> *William Shakespeare*, Macbeth

In der Geschichte der Technik sind Schatten und Licht eng miteinander verwoben. Mit der Einführung des elektrischen Stroms verschwanden nach und nach die ausgedehnten Schattenzonen, die unsere Städte unsicher machten. Dies ist das Erbe des neunzehnten Jahrhunderts, das mehr als jedes frühere eine radikale Verbesserung der Beleuchtungsverhältnisse erlebte. Im Zeitraum von sechzig Jahren, zwischen 1820 und 1880, wurden verschiedene Typen von Lampen erfunden, die leicht zu betreiben und relativ preiswert waren. Bis zum Ende des achtzehnten Jahrhunderts waren außer Wachskerzen vor allem Walrat- und Olivenöl als Leuchtmaterialien im Gebrauch gewesen, zu Beginn des neunzehnten Jahrhunderts kamen dann Leuchtgaslampen auf. Zur selben Zeit wurden in den europäischen und amerikanischen Großstädten die Straßen mit Gaslampen beleuchtet. Die erste in Amerika entdeckte Erdölquelle erschloss 1859 einen neuen Brennstoff. Parallel dazu begann der Mensch den elektrischen Strom als möglichen Lichtspender zu erkennen. Zunächst imitierte er die elektrische

Entladung des Blitzes: Bei den Bogenlampen, die der russische Ingenieur Pawel Jablochkow um 1875 perfektionierte, brennt ein elektrischer Bogen in dem Raum zwischen zwei Elektroden aus Kohle. Bei den Glühlampen, die später aufkamen, dient ein weiß glühender Draht als Lichtquelle – eine Erfindung, die in der Luft gelegen hatte und sich schließlich mit dem Namen Thomas Edison (1847–1931) verband. Edison hatte an die tausend Versuche mit Glühdrähten aus verschiedenen Materialien angestellt, die er in luftleeren, kugel- oder birnenförmigen Glasgefäßen durch Zuleitung von elektrischem Strom zum Weißglühen brachte; ihr Licht blieb jedoch instabil. Am 21. Oktober 1878 versuchte er es mit einem abgebrannten Kohlefaden, der mehrere Tage lang ein stabiles Licht gab. Damit hatte er die Lösung gefunden. Er experimentierte noch ein paar weitere Monate, und im Mai 1880 begann schließlich die Ära der elektrischen Beleuchtung, die innerhalb weniger Jahre das Gaslicht vollständig ersetzte.

Elektrischer Strom lässt sich leicht transportieren, und die Brandgefahr ist vergleichsweise gering – ein erheblicher Fortschritt gegenüber den Fackeln, Kerzen und Kohlepfannen der früheren Jahrhunderte. Der Fortschritt beschränkt sich freilich nicht auf diese technologischen Aspekte: Es ist die Qualität des Lichts, die von nun an vollkommen anders ist. Das grundlegende Phänomen, das Glühen, ist bei offenem Feuer dasselbe wie bei den elektrischen Lampen. Das erhitzte Material gibt einen Teil seiner Energie ab, wobei Photonen freigesetzt werden. Je höher die Temperatur, desto mehr verschiebt sich die mittlere Intensität des erzeugten Lichts zu Blau und desto weniger rötlich ist die Beleuchtung der Umgebung; die Kerze, eine weitaus schwächere Lichtquelle, verbreitet hingegen ein zu Rot tendierendes Licht. Allerdings profitierten bereits die Gasbrenner, die vor 1820 in Gebrauch waren, von einer grundlegenden technologischen Verbesserung: Die wichtigste Lichtquelle ist nicht länger eine Flamme, sondern ein aus unbrennbarem Material bestehender Glühkörper (»Strumpf«), der von der Flamme erhitzt wird. Es ist also eine statische Komponente, die das Licht spendet, beim Gaslicht ebenso wie in der Glühbirne, deren Draht dem hindurchfließenden elektrischen Strom Widerstand entgegensetzt und dadurch zu glühen beginnt. Damit lässt sich eine höhere Temperatur und folglich eine verstärkte Photonenemission erzielen.

Die neuen Lichtquellen strahlen also nicht nur viel heller, sondern weisen noch eine weitere Eigenschaft auf: Sie sind *stabil*. Sie hängen nicht mehr von einer Flamme ab, die jedem Luftzug ausgesetzt ist, und sie flackern nicht. Für unsere Geschichte hat dies eine außergewöhnliche Folge: Denn wie durch Zauberhand hören auch die Schatten auf den Straßen und an den Hauswänden zu flackern auf.

Das neunzehnte Jahrhundert hat nicht nur die Dunkelheit besiegt, sondern auch neue Schatten erzeugt. Es sind die reglosen Schatten, die durch ein zum Glühen gebrachtes Material erzeugt werden. Neu sind sie deshalb, weil sie bis zu dem Zeitpunkt in der Natur nicht existierten, ja weil es überhaupt noch nie einen statischen Schatten gegeben hatte.

Bis vor wenigen Generationen waren die Schatten stets in Bewegung, kein Schatten stand je völlig still. Das Kerzenlicht, das Feuer waren flackernde oder bewegte Schatten, die über die Zimmerwände huschten. Auch im Freien bewegen sich die Schatten: Man braucht nur eine Figur auf den Boden zu zeichnen und sich ein paar Minuten abzuwenden, und man wird feststellen, dass die scheinbar reglosen Schatten von Körpern im Sonnenlicht weitergewandert sind. Sonnenuhren funktionieren nach diesem Prinzip. Die Maler hatten schon immer große Schwierigkeiten mit der Darstellung von Landschaften oder Gebäuden im Sonnenlicht: Schon eine Stunde später hat sich die Verteilung der Schatten in der Landschaft derart verändert, dass die Szene nicht wiederzuerkennen ist. Auch aus diesem Grund wird im Malunterricht die *Schattenlehre* studiert, die das Bildmotiv dem Einfluss des in der Natur stets wechselnden Spiels von Hell und Dunkel entzieht. Vor einem ähnlichen Problem standen die Pioniere der Fotografie. Die von Joseph Nicéphore Niepce (1765–1833) erfundene fotografische Technik benutzt eine bituminöse Substanz, die unter Lichteinwirkung

Ein typisches Bild, wie es die Schadographie erzeugt.

unlöslich wird, doch leider dauert die Belichtung acht Stunden, und in dieser langen Zeit sind die Schatten rund um die fotografierten Gegenstände ein gutes Stück weitergewandert. Wer die Schatten festhalten will, kann sich natürlich mit den von William Henry Fox Talbot (1800–1877) erfundenen Fotogrammen, die er auch »Lichtselbstdrucke« nannte, begnügen: Das Papier wird in Meersalz und anschließend in eine Silbernitratlösung eingelegt, und darauf verteilt man dann in künstlerischer Anordnung Blätter, Spitzen und ausgeschnittene Figuren und lässt die freien Stellen vom Tageslicht einschwärzen, während die bedeckten weiß bleiben. Allerdings sind die einzigen Gegenstände, die sich damit als Bild festhalten lassen, ebenso flach und arm an Nuancen wie die Schatten, die sie darstellen.

Die modernen Schatten, an die Mauern gebannt und in den Lücken zwischen den Häusern gefangen, sind wie eine neue Spezies, die das Reich der Nacht kolonisiert und die Erde bevölkert hat. Doch obwohl sie sich überall eingeschlichen haben, ist es ihnen nicht gelungen, die lebendigen Schatten zu verdrängen, die unsere Spezies jahrtausendelang begleitet haben. Heute verabreden wir uns nicht mehr für die Stunde, in der die Schatten doppelt so lang sind wie wir selbst, doch noch immer spüren wir die unausweichliche Macht der Ab- und Zunahme der Schatten im Lauf eines Tages. In jeder Sekunde, die vergeht, werfen zahllose Gegenstände – Tannennadeln, Steine, Insekten, Menschen – einen Schatten. In jeder Sekunde, die vergeht, verändern sich diese Schatten unmerklich, aber ebenso unerbittlich.

Die alten Schatten sind stets in langsamer Bewegung.

Tokio und New York

Die modernen Schatten werden von einer schnellen und ungestümen Hand hervorgebracht. In Hiroshima brachte die Hitzewelle der atomaren Explosion die Fassaden der Häuser zum Schmelzen.

Einen halben Kilometer von der Explosion entfernt deckte der Mann, der vor einer Bank auf deren Öffnung gewartet hatte, mit seinem Körper einen Augenblick lang die Mauer des Bankgebäudes ab, und dieser kurze Augenblick bewirkte einen Unterschied zwischen dem der Hitze direkt ausgesetzten Bereich und der vom Körper des Passanten geschützten Zone: An der Mauer blieb dieser Unterschied als Schattenriss erhalten. Die letzte Geste im Leben des Passanten bestand darin, einen Schatten zu hinterlassen, der ihn überdauerte. Japan hätte es verdient, wegen freundlicherer Schatten im Gedächtnis zu bleiben. Das berühmteste Loblied auf die alten Schatten stammt aus der Feder des japanischen Dichters Junichiro Tanizaki (1886–1965), der die warmen, vertrauten Schatten in den japanischen Häusern der Kälte der westlichen Beleuchtung gegenüberstellt – derselben, die den genormten und unnütz scharfen modernen Schatten hervorbringt – und das Verschwinden der alten japanischen Kultur beklagt: die Preisgabe der Schatten als unübersehbares Symptom des Verfalls.

Die Fakten zeigen jedoch, dass Japan sehr viel schattenfeindlicher ist, als Tanizaki vermutete, und dass die Angst vor der Dunkelheit offensichtlich auch dem Fernen Osten einige Schwierigkeiten bereitet. Dies behauptet jedenfalls Lester Thurow, Ökonom am MIT, im Zusammenhang mit den Gründen, die Japan daran hindern, seine Wirtschaftskrise am Ende des Jahrtausends zu überwinden. »Japan«, schreibt er, »hätte einen Bauboom auslösen können, um seine Wirtschaft wieder in Gang zu bringen, wäre es nur willens gewesen, seine veralteten Vorschriften und Finanzgesetze zu reformieren ... Die nach wie vor verbindliche Regel, wonach der Erbauer eines Hochhauses allen, die im Schatten des neuen Gebäudes leben, eine Entschädigung zu leisten hat, verhindert in Japan die Lösung aller städtebaulichen Probleme.« Tokio ist kein Einzelfall. Die Vorschriften zur Verhinderung von Schatten sind universell verbreitet und haben die Entwicklung der Städte mitbestimmt. Das spektakulärste Beispiel ist wohl die Skyline von New York zwischen den Weltkriegen: Auf dem aus den vierziger Jahren stammenden Foto sieht Manhattan aus wie eine Maya-Stadt.

New York oder Chichén Itzá?

In übereinander gelagerten Stufen werden die Hochhäuser zur Spitze hin immer schmaler, Wolkenkratzer enden in einer Pyramide. Warum? Die Wolkenkratzer und Hochhäuser werfen von der Spitze an riesige Schatten über die Straßen, doch auch das Gegenteil trifft zu: Die Skyline von Manhattan ist ein von unten, von der Straße aus geplanter Entwurf, ausgehend von den Schattenformen, die die Häuser *nicht werfen dürfen*. Das Profil der Stadt hat der Schatten bestimmt.

Das Problem trat zu Beginn des Jahrhunderts auf und explodierte zwischen 1912 und 1915 mit dem Bau des Equitable Building (Nummer 120 am Broadway) durch den Architekten Ernest R. Graham. Es ist ein merkwürdiger Wolkenkratzer im Neurenaissancestil, sechsunddreißig Stockwerke oder hundertsechsundsechzig Meter hoch, der einen ganzen Häuserblock in Anspruch nimmt. Von oben sieht der Bau ganz und gar nicht aus wie ein Wolkenkratzer – sein Grundriss bildet ein H –, und genau hier liegt das Problem. Zwar ist das Equitable Building nicht besonders hoch, doch ist es endlos lang. Hätten sich alle New Yorker Bauunternehmer an dieses Vorbild gehalten, müssten sich die Bewohner Manhattans heute in der Talsohle düsterer Canyons fortbewegen. Die Eigentümer der angrenzenden Baugelände und Wohnhäuser äußerten lebhafte Bedenken, als ihnen der Bauplan für das Equitable Building vorgelegt wurde, so dass das Gebäude von den ursprünglich vorgesehenen zweiundsechzig Stockwerken auf vierzig verkürzt wurde (später noch einmal auf sechsunddreißig verringert, um den Einsatz der Aufzüge zu optimieren). Aber als das Gebäude dann Gestalt annahm, ergriff die Nachbarschaft schleunigst die Flucht. Die Stadt klagte über große Steuereinbußen und reagierte mit einem strengen Regulierungsplan, der die Verjüngung von Hochhäusern mit zunehmender Höhe forderte. Solange sie nach oben hin immer schmaler wurden, so dass die Spitze schließlich nur noch ein Viertel des Grundrisses ausmachte, durften die Wolkenkratzer von nun an endlos weiterwachsen. Die außergewöhnliche Form Manhattans in der Zwischenkriegszeit geht auf die sklavische Anwendung der Vorschriften aus dem Regulierungsplan zur maximalen Wohnraumbeschaffung zurück. Doch die Vorteile waren erheblich, für die Bauunternehmer (stabile Grundstückspreise) ebenso wie für die Stadt (garantiertes Steueraufkommen). Die zugespitzten oder von absurden Pyramiden und Türmen überragten Wolkenkratzer wurden 1958 durch einen Gewaltakt des Architekten Ludwig Mies van der Rohe (1886–1969) obsolet: Er schenkte der Stadt in der Talsohle des Canyons einen Platz und erhielt dafür die Möglichkeit, seinen Turm aus Glas und Metall, das Seagram Building, vom Fuß bis zur Spitze in einer einzigen geraden Linie hochzuziehen. Morgens wirft der glatte schwarze, senkrecht gestellte Quader ungestraft seinen Schatten auf seinen *eigenen* Platz.

Trotz des Regulierungsplans bleibt New York eine Stadt der Schatten. Eine befriedigende Luftaufnahme von Manhattan ist unmöglich. Die Häuser sind so hoch und drängen sich so eng aneinander, dass sich selbst im günstigsten Augenblick, zur Sommersonnenwende um zwölf Uhr mittags, tiefe Schatten über die Stadt legen und die Linien verschwimmen lassen. Bei Nacht ist New York die Stadt des Lichts, doch einmal zwang die Geschichte die Stadt, sich in Dunkelheit zu hüllen. Während des Zweiten Weltkriegs musste Manhattan verdunkelt werden, weil die deutschen U-Boote, die vor den amerikanischen Küsten kreuzten, vor dem erleuch-

teten Himmel über der Stadt die Schatten der Transportflüge mit Hilfsgütern für Großbritannien ausmachen konnten.
Die Macht des Schattens sollte nicht unterschätzt werden.

Das Schattentheater

Um die Mechanismen der Platoschen Höhle aus der Nähe zu untersuchen, zog ich mich in einen weiten dunklen Raum zurück. Die Beleuchtung der Notausgänge ist ausgeschaltet. Ich stehe reglos in den Kulissen. Ich höre die Schritte der Darsteller auf der Bühne und erkenne undeutlich ihre Gestalten. Das Stück beginnt, eine Lampe leuchtet auf, ein Schauspieler vollführt Bewegungen, die mir auf den ersten Blick unverständlich erscheinen. Ich beuge mich vor und sehe seinen Schatten riesig über die Leinwand wogen, die ihn vom Publikum trennt. Mit einem Mal werden mir die Gesten klar, die ich zuvor nicht begriffen hatte, weil seine Aktion keine direkte Auswirkung auf irgendetwas hatte, das mit seinem Körper zusammenhing. Der Schauspieler agiert auf Distanz, er ist wie ein Dirigent, der ein Bild steuert. Er bewegt seinen Schatten.

Ich habe das Ensemble eines Schattentheaters gebeten, mich die Vorführung aus der Perspektive des Darstellers betrachten zu lassen. Ich wollte aus der Nähe sehen, wie man es zu Stande bringt, den Schatten zu projizieren und zu beherrschen. (Nebenbei bemerkt, war die Vorführung eine Bearbeitung von *Alice im Wunderland*, ein Thema, das sich für Schattenspiele bestens eignet: Alice kann ihre Gestalt verändern und binnen Sekunden winzig oder riesengroß werden, was sich mit Hilfe des Schattens leicht darstellen lässt – es genügt, von der Lampe abzurücken oder sich ihr zu nähern.)

Der Ursprung der Schattenspiele verliert sich im Dunkel der Geschichte; Spuren haben sich bis in jüngere Zeit gehalten, als die Kerzenflamme als einzige Lichtquelle in der Mitte des Tisches rund um die abendliche Tischgesellschaft ein Schattenvolk versammelte. Das Genre des Schattentheaters ist in Indien und China bereits um das Jahr tausend nachgewiesen; von dort breitete es sich aus und entfaltete seine volle Pracht in Java (wo *wajang*, »Schatten«, noch heute das Schattenspiel bezeichnet und die Schauspieler *wajang wong*, »Schattenmenschen«, sind). Die Theater auf Bali, Sumatra und Borneo leiten sich wahrscheinlich von der javanischen Praxis her. Den Schatten wirft hier nicht der Schauspieler mit seinem Körper, sondern eine aus Leder ausgeschnittene, durchscheinende und kolorierte Figur. Im Nahen Osten hat das Theater arabische, vielleicht ägyptische Wurzeln und breitete sich von dort aus in Nordwestafrika, in der Türkei und in Griechenland aus. In der Türkei ist der Protagonist Karagöz (»Schwarzauge«) der Held schlüpfriger Abenteuer, in die er gerät, weil der Schatten seines peinlichen Phallus immer wieder mit durchaus unverfänglichen Gegenständen verwechselt wird. Hinter der komischen Ader verbirgt sich jedoch die Suche nach einem tieferen Sinn: In filigraner Gestalt führt uns das Theater vor Augen, dass der Mensch nur ein Schatten in den Händen eines Schöpfers ist, wie es im Sufismus heißt, einer mystischen Richtung des Islam.

Die ersten Belege eines Schattentheaters im Abendland – orientalischer Herkunft – stammen vom Ende des siebzehnten Jahrhunderts. 1767 sind in Frankreich die »chinesischen Schatten« auf einmal in aller Munde. Der Erfolg der Dynastie der Séraphin, Dominique und Nachkommen, Schattenspielern von 1784 bis 1858, bestätigt die Beliebtheit, deren sich das Genre beim Publikum erfreute.

Aus wissenschaftlicher Sicht lässt sich der Erfolg des Schattentheaters mit einem regelrechten *Bedürfnis nach bewegten Bildern* erklären. Doch im Westen verändert das Theater sich und wird artifiziell und mechanisch. Während im Orient der Schattenspieler, der das Bild lenkt, ein Priester sein kann und seine Gesten, ja sogar das Stöckchen, mit dessen Hilfe die Figur bewegt wird, stets anwesend und sichtbar sind, verwandelt sich im Westen der Akteur in einen Mechaniker, und die Kunstgriffe, mit denen er sein Wirken verschleiert, werden immer raffinierter: Das Bedürfnis nach Illusion überwiegt den dramatischen Anspruch. Am Ende besiegelt die Mechanik den Untergang des Schattentheaters: Das

Pariser *Chat Noir* schließt bezeichnenderweise im Jahr der ersten Filmvorführung der Gebrüder Lumière. Die Schatten werden modern und reproduzierbar.

Noch modernere Schatten

Die derzeitige Renaissance des Schattentheaters geht auf eine technologische Verbesserung zurück, die das Wesen der Aufführung verändert. Bis nach dem Zweiten Weltkrieg ließen sich die zur Projektion verwendeten Lampen nur zu Lichtpunkten verkleinern, indem ein perforierter Schirm davor gesetzt wurde, durch

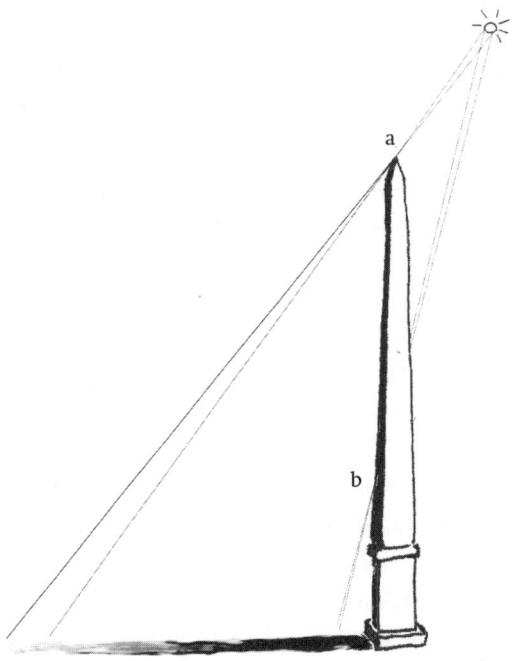

Eine nicht punktförmige Lampe (auch die Sonne) erzeugt stets einen verschwommenen Schatten. Punkt a, von der Erde weiter entfernt, ist von der Unschärfe stärker betroffen als Punkt b: Die Schattenkegel von Punkt a, die von den äußeren Lichtpunkten der Lampe hervorgerufen werden, sind, wenn sie auf einer Fläche auftreffen, voneinander weiter entfernt als die Schatten von Punkt b.

den sie an Leuchtkraft einbüßten; ohne diesen Dimm-Effekt waren sie räumlich ausgedehnte Lichtquellen, die folglich verschwommene Schatten erzeugten.

Um das Problem unklarer Schatten zu vermeiden, legten die traditionellen Schattentheater die Gestalten direkt an den Schirm an. In Java zum Beispiel sind die Figuren des traditionellen Theaters halb durchscheinende Silhouetten aus aufgezogener, kolorierter Büffelhaut. Das projizierte Bild erscheint durch Transparenz auf dem Schirm. (Man kann sich fragen, ob das, was wir sehen, farbige Schatten oder farbige Lichter sind: Berühren sich hier die Begriffe Schatten und Licht?) Diese Lösung bringt jedoch den Nachteil mit sich, dass perspektivische Effekte unmöglich sind. Wollten wir die zur Riesin anwachsende Alice darstellen, indem wir ihre Silhouette vom Schirm abrücken, erhielten wir nur einen immer undeutlicheren Schatten.

Die neue Welt des zeitgenössischen Schattentheaters ist durch Lichtquellen erschlossen worden, die den Strahl auf einen winzigen Bereich konzentrieren (wie Niedervoltlampen). Der Projektionsstrahl einer praktisch punktförmigen Lampe erzeugt immer einen klaren Schatten, gleichgültig, wie weit die Lampe vom Schirm entfernt ist. Für die Theateraufführung bedeutet dies zweierlei. Zum einen kann sich der Akteur frei bewegen, er hängt nicht mehr an der Projektionsleinwand fest. Und zum anderen können sich vor allem die Schatten von den Körpern lösen. Ein grundsätzlicher Unterschied besteht für die Schattenspieler zwischen dem *Bodenschatten* – wie er von Lampen oder von der Sonne projiziert wird – und dem *vertikalen Schatten*, der von einem auf Fußbodenhöhe installierten Licht auf den Projektionsschirm geworfen wird. Fabrizio Montecchi, Regisseur eines Schattentheaters, erklärt, dass der Schattenspieler zu Beginn seiner Lehrzeit mit Bodenschatten arbeitet: »Der Bodenschatten folgt dir überallhin, er ist an deinen Füßen befestigt. Der Bodenschatten ist *dein* Schatten.« Erst später geht er zu den vom Körper getrennten, vertikalen Schatten über. Wenn sich die Lichtquelle am Boden befindet, ist der Bodenschatten nicht zu sehen. Der auf die Leinwand geworfene Schatten wird somit zu einem autonomen Objekt, einer selbstständigen Figur, und ist nicht länger das Double des Originals.

Auf diese Weise gelingt es dem Theaterschatten, nachdem er einen langen Weg zurückgelegt hat, getreu sich selbst darzustellen. Tatsächlich erzählen uns die ethnografische Tradition und die Psychologie von Schatten, die ein Eigenleben führen.

3

SCHATTENVERKÄUFER

> Eines Schattens Traum ist der Mensch.
> *Pindar*

Gefährliche Schatten

»Wenn der Schatten eines Unberührbaren den Körper eines Brahmanen streift, muss der Brahmane sich reinigen.«

Zu allen Zeiten und in sehr unterschiedlichen Kulturen finden sich Geschichten, Tabus und Riten, die den Schatten betreffen. Wir betreten damit einen Bereich komplexer Bilder, die aus der allmählichen Sedimentation sozialer Formen und Erzähltraditionen entstanden sind. Nach Ansicht einiger Ethnologen und Anthropologen beweise eben der Schatten die Verschiedenheit des westlichen und des nichtwestlichen Denkens. In der westlichen Kultur werden die Ansichten und Überzeugungen vom Schatten früher oder später in eine Minitheorie eingebaut, und obwohl die Erwachsenen einen bisweilen ungenauen Begriff vom Schatten haben, scheinen ihre Vorstellungen frei von jeglicher Naivität und beschränken sich auf das Verständnis der Beziehungen zwischen Lichtquellen, Schirmen und Projektionswänden. Eine ausgeprägtere Vorliebe für die Auffassung vom Schatten als beseeltem und eigenständigem Objekt scheint sich hingegen in manchen nichtwestlichen Kulturen zu offenbaren, die dem Schatten Kräfte mannigfaltiger Art zugestehen und ihn als Abbild der Seele ansehen. Neben den »abendländischen« Schatten scheint es also »primitive«

Schatten zu geben. In einem berühmten Kapitel des *Goldenen Zweigs* – der einer der Gründungstexte der modernen Anthropologie ist – zählte James Frazer (1854–1941) einige Überzeugungen auf, die den Schatten kraft seiner Eigenschaften in die Nähe der Seele oder jedenfalls »eines lebendigen Teils des Menschen und des Tiers« rücken. Die neuere Ethnografie berichtet von zahlreichen Fällen, die in dieselbe Richtung zu weisen scheinen. Einerseits kann man andere beeinflussen, indem man auf ihren Schatten einwirkt, doch andererseits kann auch der Schatten eines anderen auf uns einwirken, so dass wir ständig auf der Hut sein müssen. Die Details dieser Theorien sind recht interessant. So muss man beispielsweise für den eigenen Schatten sorgen: Auf der Insel Wetar kann der Mensch erkranken, wenn seinem Schatten ein Schlag versetzt wird; auf den Banks-Inseln darf man nicht zulassen, dass der Schatten auf bestimmte Unglückssteine fällt; in China darf der Schatten nicht in einen offenen Sarg oder eine Totengrube fallen: dort binden sich die Totengräber ihren Schatten sicherheitshalber mit einer Schnur um die Taille fest. Der Schatten kann nicht nur leiden, sondern auch handeln, und dies umso heimtückischer, als er sich lautlos fortbewegt; insbesondere kann einen der Schatten der Schwiegermutter streifen, während man völlig ahnungslos schläft, und in der Folge eine schwere Krankheit hervorrufen, so argwöhnt man in Australien.

Die Legende des Kriegers Tukaitawa, die man sich auf der polynesischen Insel Mangea erzählt, sollte uns ein für alle Mal warnen: Mit der Länge seines Schattens wuchs seine Kraft und nahm wieder ab, weshalb sein Feind nur die Mittagsstunde, die Zeit der kürzesten Schatten, abzuwarten brauchte, um ihn zum Kampf zu fordern und zu töten.

In diesen Geschichten verhält sich der Schatten wie ein lebenswichtiger Körperteil, etwa das Herz, und muss folglich geschützt werden. Andere Erzählungen stellen den Schatten als psychisches Phänomen dar. Werfen wir einen Blick auf die zentralafrikanischen Legenden: Nach Ansicht der Yoruba stellt *òjìjì*, der Schatten, die Seele dar, und man kann jemandem Böses tun, wenn man an seinem Schatten bestimmte »Werke« verrichtet. Bei den Ewe heißt es, bei der Geburt würden verschiedene Prinzipien miteinander vereinigt und bildeten gemeinsam die Seele: *luvo*, Seele, *gbogbo*, Geist, und *vovoli*, Schatten. Tatsächlich kann *vovoli* als Synonym für Seele verwendet werden und wird ebendeshalb mit *luvo* verwechselt, weil man den Menschen an seinem Schatten wiedererkennen kann: Der Schatten ist die sichtbare Form der Seele.

Eine ausgeklügelte Theorie des Schattens findet sich bei den Dogon: Danach stellt der Schatten die nicht intelligente Seele dar und drückt deren Eigenschaften im Spiel von Hell und Dunkel aus. Diese Seele, verkörpert auch im Spiegelbild des Wassers, ist ein Zwilling des Menschen, allerdings vom jeweils entgegengesetzten Geschlecht. Sie ist kein Lebensprinzip, denn sie verschwindet erst lange nach dem Tod, wenn der Körper sich in Staub aufgelöst hat und keinen Schatten mehr wirft.

Biya, der Schatten der Songhay, begibt sich während des Schlafs auf Reisen – was den Traum erklärt – und wird durch Verhexung angegriffen, geraubt, verschlungen. Bei den Alladian und den Ebrié wird eine der Seelen mit dem Namen bezeichnet, den man auch für den Schatten des Menschen verwendet. Bei den Luba setzt sich die Person überhaupt aus drei Schatten (*umvwe*) zusammen. Der erste, der Sonnenschatten, dient den anderen beiden als Modell; mittels einer magischen Verrichtung lässt sich, zumindest zeitweise, die Seele in den Schatten einschließen, so dass der Körper unverwundbar wird. Der zweite Schatten ist die Form des Körpers und folgt den Phasen des Lebens: In jungen Jahren ist er noch ein Entwurf, vollständig ist er nur beim Erwachsenen; ihn abzuschneiden bedeutet vorzeitigen Tod; endgültig verschwindet er aber erst, wenn die Knochen blank liegen. Der dritte Schatten ist die Seele im eigentlichen Sinn, die nach dem Tod noch eine Weile anwesend ist. Die Zulu fürchten das Nahen des Todes, wenn der Schatten kürzer wird, worauf im Übrigen auch der unbedeutende Schatten einer Leiche schließen lässt.

Natürlich hat auch das westliche Denken die animistische Rolle, wenn nicht die magische Kraft des Schattens erkannt, dessen Spu-

Peter Schlemihl lässt seinen Schatten abschneiden. Stich von George Cruikshank, 1823.

ren in der literarischen Tradition überleben. Peter Schlemihl, der unglückliche Titelheld der Geschichte von Adelbert von Chamisso (1813), verkauft dem Teufel seinen Schatten und kann danach kein normales Leben mehr führen. In der Tat: wer würde nicht eine schattenlose Person als Besorgnis erregende Kuriosität ansehen oder zumindest mit Argwohn beäugen? (Oder eine Person ohne Spiegelbild: Die Botschaft ist dieselbe – der *schöne Schein* ist unverzichtbar.)

In der Geschichte von James Barrie (1904) büßt der fliehende Peter Pan seinen Schatten ein, der im Fenster eingeklemmt zurückbleibt; Frau Darling rollt ihn zusammen und legt ihn in eine Schublade. *Die Frau ohne Schatten* von Hugo von Hofmannsthal und Richard Strauss (1919), die Tochter des Geisterkönigs Keikobad, hat keinen Schatten, das heißt, sie ist noch nicht Mutter; erst als sie nach komplizierten Wechselfällen den ersehnten Schatten erlangt, bedeutet dies für sie Fruchtbarkeit. Die Sage der Walpurgisnacht, die in Goethes *Faust* verewigt ist, wird mit dem Schattenspiel auf dem Brocken in Verbindung gebracht, einer seltenen optischen Erscheinung, wenn der Schatten eines Wanderers auf dem Gipfel bei Sonnenuntergang auf die tief hängenden Wolken fällt: Dann vergrößert er sich ins Riesenhafte und leuchtet in farbigem Licht.

Auch die Tiere haben ihre Schattengeschichten. Im alten Griechenland kann ein Hund vom Dach fallen, wenn eine vorüberstreifende Hyäne unten im Hof auf seinen Schatten tritt. Ein scheues, nervöses Pferd nennen die Franzosen *ombrageux* (*Ombrage* war auch im Deutschen vor einiger Zeit noch ein gebräuchliches Fremdwort für »Argwohn« oder »Verdacht«) und meinen damit, dass es vor seinem eigenen Schatten Angst hat. Alexander der Große soll das Problem gelöst haben, indem er sein rebellisches Ross Bukephalas stets so lenkte, dass sein Gesicht der Sonne zugewandt war und es seinen Furcht erregenden Schatten nicht sehen musste.

Der erklärte Schatten

Den rationalen Geistern wird für einige der merkwürdigen Vorstellungen vom Schatten sicher eine einfache Erklärung einfallen. Die Toten werfen keinen Schatten? Natürlich nicht – schließlich sind sie vollständig mit dem Boden in Berührung. Und auch die Kranken, die ebenfalls liegen, werfen nur einen sehr schmalen oder schwachen Schatten. Zwischen dieser Feststellung und der Auffassung vom Schatten als diagnostischem Hilfsmittel ist es nur ein kleiner Schritt. Dabei ist es gerade ein Kennzeichen des magischen Denkens, Ursache und Wirkung zu vertauschen: Dein Schatten ist nicht klein, weil du liegst, sondern du liegst krank darnieder, *weil* dein Schatten klein und schwach ist.

In Wahrheit verbirgt sich hinter dieser einfachen Erklärung ein komplexeres Problem. Als Erstes müssen wir festhalten, dass keineswegs klar ist, was sich aus diesen ethnografischen Berichten folgern lässt. Halten die von den Ethnologen befragten Personen den Schatten *wirklich* für fähig zu handeln und zu leiden wie ein echter Körperteil? Die Schwierigkeiten sind zum Teil in der Natur der ethnografischen Erhebung selbst begründet. Die Anthropologen haben ihre Informanten, die von Mythen und Volksglauben berichten, doch manchmal tun sie sich auch durch Wortspiele und Witze hervor. Wollte man wirklich herausfinden, ob die Informanten glauben, was sie erzählen, müsste man sie in die Falle zu locken versuchen – sie beispielsweise in Widersprüche verwickeln.

Dabei fehlt es nicht an Widersprüchen. Wenn der Krieger Tukaitawa zu Mittag, zur Zeit der kürzesten Schatten, am schwächsten ist, muss ja auch der Schatten seines Widersachers am kürzesten sein – wieso macht *ihm* das nichts aus? Oder verstehen die Mangeaner vielleicht nichts von der Geometrie? Oder: Wenn der Besitz eines Schattens dem Besitz einer Seele gleichzusetzen ist, müssen wohl auch Tische und Stühle eine Seele haben? Vielleicht schert sich das nichtwestliche Denken keineswegs um solche Widersprüche, sondern nimmt sie sogar billigend in Kauf?

Eine vorsichtige Interpretation des uns vorliegenden ethnografischen Materials könnte folgendermaßen lauten: Ja, dem Schatten der Tiere und Menschen werden mehr Eigenschaften zugeschrieben, als ihm auf Grund der äußeren Erscheinung und der Perspektive zustehen dürften; zum Beispiel hängt der Schatten nicht nur von dem Körper ab, der ihn wirft, sondern weist auch etliche andere physische Eigenschaften auf. Ja, der Schatten wird praktisch über denselben Kamm geschoren wie Gegenstände. Und ja, als beinahe autonomes Ding kann der Schatten als interessantes (und folgenreiches) Modell dienen, um das Lebenszentrum oder die Seele von Personen darzustellen. Doch dieses Modell ist nur begrenzt verwendungsfähig. Das heißt, sein Reichtum wird niemals voll ausgeschöpft, sondern im Gegenteil streng eingegrenzt: In der Praxis hütet man sich wohl, sämtliche Konsequenzen der eigenen Gedanken zu ziehen. Deshalb weiß man beispielsweise nie genau, *auf welche Weise* der Schatten es zu Wege bringt, auf Dinge und Personen einzuwirken, ebenso wenig wie man weiß, weshalb Tische und Stühle zwar einen Schatten, aber keine Seele haben. Die mythischen Schöpfungen (etwa der Schatten als Seele) werden *losgelöst*, oder die mit ihnen zusammenhängenden Überzeugungen und Gepflogenheiten kommen den übrigen Überzeugungen und Gepflogenheiten des Alltags nicht in die Quere, die ja in jedem Fall angemessen funktionieren müssen, damit der Mensch weiterhin seinen Verrichtungen nachgehen, Hindernissen aus dem Weg gehen, Gerätschaften bauen kann und so weiter. Durch die Loslösung lassen sich Widersprüche vermeiden; folglich braucht man nicht anzunehmen, dass die von den Anthropologen befragten Personen in Widersprüchen dächten.

Wir können nun die Informanten der systematischen Irreführung bezichtigen oder im Gegenteil davon ausgehen, dass die Erzählungen über den Schatten lediglich Mythen, Fabeln oder unterhaltsame Geschichten sind. Einige Ethnografen weisen deutlich darauf hin, dass die Überzeugungen vom Schatten in einen nebelhaften Schleier gehüllt sind, sobald man über die einfachen Klassifikationen der Seelen und Lebensprinzipien hinausgeht. Der Ethnograf Jean-Pierre Olivier de Sardan schreibt im Zusammenhang mit den Songhay, die Rolle des Schattens sei nur in dessen Abwesenheit klar: »Seines Schattens beraubt, erkrankt der Mensch schwer, fällt in Lethargie und stirbt, sobald der Hexer den Schatten vernichtet. Es gibt keine *Erklärungen* für den Schatten. Die magischen Praktiken sind eher eine Sammlung brauchbarer Rezepte als die Anwendung einer fundierten Wissenschaft.« Genau das erwarten wir vom Schatten, wenn man ihn als Beinahe-Objekt betrachtet, der keinen fassbaren Gesetzen gehorcht. Die Kokoto kennen zweierlei Schatten, von denen der eine für die meisten unsichtbar ist und sich nur demjenigen offenbart, der hexen kann. Dieser Glaube zeigt uns die Grenzen der Auffassung von der Seele als Schatten: Der sichtbare Schatten ist für den Nachweis einer Seele nicht genug, zusätzlich ist noch ein unsichtbarer Schatten erforderlich. Die Alladian und die Ebrié, die der Ethnograf Marc Augé explizit zu dem Thema befragte, konnten ihm über den Ursprung und die Bestimmung des Gespanns Seele/Schatten nichts sagen. Und der Ethnograf John Middleton berichtet, nach Auffassung der Lugbara in Uganda hätten Hexen keinen Schatten und könnten anderen Schaden zufügen, indem sie auf deren Schatten (*endrilendri*) träten, doch fast im selben Atemzug weist er darauf hin, dass der Begriff des Schattens bei den Lugbara wenig Beachtung finde.

Wahrlich Unglaubliches

Die schlauen Schattenverkäufer, die noch am Ende des neunzehnten Jahrhunderts in der rumänischen Bevölkerung Transsylvaniens umgingen, waren sich dieser Mechanismen der Unlauterkeit durchaus bewusst. Um einem Bauwerk Stabilität zu verleihen oder dafür zu sorgen, dass ein Gespenst darin spukt und mögliche Einbrecher in die Flucht schlägt, erzählt Frazer, sei es in alter Zeit üblich gewesen, »einen Menschen lebendig einzumauern« oder »ihn unter dem Grundstein zu zermalmen«. In jüngerer Zeit trat an die Stelle solcher Gepflogenheiten der weniger grausame Brauch, im Fundament den Schatten oder das Maß des Schattens eines Passanten einzumauern, der dann innerhalb von vierzig Tagen, jedenfalls aber binnen Jahresfrist sterben musste. Der Schattenverkäufer vermaß den Schatten eines anderen und stellte ihn dem Architekten zur Verfügung – und in Ermangelung williger Kandidaten zynischerweise vielleicht auch den eigenen, womit er bewies, dass er an sein Tun selbst nicht so ganz glaubte.

Die merkwürdigen Überzeugungen vom Schatten ließen sich auch noch auf andere Weise erklären: Sie werden nicht im eigentlichen Sinn geglaubt, denn sie sind ja buchstäblich unglaublich.

Es sind alles *Geschichten*, Füllmaterial zur Anreicherung von Erzählungen. Folglich gibt es kein »primitives Denken«, das Schatten für magische Dinge hält. Die ethnografischen Berichte über Schatten geben keine Überzeugungen, sondern Erzähltraditionen wieder; sie offenbaren ebenso wenig eine absonderliche Psychologie bei den nichtwestlichen Völkern, wie die Geschichten von Peter Schlemihl und dem Ross Alexanders des Großen maßgeblich für das westliche Denken sind.

Gemeinsam ist manchen der abstrusesten »Überzeugungen« der Magie oder der Religion, dass sie in hohem Maß absurd sind, jedenfalls allzu offenkundig bestimmte Fakten in Abrede stellen, die normalerweise als wahr gelten. Keine Kultur misst der Überzeugung, dass Gras grün ist oder die Sonne wärmt, besonderes Gewicht bei. Hingegen werden sehr viele Energien und Rituale in die Unsterblichkeit oder die Möglichkeit investiert, mit Toten in Verbindung zu treten oder das Leben anderer aus der Entfernung zu beeinflussen. Wenn jemand behauptet, er glaube etwas, beweist er vielmehr, dass die Sache in Wirklichkeit genau umgekehrt ist, wie er insgeheim denkt oder sehr wohl weiß: dass die Toten nicht mit uns reden und dass sich das Verhältnis zum Feind keineswegs durch Nadelstiche in sein Ebenbild verändern lässt.

Die Geschichten über den Schatten fallen in diese Kategorie. Beispielsweise stehen sie in offenkundigem Widerspruch zu unserem Wissen über Kausalität und die materielle Welt, wie das Gebot des Reinigungsrituals, das dem vom Schatten eines Unberührbaren besudelten Brahmanen auferlegt ist, oder Peter Schlemihls abgeschnittener Schatten deutlich beweisen. Faszinierend sind die Geschichten trotzdem – gerade weil wir alle über Kausalität und Materialität sehr gut Bescheid wissen.

Der Reichtum des Schattens

Verführerisch ist der Schatten, weil er so merkwürdig ist; die metaphorische Sprache hat üppig aus dem Bilderschatz des Schattens geschöpft. Schatten sind immateriell und wesenlos, und deshalb ist einer, der *ein Schatten seiner selbst* ist, nur noch ein blasses Abbild seiner früheren lebensvollen Persönlichkeit. Man stellt ein *Schattenkabinett* oder einen *Schattenkaiser* auf, *streitet um den Schatten eines Esels* – das heißt, man führt einen Prozess wegen einer nichtigen Angelegenheit – und bekämpft einen eingebildeten Feind, indem man *mit seinem eigenen Schatten ficht* oder *Schattenboxen betreibt*. Es heißt, man *kann nicht über seinen Schatten springen*, wenn man trotz aller Anstrengung etwas nicht fertig bringt, was der eigenen Persönlichkeit nicht entspricht, oder aber man *will über seinen Schatten springen*, wenn man Unmögliches vorhat. *Dem eigenen Schatten nachjagen* meint, etwas Sinnloses tun. Die Unterwelt ist das *Reich der Schatten*, nach antiker Anschauung der Aufenthaltsort der Verstorbenen, blutleerer Doppelgänger jener, die einst Lebende im Vollbesitz ihrer Kräfte waren. Der Schatten ist ein Parasit des Objekts, der ihn wirft und dessen Form er bisweilen wiedergibt. Offenbar gehört er seit jeher in die Welt des *Scheins*. Der Schatten ist ein Abbild des Schatten werfenden Gegenstands, allerdings unvollständig, eine *Silhouette*, die lediglich seine Umrisse wiedergibt; das Innere des Schattens ist unbestimmt und sagt über das Objekt, das den Schatten wirft, nichts anderes aus, als dass es opak, undurchsichtig ist. Als *bloßer Schattenmann* gilt, wer keine geachtete Persönlichkeit ist, nicht »für voll genommen« wird, und *ein Schattendasein* führt, wer kümmerlich sein Dasein fristet, freudlos dahinvegetiert und nur die *Schattenseiten des Lebens* kennt. Der Schatten ist eine Spur: *Skia*, der altgriechische Ausdruck für den Schatten, bedeutet zugleich »Spur«. Als Abbild kann der Schatten an die Stelle des Schatten werfenden Gegenstands treten und sein Duplikat werden. Einige Schatten steigen zum Rang vollwertiger literarischer Figuren auf: nicht nur Peter Schlemihls und Peter Pans Schatten – in Strawinskys Oper *The Rake's Progress* heißt der Diener des titelgebenden Lebemanns Nick Shadow (und ist in Wahrheit der Teufel). *Beschattet* wird einer, der heimlich verfolgt oder beobachtet wird: Dieser sehr materielle Schatten ist etwas, *von dem man sich nicht trennen kann*. (Im mittelalterlichen Arabisch bedeutet die Bezeichnung für den Schatten wörtlich »Verfolger«.) Man kann also jemandem *wie sein Schatten folgen*; wer hingegen *einen Schatten hat*, ist geistig nicht ganz auf der Höhe. Ein Schatten kann einen Gegenstand verdecken und weist daher nicht nur den physikalischen Aspekt auf, die Abwesenheit von Licht, sondern auch den Wahrnehmungsaspekt der Sichtbarkeit. Das deutsche Wort *Schatten* leitet sich (ebenso wie das englische *shadow*) vom althochdeutschen *scato* her, das seinerseits vermutlich auf das griechische *skótos*, »Dunkelheit«, zurückgeht. Und da auch in unserem Volksglauben der Schatten einst eine doppelte Rolle spielte, wurde das Wort »Schatten« häufig mit »Schaden« gleichgesetzt: Ein Ereignis *wirft seine Schatten voraus*, das heißt, es wird durch bestimmte unheilvolle Vorzeichen angekündigt. Der Schatten Gottes hingegen gilt als fruchtbringend, wie es im Zusammenhang mit Mariä Verkündigung im Lukas-Evangelium heißt: »Die Kraft des Höchsten wird dich überschatten.« In der American Sign Language bedeutet die Gebärde für »Schatten« *schwarzer Fleck*. Die Dunkelheit kann auch beherrschen: Man *steht in jemandes Schatten*, wenn man wegen des anderen nicht die rechte Anerkennung findet, und man *stellt jemanden in den Schatten*, wenn man seine Leistungen übertrifft oder ihn sogar absichtlich herabsetzt, also »in ein schlechtes Licht rückt«.

Die Moral der Geschichten

Die Lektion, die wir aus den Ausflügen in die Linguistik, die Ethnografie und die Literatur lernen können, betrifft die Konstellation der Bilder, die rund um den Begriff des Schattens entstehen. Vor allem erfahren wir eines: dass der Schatten *fasziniert*; und es ist nicht schwer zu begreifen, warum. *Der Schatten bewirkt seltsame Dinge*. Der Schatten ist ein Abbild des Körpers, an dem die Merkmale seines Trägers wiederzuerkennen sind. Er hängt vom Körper ab, mehr noch, er ist fest mit ihm verbunden. Trotzdem ist er ein abstraktes und immaterielles Bild: Der Schatten hat keine Farbe, er ist flach (vielleicht ist er die einzige nicht abstrakte Erscheinung, die wahrhaft zweidimensional ist). Der Schatten wird länger und kürzer, verschwindet und taucht wieder auf, hängt am Körper fest und lässt sich trotzdem nicht fangen.

Wenn wir versuchen, ein wenig Ordnung in den metaphorischen Reichtum des Schattens zu bringen, erkennen wir zwei Pole, um die der Begriff sich kristallisiert: auf der einen Seite die Phänomene aus dem Bereich der naiven Physik (der vorwissenschaftlichen Weltsicht), auf der anderen die Phänomene der naiven Psychologie (der vorwissenschaftlichen Auffassung von Geist und Seele). Die naive Physik besteht aus Gesetzen, die in groben Zügen das Verhalten der Objekte vorhersagen: Ein Gegenstand, der von nichts gehalten wird, hat die Tendenz zu fallen, zwei Körper können nicht gleichzeitig denselben Raum besetzen. Die naive Psychologie erklärt das Verhalten der Menschen anhand einfacher Theorien, die (beispielsweise) vom mehr oder minder friedlichen oder cholerischen »Wesen« einer Person sprechen. Der Schatten bewohnt anscheinend eine Nische des Geistes, die mit der Abteilung für materielle Gegenstände in Verbindung steht – die Schatten sind physikalische Erscheinungen –, die aber auch einen Zugang zur Psyche hat – die Schatten sind Abbilder der Seele. Wenn wir über das sonderbare Verhalten der Schatten nachdenken, machen sich beide, Geist und Materie, an die Arbeit. In dieser Duplizität ist wohl die verstandesmäßige Erklärung für die Fülle an Metaphern, Fabeln und Geschichten über den Schatten zu suchen.

Der Schatten ist Zeuge der Begegnung zwischen der Welt der materiellen Dinge und einer Welt, in der die Materie eine untergeordnete Rolle zu spielen scheint, die launisch ist – der Schatten kommt und geht, ohne dass jemand Einfluss auf seine Pläne hätte – und mit Sicherheit unbestimmt und geheimnisvoll bleibt. Die wesentlichen Merkmale der in dieser Welt wohnenden Dinge und Menschen sind im Wesentlichen in allen Kulturen dieselben.

4

DER SCHATTEN IM GEIST

> Wenn du meinen Schatten unter deinem versteckst,
> gibt es meinen trotzdem noch,
> weil er wieder da ist, wenn du weggehst.
>
> *Carlotta*, 9 Jahre

Ein Junge (oder ein Mädchen), sehr intelligent (oder keineswegs intelligent), entdeckt abends am Strand (oder beim Spielen an einer langen Mauer in praller Sonne) seinen Schatten und versucht ihn zu überspringen (oder zu fangen). Jauchzend vor Vergnügen (oder mit Tränen der Wut) läuft das Kind dem Schatten kilometerweit nach und landet schließlich in den Armen mitfühlender Urlauber (böser Viehhirten), die es von der Verzauberung erlösen (oder es entführen).

M, das Monster von Düsseldorf (im bürgerlichen Leben Peter Kurten) sowie ein Opfer in Fritz Langs gleichnamigem Film aus dem Jahr 1931.

Sollten Sie je auf die Idee kommen, ein Buch über Schatten zu schreiben, werden Sie die zahllosen Varianten dieser Geschichte kaum umgehen können. Unendlich viele Faktoren beeinflussen die Erzählung; übrig bleibt ein offensichtlicher erzählerischer Gemeinplatz, ausgelöst durch die zweideutige Faszination des Schattens. In der Geschichte ist der Schatten ein Objekt, das sich der Kontrolle entzieht und folglich eine Form von autonomem Willen besitzt. Aus dem schlichten optischen Phänomen wird ein beseeltes Wesen. Das Kind ist vom Schatten verzaubert. Wir müssen nach dem wahren Kern suchen – vielleicht ist die Legende ja nur Ausdruck der Faszination des Erwachsenen angesichts eines Schattens, der sich in ein Wesen verwandelt und eine Seele annimmt. Auf jeden Fall verdient die Frage eine nähere Betrachtung.

Kinderschatten

Sind Schatten Wesen mit einem Eigenleben? Die Kinder scheinen tatsächlich davon überzeugt zu sein. Auf explizite und nachdrückliche Fragen werden sie zwar einige Schwierigkeiten haben, es zuzugeben, dennoch können sie sich nicht von der Überzeugung lösen, dass es sich mit den Schatten nicht anders verhält als mit Menschen: zum Beispiel existieren sie auch im Dunkeln. Aber in welchem Alter entdeckt ein Kind den Schatten bewusst? Und wie können wir herausfinden, was Kinder wirklich darüber wissen?

Ausgehend von der Frage, ob das Denken der Kinder sich von dem der Erwachsenen unterscheidet und ob die Kinder mit der Wirklichkeit ebenso umgehen wie die Erwachsenen, führte der Psychologe Jean Piaget (1896–1980) zwischen den Weltkriegen eine interessante Versuchsreihe über die Welt des Kindes durch. Piagets Theorien, die er im Zeitraum eines halben Jahrhunderts in einer Reihe von Monografien veröffentlichte, sind umstritten und werden heute nicht mehr allgemein akzeptiert, jedoch hatten sie das unbestreitbare Verdienst, dass sie die kognitive Wahrnehmung des Kindes zum Forschungsthema erhoben. Nach Ansicht Piagets betrachten die Kinder die Welt mit gänzlich anderen Augen als die

Erwachsenen: Sie »verdinglichen« praktisch alles, und alles hat eine Seele, bis sie sich (als frühe Wissenschaftler: durch Experimente, Hypothesen, Versuch und Irrtum) der Weltsicht der Erwachsenen nähern und sich diese schließlich zu Eigen machen. Geistig haben wir die Kindheit hinter uns gelassen, wenn wir an Stelle einer Welt der Objekte und animistischen Ursachen eine Theorie anwenden, die das Netz der Beziehungen zwischen den Dingen in den Vordergrund rückt; dieser Prozess erfolgt in verschiedenen Phasen, während deren die ursprünglichen kindlichen Vorstellungen in unterschiedlichem Ausmaß mit den immer reiferen Begriffen koexistieren.

In der Phase, in der das Kind zur »Verdinglichung« von Phänomenen neigt, ist es sehr interessant, seinen Vorstellungen vom Schatten nachzugehen. Der Schatten gehört in die physikalische Welt (anders als die Träume), ohne materiell zu sein: Er ist kein typisches physikalisches Objekt. Wenn das Kind bestimmte materielle Eigenschaften mit dem Schatten in Verbindung bringt, dann bedeutet dies, dass die Verdinglichung in der Tat ein elementarer psychologischer Mechanismus ist.

Aber wie finden wir heraus, was ein Kind wirklich denkt? Piaget meint, am besten sei es, zu fragen. (Das geht natürlich nur, wenn die Kinder schon reden können, und schließt alle aus, die noch nicht verbal kommunizieren.) In der Tat, nichts einfacher als das.

Die zum Thema Schatten befragten Kinder waren zwischen fünf und zehn Jahre alt. Ihre Antworten während des Gesprächs sind subtil und fantasievoll. Gall (die merkwürdigen Namen sind die von Piaget verwendeten Kodenamen) sagt, der Schatten der Hand sei dunkel, »weil die Hand Knochen hat«. Tab meint, der Schatten entstehe durch die Nacht. Re ist überzeugt, man könne ihm seinen Schatten entreißen, wenn man ihn mit einem Schirm aufspießt; wenn man ihm aber beweist, dass der Schatten trotz Aufspießens an Ort und Stelle bleibt, antwortet er, unter dem ersten sei ein zweiter Schatten. Für Stei bleibt der Schatten eines Stuhls, wo er ist, weil er zwischen den Stuhlbeinen eingeklemmt ist. Gill und Leo sehen im Schatten das Porträt und das Modell der Person, die den Schatten wirft. Bab äußert eine kühne Hypothese: Gegenstände werfen tagsüber nur nach einer Seite hin einen Schatten, weil es »auf der anderen Seite Nacht ist«: Nachts werfen Gegenstände nach beiden Seiten Schatten. Für Roy ist der Schatten eine Substanz, die den Raum ausfüllt und lichtundurchdringlich ist. Und ein anderes Kind meint, die Seite im Schatten sei deshalb dunkel, weil »das Licht sie nicht sieht«.

Das Verständnis des Schattens entwickelt sich schrittweise. In der ersten Phase, der primitivsten innerhalb der von Piaget untersuchten (ab fünf Jahren), geht der Schatten eines Objekts aus dem Schatten der Umgebung hervor und ist auf ihn angewiesen. Die nächtliche Dunkelheit sind »schwarze Wolken«, zu denen tagsüber die Schatten gehören. In der zweiten Phase (sechs bis sieben Jahre) erscheint der Schatten als Erzeugnis nicht der Nacht, sondern des Schatten werfenden Gegenstands. Dies zeigt, dass das Kind nicht vorhersagen kann, in welcher Richtung der Schatten in Bezug auf eine Lichtquelle fallen wird. Zum Beispiel versucht das Kind, seinen Schatten im Zimmer kreisen zu lassen, indem es sich nicht um die Lampe, sondern *um die eigene Achse dreht*. In der dritten Phase (sieben bis acht Jahre) entdeckt das Kind, dass der Schatten in geometrischer Beziehung zur Lichtquelle steht, erkennt aber noch nicht die kausale Beziehung zwischen dem einfallenden Licht und der Gestalt des Schattens; so glaubt es beispielsweise, dass der Gegenstand auch im Dunkeln einen Schatten wirft. In der vierten Phase (acht bis neun Jahre) erklärt sich das Kind den Schatten rein geometrisch und gibt damit praktisch die erwachsene Vorstellung vom Schatten wieder: Der Schatten ist abhängig von einem Gegenstand, der eine Lichtquelle abschirmt.

Im Anfangsstadium besteht der Schatten also aus Materie – Dunkelheit –, die sich als dieselbe erweist, aus der auch die Nacht entsteht. Sowohl in der zweiten wie in der dritten Phase ist der Schatten eine Art eigenständiges Objekt, und erst in der vierten Phase löst sich dieses *Schatten-Ding* im Netz sämtlicher Beziehungen zwischen Gegenständen auf. Das entscheidende Stadium ist das dritte, eine Mischung zwischen der Vorstellung vom Schatten als

Ding und dem richtigen Verständnis des Schattens. Das Kind kann die korrekte Erklärung nicht erkennen, weil der Begriff des Schatten-Dings noch vorherrscht.

Schattenkämpfe

Das ist alles sehr beeindruckend, aber ist es auch zutreffend? Die Psychologin Rheta DeVries hat Piagets Experimente mit einer größeren Gruppe von Kindern wiederholt und neue Erkenntnisse über die Entwicklung der kognitiven Vorstellung vom Schatten gewonnen. Ihre Ergebnisse sind teils eine Bestätigung, teils eine Widerlegung von Piagets Hypothesen. Zum Beispiel stellt sie fest, dass die Kinder im entsprechenden Alter tatsächlich den Schatten als Gegenstand beziehungsweise als Ausstülpung eines Gegenstands betrachten. Doch er ist nicht Teil der Nacht: Wenn er sich in der Dunkelheit auflöst, vereinigt er sich nicht mit dem großen nächtlichen Schatten, sondern *verkriecht sich im Körper*.

Das Experiment wird als Spiel aufgezogen und findet in einem Raum mit einer auf Kopfhöhe montierten beweglichen Lampe statt, die Schatten an eine Wand wirft. Der Versuchsleiter und das Kind verfügen über verschiedene Gegenstände, die Schatten werfen. Das Kind soll jetzt einige Aufgaben erfüllen: den eigenen Schatten größer machen als den eines bestimmten Spielzeugs, mit dem eigenen Schatten den Schatten des Versuchsleiters berühren, den Schatten zum Verschwinden bringen, ihn verschieben und so weiter. Währenddessen muss das Kind viele Fragen beantworten: Wenn mein Schatten den deinen berührt, fühlt sich das genauso an, wie wenn ich dir einen Nasenstüber gebe? Wohin verschwinden die Schatten in der Nacht? Kannst du deinen Schatten immer mitnehmen? (In die Fragen sind kleine Fallen eingebaut, anhand deren festgestellt werden soll, ob das Kind eine kohärente Vorstellung davon hat, was es sagt.) Wie Piaget stellte auch DeVries fest, dass der Begriff des Schattens sich mit der Zeit verändert. Auf der Stufe Null hat das Kind praktisch keine Ahnung von der Beziehung zwischen einem Gegenstand und seinem Schatten. Auf der ersten

Stufe wird der Schatten mit dem Gegenstand in Verbindung gebracht, weil er ihm ähnelt oder weil er in seiner Nähe zu beobachten ist, aber das Kind versteht noch nicht, wie es ihn beeinflussen könnte. Zum Beispiel würde die kleine Julia gern sehen, was für einen Schatten der Schweif ihres Holzpferdchens wirft, doch statt das Spielzeug relativ zur Lichtquelle quer zu stellen, richtet sich die Spitze des Schweifs gegen die Wand, als könnte der Schatten aus dem Objekt hervorquellen.

Auf der zweiten Stufe kommt – auf den Flügeln des Paradoxons – die Beleuchtung ins Spiel: Wie kann es sein, dass Licht etwas Dunkles hervorruft? Ein Kind löst das Problem auf seine Weise und sagt, »der Schatten *leuchtet* auf dem Tisch«. In dieser Phase wird das Licht als eine mögliche Ursache des Schattens angesehen, doch seine Geometrie ist noch unklar. Zum Beispiel wird auch in einem verdunkelten Raum die Sonne als Ursache des Schattens angeführt. Doch die Situation verändert sich rasch, wenn die Kinder – durch viel Ausprobieren – die Bedeutung der jeweiligen Position von Lampe, Schatten werfendem Gegenstand und Schirm zu begreifen beginnen. Dem kleinen Aaron fällt diese Übung besonders schwer. Man bittet ihn, seinen Schatten, den er jetzt an einer Wand sieht, an eine andere Wand umzulenken, wozu er die Lampe verschieben müsste; stattdessen versucht er, seinen Schatten hinter sich herzuziehen, indem er ihn vom Teppich wegreißt oder mit Füßen tritt. Aaron kämpft mit dem Schatten. Bald danach wird den Kindern jedoch bewusst, dass sie ferne Schatten steuern können, und sie entwickeln ein besseres Verständnis für die Rolle des Lichts. Mit fantasievollen Ergebnissen: Die siebenjährige Kate stellt sich vor, dass das Licht ihre Hand *umhüllt* und dadurch einen Schatten entstehen lässt, die neunjährige Ann betrachtet das Licht als eine Art Wind, der den Schatten befördert. Auf der dritten Stufe wird die geometrische Vorstellung komplexer, doch hat das Kind noch kein wirkliches Verständnis für das Phänomen Schatten: Es hat begriffen, *wie* der Schatten funktioniert, weiß jedoch noch nicht, *warum*. Es kann vorhersagen, wohin ein Schatten fallen wird, ist jedoch nach wie vor überzeugt, dass sein Schatten

IM TIEFSTEN SCHATTEN 53

Schatten schlägt Kies? Vier Kinder haben vergeblich versucht, einen Schatten unter einer Schicht Kies verschwinden zu lassen.

weiterhin existiert, auch wenn er vom Schatten des Versuchsleiters überdeckt wird oder wenn der Raum dunkel ist (das Licht dient nur dazu, einen Schatten zu *enthüllen, der bereits im Dunkeln anwesend war*). Die Widerruflichkeit des Schattens erkennt das Kind erst in der vierten Phase, mit der sich die kindlichen Schatten endgültig den Schatten der Erwachsenen annähern.

Immaterielle Materie

Hinsichtlich der kindlichen Vorstellung von der Materialität der Schatten sind sich jedoch nicht alle einig. Einige Forscherinnen (Carol Smith, Susan Carey und Marianne Wiser) schöpften Verdacht, als sie ihrerseits die Kinder fragten, ob die Schatten »aus etwas gemacht« seien. Die Antworten sind beinahe immer positiv, allerdings fügen die Kinder häufig hinzu, die Schatten würden »von einem selber und von der Sonne gemacht«, was bedeutet, dass sie die Frage wahrscheinlich nicht auf die physikalische Beschaffenheit des Schattens beziehen, sondern auf den Prozess, der sie erzeugt. Die Forscherinnen stellten daher keine direkten Fragen mehr, sondern wandten eine andere Methode an. Sie erklärten den (vier- bis zwölfjährigen) Kindern den Unterschied zwischen materiell und immateriell, indem sie ihnen sagten, manche Dinge, zum Beispiel Steine oder Tiere, bestünden aus Materie, andere hingegen, wie Gedanken oder Traurigkeit, seien aus nichts. Daraufhin lasen sie den Kindern eine Liste vor, auf denen Begriffe wie Auto, Baum, Wasser, Coca-Cola, Gedanke, elektrischer Strom, Licht, Schatten, Echo, Traum standen, und baten sie, die Wörter zu sortieren und die materiellen Dinge von den immateriellen zu trennen. Bereits im Alter von vier Jahren wird der Schatten stets unter die immateriellen Dinge eingereiht, zusammen mit dem Echo, dem Traum, dem elektrischen Strom. Dies widerlegt die Thesen von Piaget und DeVries: Die Kinder halten den Schatten keineswegs für materiell.

Schließen wir der Interpretation an, dass die Kinder den Schatten als objektive Erscheinung ansehen, als Teil der äußeren Welt, können wir weiter folgern, dass die Vorstellung von einer objektiven Sache schon im frühen Alter nicht an Materialität gebunden ist. Die Kinder sind gar nicht so materialistisch, wie Piaget vermutete. Allerdings ist ihr Begriff von Materie komplex und stimmt nicht genau mit der (vorwissenschaftlichen) Vorstellung der Erwachsenen überein. Nach Careys Ansicht sehen die Kinder bis zum zwölften Lebensjahr bestimmte Dinge als immateriell an, die für uns materiell sind (zum Beispiel Luft), und umgekehrt sind bestimmte Erscheinungen, die für uns immateriell sind (wie Hitze), für sie materiell.

Bisher wissen wir lediglich, was die Kinder uns sagen oder was wir aus den Widersprüchen in ihren Antworten ableiten können. Was sie vom Schatten halten, könnten sie von Erwachsenen übernommen oder durch spielerische Experimente selbst herausgefunden haben; vielleicht handelt es sich auch um Begriffe, die nicht erworben sind, sondern mit einem früheren Stadium der kindlichen Entwicklung zusammenhängen? Um darauf eine Antwort zu geben, wäre es interessant, Versuche mit Kindern anzustellen, die noch nicht reden können. Aber wie sollen wir herausfinden, wie Kleinkinder über den Schatten denken, wenn sie noch nicht sprechen? Und nicht nur über den Schatten: Wie sollen wir überhaupt herausfinden, was Kinder denken?

Die Antwort lautet: Man muss sie *langweilen*.

Die Langeweile als Werkzeug der Erkenntnis

Rechts von dir erscheint ein großer Fleck, der in einem nicht vorhersehbaren Rhythmus größer und kleiner wird. Begleitet wird er von einem modulierten Ton, der klingt, als drehe sich eine Schallplatte auf dem Grammofon immer langsamer, bis der Plattenteller schließlich steht. Du bist gelähmt vor Entsetzen, auch deshalb, weil du in einer unbestimmbaren farblosen Flüssigkeit treibst, in der es weder oben noch unten gibt, und der bedrohliche Fleck könnte dich erfassen, ohne dass du in der Lage bist, ihm auszuweichen. Hin und wieder weht eine Geruchswolke an dir vorüber; in diesem kurzen Augenblick bist du selbst die Wolke, es besteht kein Unterschied zwischen dir und ihr, wie auch kein Unterschied ist zwischen dir und dem Ton, den du hörst, vielleicht auch nicht zwischen dir und dem Fleck. Im Übrigen erscheint dir der Fleck jetzt weniger beunruhigend, er nähert sich vor einer Hintergrundmusik, einem Gesang; ein Vorhang öffnet sich, und völlig unerwartet erscheint das weiche Objekt deines Verlangens.

Nein, das ist nicht der Anfang eines Science-Fiction-Romans, sondern die Beschreibung der Realität eines Säuglings, kurz bevor er gestillt wird. Eine nette Geschichte; schade, dass sie ganz und gar falsch ist. Beschreibungen dieser Art sind wissenschaftliche Legenden, die schon längst von der experimentellen Forschung widerlegt wurden. Die Legende hält sich jedoch zäh, weil man der Ansicht ist, man könne sowieso nie wirklich wissen, was den Winzlingen durch den Kopf geht. Und auch das ist falsch.

Seit den sechziger Jahren wendet die Entwicklungspsychologie eine Methode an, die so genannte Gewöhnung, mit deren Hilfe sich das geistige Universum der Kinder vor dem Spracherwerb erforschen lässt (dies bereits in den ersten Lebenswochen; beschränken wir uns jedoch auf Kinder im Alter von ein paar Monaten). Der Grundansatz der Methode ist einfach. Zunächst einmal muss man die Kinder langweilen, indem man sie wiederholt in dieselbe Situation bringt, ihnen beispielsweise ein dreifaches Lautsignal vorspielt und sehr oft wiederholt. Am Anfang ist das Kind interessiert, wie es durch verstärktes Saugen bekundet, doch bald schwindet sein Interesse, und am Ende ist es abgelenkt, das heißt, es langweilt sich. Wenn die Saugintensität abnimmt und man sicher sein kann, dass das Kind definitiv gelangweilt ist, schreitet man zum Test und lässt *zwei* Töne erklingen. Die Aufmerksamkeit nimmt wieder zu. Wie ist dieses Interesse des Neugeborenen zu erklären? Das Einzige, was sich an der Situation geändert hat, ist die Zahl der Töne, man kann also davon ausgehen, dass schon das Neugeborene den Unterschied zwischen zwei und drei kennt. Oder dass es irgendeine Vorstellung von Menge und Zahl hat. Das Ergebnis ist interessant: Mit vier Monaten sind Kinder für Mengenunterschiede empfänglich – auch wenn sie vorerst nur bis drei zählen können; dem Wechsel von drei zu vier Reizen begegnen sie eher gleichgültig. Die Experimente sind langwierig und kompliziert; die Versuchsleiter müssen große Hürden überwinden: Die Kinder zu finden ist schon nicht leicht, man muss sie sorgfältig auswählen. Die Eltern müssen dabei sein, das Kind im Arm halten, wenn es widerspenstig ist, und müssen außerdem während des Experiments die Augen schließen, um die Reaktionen ihres Kindes nicht unwillkürlich durch Körpersignale zu beeinflussen. Aber die Mühe lohnt sich.

Durch die Arbeit mit einer großen Zahl gelangweilter Säuglinge fand man heraus, dass sie bereits sehr viel wissen, was ihnen niemand beigebracht haben kann: zum Beispiel können sie kleine Mengen addieren und subtrahieren; sie wissen, dass Objekte weiter vorhanden sind, auch wenn sie hinter einem Schirm verschwinden, dass sie nicht durchdringbar sind und dass sie sich nicht sprunghaft, sondern kontinuierlich bewegen; eine Wirkung auf Distanz akzeptieren sie nicht, sie glauben, dass zwei Oberflächen sich nur übereinstimmend bewegen, wenn sie miteinander in Berührung sind, und sind überzeugt, dass bei einem Zusammenstoß zweier Körper die Bewegung weitergegeben wird; sie sind überrascht, wenn eine Diskrepanz zwischen einem Berührungs- und einem optischen Reiz auftritt, sind also imstande, die von unterschiedlichen Sinnen eintreffenden Informationen einander gegenüberzustellen. Und so weiter.

Die Kenntnisse der Säuglinge sind deshalb so interessant, weil sie mit einer ziemlich fest verwurzelten Vorstellung vom Wesen des kindlichen Lernens aufräumen. Es stimmt nicht, dass das Kind in einem engen subjektiven Gefängnis eingesperrt ist, einer magmatischen Welt verschwommener Farben und beunruhigender Töne, in der jähe, schmerzhafte Empfindungen des Hungers oder heftige Gerüche aufwallen, strukturiert von regelmäßigen köstlichen Begegnungen mit der sagenhaften Mutterbrust oder Milchflasche, dem einzigen Ereignis, das es wert ist, dass man es wiederzuerkennen lernt. Alles falsch: Das Kind sieht schon ziemlich früh die Welt mehr oder weniger wie wir, die Farben sind nicht subjektiv, sondern real, die Dinge verhalten sich vorhersehbar und stehen mit anderen Objekten in einer kausalen Wechselwirkung, die präzisen Gesetzen gehorcht. Die Welt der frühesten Kindheit ist keineswegs nur ein einfaches Mosaik aus Empfindungen, sondern erheblich reicher, denn sie schließt auch den kausalen Begriff von Berührung und den metaphysischen Begriff von der Permanenz nicht wahrgenommener Objekte mit ein. Das heißt, man könnte behaupten, dass der Mensch bereits mit einer Theorie von der Welt oder auch mit einer ganzen Reihe von Minitheorien, eine für jede Art von Objekt, geboren wird. Gewiss bestehen Unterschiede zwischen der Weltsicht des Säuglings und der des Erwachsenen, doch diese sind eben Unterschiede zwischen verschiedenen Sichtweisen und nicht zwischen einer kindlich unbestimmten und unserer strukturierten Wahrnehmung.

Ist unter diesen Minitheorien auch eine Vorstellung vom Schatten?

Schatten, bist du eine Sache?

Wie im Fall der sprachfähigen Kinder, die von Piaget und DeVries untersucht wurden, dient auch bei Kindern, die noch nicht sprechen können, der Schatten als großartiges Lackmuspapier, um die Vorstellung von der physikalischen Realität zu prüfen. Der Schatten ist eine physikalische Erscheinung, doch immateriell, weshalb ihm in der Theorie der Welt ein eigener Platz zustehen müsste. Bei den sehr kleinen Kindern tritt zusätzlich ein besonderes Problem auf. Man braucht sich nur umzusehen: Vom Helligkeitskontrast her gesehen sind Schatten extrem wichtig. Auf einen sonnenbeschienenen Strand wirft ein Felsen einen Schatten, der sehr viel dunkler ist als er selbst. Deshalb kann es sein, dass der Schatten das Neugeborene *verwirrt*, das ihn womöglich als materiellen Gegenstand wahrnimmt und zu viele geistige Energien darauf verwendet. Um das Problem zu lösen, könnte die Evolution dafür gesorgt haben, dass die Kinder den Schatten einfach *nicht sehen*, vielleicht dank eines kognitiven »Filters«, der ihn ausblendet. Ein Experiment von Gretchen van de Walle, Jayne Rubenstein und Elizabeth Spelke zeigt jedoch, dass Kleinkinder zwischen fünf und acht Monaten den Unterschied zwischen einem reglosen und einem bewegten Schatten erkennen und den Schatten also wahrnehmen, sie blenden ihn nicht komplett aus – auch wenn noch nicht klar ist, ob sie ihn *als Schatten* sehen oder als dunklen Fleck.

Bei einem anderen Experiment wurde der Gewöhnungseffekt gemessen, indem man den Kindern eine Zeit lang eine schwebende Kugel zeigte, deren Schatten auf eine unter ihr stehende Schachtel fällt.

Man versucht nun herauszufinden, ob die Neugeborenen den Schatten, der sich auf unnatürliche Weise bewegt, während die Kugel reglos bleibt, überraschender finden als den sich natürlicherweise mit der Kugel bewegenden Schatten. Im Unterschied zur Reaktion des Erwachsenen sind die Neugeborenen über die natürliche Bewegung des Schattens erstaunter, das heißt, sie behagt ihnen weniger. Warum? Eine Hypothese lautet, dass die natürliche

Die Schachtel, der Schatten und die Kugel können sich unabhängig voneinander bewegen. Experiment 1: In der unnatürlichen Situation bewegt sich der Schatten, und die Kugel bleibt, wo sie ist; in der natürlichen Situation bewegt sich der Schatten mit der Kugel. Experiment 2: In der unnatürlichen Situation bewegt sich der Schatten mit der Schachtel; in der natürlichen Situation bleibt der Schatten unter der Kugel, während die Schachtel sich fortbewegt.

Bewegung des Schattens gegen ein grundlegendes Prinzip der physikalischen Weltsicht der Kinder verstößt, wonach eine *Wirkung auf Distanz nicht existiert*. Dass der Schatten sich nicht bewegt, ist in Ordnung, denn er *ist mit der Schachtel verbunden*, nicht mit der Kugel.

Ein weiteres Experiment scheint diese Resultate zu bestätigen. Das Baby beginnt sich wie im vorhergehenden Experiment zu langweilen, nachdem man ihm eine Zeit lang die Kugel gezeigt hat, die ihren Schatten auf die Schachtel wirft, während Kugel, Schachtel und Schatten reglos bleiben. Man versucht nun herauszufinden, ob es die Bewegung der Schachtel ohne Schatten, der unter der Kugel bleibt (natürliche Situation), interessanter findet als die Bewegung der Schachtel mitsamt festhaftendem Schatten (unnatürliche Situation). Wieder wundert sich das Baby über die natürliche Situation mehr als über die unnatürliche. Man kann also annehmen, dass die Bewegung der Schachtel ohne Schatten – der an Ort und Stelle verharrt, wie es sich gehört – im Widerspruch zu einem weiteren Grundsatz der kindlichen Weltsicht steht: *Zwei Dinge stehen miteinander in Wechselwirkung, wenn sie sich berühren.* Die Berührung und die Wirkung auf Distanz sind Kausalverbindungen; wenn ich einen Aschenbecher auf einer sich bewegenden Schachtel sehe, rechne ich damit, dass der Aschenbecher die Schachtel begleitet. Wenn Aschenbecher und Schachtel nebeneinander stehen und ich die Schachtel bewege, rechne ich nicht damit, dass sich der Aschenbecher ebenfalls bewegt.

Die Kinder hingegen betrachten den Schatten ähnlich wie den Aschenbecher; es wäre interessant herauszufinden, warum dem so ist, denn Schatten gehören schließlich *nicht* in die Kategorie von Objekten wie Aschenbecher.

Eine sehr einfache Hypothese lautet, dass die Kinder auf den Schatten »reagieren«, weil er auffällig ist und sie deshalb automatisch, ohne darüber nachzudenken, dieselben Prinzipien anwenden, wie sie für Gegenstände gelten. Die Schatten werden wie materielle Objekte behandelt. Warum? Es ist die nächstliegende Lösung für das Baby: Von den materiellen Dingen hat es bereits einen Begriff.

Es bleibt jedoch eine letzte Merkwürdigkeit. Was denkt sich das Baby, wenn es sieht, wie der Schatten, den es für einen Gegenstand hält, *Dinge tut, die bei einem Objekt absurd wären* (über eine Schachtel hinwegschweben oder ihre Bewegung über eine gewisse Distanz hinweg auf die Kugel abstimmen)? Sieht es das Phänomen als Schatten, lernt es, ihn als Schatten zu betrachten? Oder gerät es in Verwirrung und weiß nicht mehr, was davon zu halten ist?

Van de Walle, Rubenstein und Spelke haben den Kindern eine sehr subtile begriffliche Falle gestellt. Zuerst konfrontierten sie die Babys mit überraschenden Situationen – sie zeigten ihnen einen Schatten, der sich nicht mit der Schachtel bewegt, auf die er fällt, oder einen Schatten, der sich gemeinsam mit dem Schatten werfenden Gegenstand bewegt –, bis sie sich daran gewöhnt hatten. Dann versuchten sie festzustellen, ob die Babys sich wirklich an diese neue Objektkategorie gewöhnt hatten. Die Antwort lautet, dass die Kinder tatsächlich nicht mehr wissen, was sie davon halten sollen.

Die Interpretation dieser Experimente ist zwar noch nicht vollkommen gesichert, doch es scheint, als hätte das Baby in seinen ersten Lebensmonaten noch *keine Theorie des Schattens* im eigentlichen Sinn, die es anwenden könnte, wenn es merkt, dass Schatten sich anders verhalten als greifbare Gegenstände. Es behandelt den Schatten weiterhin wie ein Objekt und bringt es nie fertig, sein Verhalten vorherzusehen. Natürlich, mit der Zeit und mit der Erfahrung findet der Schatten schließlich seinen Platz; das Kind lernt, mit dem Schatten zu leben und legt sich eine Vorstellung von ihm zurecht, die sich schließlich in nichts mehr von unserer, der erwachsenen Vorstellung unterscheidet.

Der Kampf hat einen rationalen Ausgang. Es sei denn natürlich, dass sich auch die Erwachsenen nicht dem Schatten unterwerfen.

5

DER SCHATTEN DES ZWEIFELS

> Maria, Maria, warum hast du
> diesen Schatten denn nicht aufbewahrt?
> *Mr. Darling*, in *Peter Pan*

Wir meinen in einer einigermaßen einfachen Welt zu leben, doch die Astro- und Quantenphysiker haben uns an sonderbare Gebilde und Erscheinungen gewöhnt, deren Verhalten kaum nachvollziehbar ist: schwarze Löcher, raumzeitliche Singularitäten, Quarks. Es sieht so aus, als zwänge uns die Wissenschaft, die soliden Gewissheiten der alltäglichen Erfahrung über Bord zu werfen und uns der Erkenntnis zu beugen, dass wir von einer Menagerie merkwürdiger Geschöpfe umgeben sind. Dabei brauchen wir nicht erst den Urknall oder die Kernteilchen zu bemühen, um die Orientierung zu verlieren: Die Welt der ganz normalen Erfahrungen ist schlimmer als eine Menagerie, sie ist ein Dschungel, in dem sich metaphysisch verdächtige Wesen tummeln. Denken Sie an ein *Loch* im Käse, an die *Schönheit* einer Blume, an die *Zahl* zwei, an Beethovens *Fünfte Symphonie*, an das *Lächeln* der Mona Lisa, an die *Fäuste* von Primo Carnera. Was ist ein Loch oder ein Lächeln? Wären wir imstande, die Begriffe zu definieren? Was ist eine Faust – etwas anderes als eine Hand? Fügen wir der Liste der verdächtigen Dinge noch den Schatten hinzu. Er, den wir ständig vor Augen haben, legt nicht nur jenes sonderbare Verhalten an den Tag, das seit jeher die Fantasie der Leute beflügelt hat, sondern hat noch viel sonderbarere Seiten an sich, die einem wirklich zu denken geben.

Es reicht nicht, zwei Schatten aneinander zu heften, um einen einzigen zu erzeugen, und es nutzt nichts, einen Schatten zu teilen, um zwei hervorzubringen.

Zum Beispiel können sich Schatten gegenseitig durchdringen: Zwei Schatten, von zwei verschiedenen Lampen erzeugt, können denselben Raum beanspruchen, ohne einander zu stören. Ebenso kann sich ein Schatten teilen und dennoch derselbe Schatten bleiben, auch wenn seine einzelnen Bestandteile Gebiete besetzen, die nicht miteinander in Verbindung stehen: Der Schatten einer Figur kann zur einen Hälfte auf den Tisch fallen, auf dem sie steht, und zur anderen Hälfte auf den Boden.

Zwei unterschiedliche Schatten können sich vereinigen, um den Eindruck eines einheitlichen Schattens zu erwecken, und dennoch unterschiedlich bleiben: Der Teil des Figurenschattens, der auf den Boden fällt, verschmilzt mit dem Schatten des Tisches auf dem Boden, doch es sind zwei verschiedene Schatten, auch wenn es keine Trennlinie zwischen ihnen gibt. Und wenn wir das Licht löschen und wieder einschalten, ist nicht gesagt, dass wir *denselben* Schatten vorfinden.

Was ist der Prüfstein, der uns zu entscheiden hilft, ob eine Sache mehr oder minder paradox ist? Ein Stein, zum Beispiel.

Unser Anhaltspunkt sind Gegenstände, die sich normal zu verhalten scheinen, die makroskopischen Objekte unserer Umgebung. Der Stein – und mit ihm sämtliche *materiellen* Dinge – mag uns als Modell für Gegenstände dienen, die sich »wohl« verhalten, mit Sicherheit aber *sehr* anders als Schatten: Zwei Steine können nicht denselben Platz besetzen, ein Stein ist nicht mehr er selbst, wenn wir ihn zertrümmern. Wenn wir zwei Steine erhitzen und miteinander verschmelzen, erzeugen wir einen dritten, die beiden ursprünglichen gehen verloren. Dem Augenschein nach bewegt sich der Stein kontinuierlich im Raum. Wenn wir einen Stein irgendwo liegen lassen, finden wir ihn am selben Ort wieder, und wenn nicht, wissen wir, dass ihn jemand oder etwas entfernt hat.

Der Schatten hingegen ist immateriell und folglich sehr verschieden von den materiellen Dingen der alltäglichen Erfahrung (die außerdem Schatten werfen). Wie verschieden? Das erkennen wir, wenn wir eine Liste der *Zwickmühlen des Schattens* aufstellen, die durchaus ernst gemeinte Divertimenti sind. Sie zeigen, wie problematisch die Begriffe sein können, die wir ohne viel nachzudenken verwenden, um die Welt rings um uns zu beschreiben.

Zwickmühle Nummer eins: Schatten oder Nacht?

Zum Beispiel: Wir suchen unter einem Baum Schutz vor der Mittagssonne und sagen uns, wir sitzen im Schatten. Die Nacht bricht herein, wir schlendern unter freiem Himmel einher, ohne den Eindruck zu haben, wir befänden uns im Schatten. Aber sind wir etwa nicht im Schattenkegel der Erde? In einer der allerersten dokumentierten Schriften hat das Zeichen für »Nacht« die Form eines Himmelsgewölbes, aus dem die Dunkelheit herabsinkt.

Die Nacht in der Oruk-Schrift Mesopotamiens, drittes Jahrtausend v. Chr.

Die Nacht wird als etwas gesehen, das vom Himmel zu uns herabkommt, und keineswegs mit unserem Planeten in Verbindung gebracht. Wenn sich die Nacht dem Begriff des Schattens entzieht, so ist unsere Vorstellung nicht *dehnbar* genug, ja in einem wesentlichen Punkt sogar absolut starr: Wenn nicht ein Mindestmaß an Licht vorhanden ist, erkennt sie die Gegenwart von Schatten nicht an. Anders ausgedrückt: *Es gibt keinen Schatten, wenn keine Schattenlinie vorhanden ist*, das heißt, wenn Licht und Schatten nicht eindeutig voneinander getrennt sind. Mit dem Sonnenuntergang verschwindet die Trennlinie und somit auch die Möglichkeit, die Nacht als Schatten zu bezeichnen.

Auch wenn die Dichter Formulierungen benutzen wie »Die Nacht breitet ihre Schatten über das Land ...«, sehen wir den großen Schatten nicht, den die Erde nachts an den Himmel wirft, weil wir auch das Licht nicht sehen, das den nächtlichen Himmel erfüllt. Fest steht, dass wir Licht nur sehen können, wenn wir einen Gegenstand betrachten, der es aussendet oder abstrahlt. Häufig herrscht eine gleißende Helligkeit, aber man sieht sie nicht. Das beweist uns gerade die Beobachtung des Nachthimmels: Er ist ein bodenloser schwarzer Schacht, und wir haben ganz und gar nicht den Eindruck, als würde er vom gewaltigen Lichtstrahl der Sonne durchquert (wie es in Wahrheit der Fall ist). Wären die Sonnenstrahlen als glühende Drähte sichtbar – was physikalisch unmöglich ist: sie müssten ihrerseits Lichtstrahlen aussenden! –, sähen wir den Nachthimmel als leuchtendes Geflecht. Das Licht, das den Himmel erfüllt, zeigt sich uns nur am schwebenden interplanetarischen Staub (sehr schwach: es ist das so genannte Zodiakallicht) und vor allem am Mond und an den Planeten, die es einfangen und reflektieren.

Zwickmühle Nummer zwei: Körper oder Oberfläche?

Die Schatten scheinen ein gutes Beispiel, vielleicht überhaupt das beste Beispiel für ein zweidimensionales Objekt zu sein. Auch wenn es noch so dünn ist, hat ein Blatt immer eine bestimmte

Stärke. Edwin Abbott (1838–1926), der die Beschaffenheit der Personen in der platten Welt seines Werks *Flatland* (1882) erklären wollte, verglich sie mit Schatten. Aber nicht immer sehen wir den Schatten als zweidimensionales Objekt. Nehmen Sie zum Beispiel einen Ziegelstein und halten ihn über den Tisch unter eine Lampe: Der Ziegel wirft einen Schatten. Jetzt legen Sie ihn auf den Tisch. Wirft er immer noch einen Schatten? Vielleicht nicht: Um einen Schatten zu erzeugen, ist offensichtlich ein Zwischenraum erforderlich, und wenn sich Ziegel und Tisch berühren, entsteht kein Schatten. Was aber würden wir über das *Innere* des Ziegels sagen? Befindet es sich im Schatten oder nicht? Schließlich ist Schatten die Abwesenheit von Licht, und im Inneren des Ziegels herrscht kein Licht. Aber der Begriff des Schattens dringt offensichtlich nicht bis auf den Grund der Gegenstände vor.

Zwickmühle Nummer drei:
Überlebt der verschlungene Schatten?

In einem magischen Augenblick scheint der Schatten eines Berges meinen eigenen und den Schatten der Bäume im Tal zu verschlingen. Was passiert daraufhin? Piagets Kinder sind der Ansicht, die Schatten existierten auch im Dunkeln, während nach Kenntnis der Erwachsenen der Schatten der Bäume und mein eigener buchstäblich nicht mehr vorhanden sind. Wer hat Recht? Für die Kinder ist die Sache ganz einfach: Da der Schatten nicht verschwindet, ist er bei Sonnenaufgang am nächsten Tag wieder derselbe. Die Erwachsenen hingegen bleiben vielleicht der Regel treu, wonach von einem Schatten keine Rede sein kann, sofern es keine Schattenlinie gibt, die eine klare Trennung zum beleuchteten Bereich schafft.

Zwickmühle Nummer vier: Derselbe oder ein anderer?

Vielleicht haben Piagets Kinder doch Recht? Wenn ich aus dem Zimmer gehe, lösche ich das Licht, und wenn ich kurz darauf zurückkomme, schalte ich es wieder ein. Ist der Schatten, den die Figur vor dem Löschen und nach dem Wiedereinschalten des Lichts auf den Tisch wirft, derselbe? Wenn wir sagen, es sei derselbe, müssen wir den Schatten als eine merkwürdige intermittierende Erscheinung ansehen (von derselben Gattung wie das Blinklicht am Auto). Behagt uns dies nicht, müssen wir antworten, dass die Figur vor dem Löschen und nach dem Wiedereinschalten des Lichts zwei verschiedene Schatten wirft. Inwieweit unterscheiden sie sich voneinander? Die Lampe, der Tisch, die Figur sind vorher dieselben wie nachher (jedenfalls legen wir das jetzt so fest, um uns das Leben nicht unnötig schwer zu machen). Der Unterschied muss also von irgendeinem anderen Faktor bestimmt werden, zum Beispiel von der Lichtemission, die auf jeden Fall ein Prozess mit einem klaren zeitlichen Ablauf ist: Bevor ich das Zimmer verließ, hat die Lampe andere Photonen ausgesendet als jetzt, nachdem ich den Raum wieder betreten habe. Allerdings liegt hier ein Problem: Es entstehen in jedem Augenblick neue Photonen! Wenn also die Identität des Schattens von der Identität der Photonen abhängt, verändert die Figur auf dem Tisch ihren Schatten sehr viel öfter, als uns lieb ist – dann entsteht in jedem Augenblick ein neuer Schatten! Wenn uns die Schatten als Wesen mit zeitabhängigem Leben erscheinen (beispielsweise der Schatten, den die Figur zwischen sechs und sieben Uhr wirft), so müssen wir den Schluss ziehen, dass es sich in Wahrheit um eine Illusion handelt, eine Vereinfachung des Geistes: In Wahrheit ist der Schatten zwischen sechs und sieben Uhr die Summe unzähliger Augenblicksschatten.

Wir stehen also vor einem Dilemma: Entweder wir akzeptieren, dass der Schatten eine intermittierende Erscheinung ist, oder wir müssen uns mit dem Gedanken abfinden, dass seine Dauerhaftigkeit lediglich eine Illusion ist.

Zwickmühle Nummer fünf: Träge oder aktiv?

Mit einem Hammer kann ich einen Nagel einschlagen, aber mit dem Schatten eines Hammers bringe ich gar nichts zu Wege. Schatten können nicht mit materiellen Gegenständen interagieren – *und ebenso wenig mit anderen Schatten*. (Ich kann mit dem Schatten des Hammers auch nicht den Schatten eines Nagels einschlagen, auch dann nicht, wenn es sich um den Schatten des Hammers handelt, der den Nagel einschlägt!) Schatten sind *träge*. Manchmal jedoch könnte uns dieser Eindruck trügen: Ich sitze am Strand und werfe mit der Hand einen Schatten auf den Sand; würde ich nun gefragt, ob es die Hand ist oder vielmehr ihr Schatten, der den Sand abkühlt, würde ich sagen, es ist der Schatten. Diese Vorliebe scheint mit einem Grundsatz der intuitiven Physik zusammenzuhängen (dem sich, wie wir gesehen haben, auch die Kinder anschließen): Die intuitive Physik streitet die Existenz einer Wirkung auf Distanz ab – die Hand kann den Sand nicht abkühlen, weil sie ihn nicht berührt. Der Schatten hingegen ist dazu imstande, weil er mit dem Sand in Berührung ist. Das alles, werden Sie mit einigem Recht sagen, hängt aber mit dem Umstand zusammen, dass das Verständnis von den Mechanismen der Abkühlung im Allgemeinen gering ist.

Zwickmühle Nummer sechs:
Ist der Schatten schneller als das Licht?

Die Schatten scheinen zwar statisch, doch wissen wir, dass das Licht, das sie definiert, sich bewegt. Für Katzen gibt es ein Spielzeug, das den Schatten einer Maus wirft: Die Katze ist entzückt und bringt es fertig, stundenlang einem Schatten nachzujagen. Dieser Schatten kommt zu Stande, indem die Silhouette einer Maus als Folie auf das Glas einer Taschenlampe aufgeklebt wird. Wenn wir nun den Lichtstrahl nicht zur Unterhaltung der Katze, sondern auf einen Stern richten, erzeugen wir eine Lücke im Licht. Nun ziehen wir die Maus ab, so dass der Schatten aufhört, nun aber vom vollen Licht der Taschenlampe ohne Mäuseschatten verfolgt wird. Und der Lichtstrahl reist weiter durch den Weltraum und schiebt den Mäuseschatten vor sich her – der sich also mit Lichtgeschwindigkeit auf den Stern zu bewegt.

Paradoxerweise kann ein Schatten auch schneller sein als das Licht! So können wir die Taschenlampe mit dem Mäuseschatten zuerst auf einen Stern richten und dann zum nächsten Stern weiterbewegen. Suchen wir uns dazu zwei Sterne aus, deren Entfernung von der Erde annähernd gleich groß ist, wie Acrux im Südlichen Kreuz und Bellatrix im Orion (beide dreihundertsechzig Lichtjahre von uns entfernt). Richten wir also die Taschenlampe auf Acrux und lassen den Strahl dann langsam zu Bellatrix gleiten. In dreihundertsechzig Jahren wird der Schatten der Maus (der zu dem Zeitpunkt riesig und rasend schnell geworden ist) Acrux erreichen, und wenige Sekunden später ist er bei Bellatrix angelangt, nachdem er ein Viertel des Himmelsgewölbes mit einer Geschwindigkeit zurückgelegt hat, die weitaus größer ist als die Lichtgeschwindigkeit. Tun die Schatten also auch Dinge, die physikalisch unmöglich sind?

Sieben: Die Große Zwickmühle des Schattens oder: Zu viele Ursachen vereiteln die Wirkung

Alle diese Probleme fließen in die Große Zwickmühle des Schattens ein, wie es die Philosophen Samuel Todes und Charles Daniels beschrieben haben.

Wollten wir mit Hilfe des gesunden Menschenverstands die Natur des Schattens zu begreifen versuchen, müssten wir wie Sherlock Holmes erst einmal einige elementare Fakten zusammentragen, um herauszufinden, ob sich daraus eine kleine Theorie ableiten lässt. Sehr bald erkennen wir, dass in Anwesenheit eines Schattens irgendwo auch ein Schatten werfender Körper in der Nähe sein muss. Anders ausgedrückt, die Schatten *hängen stets von einem Hindernis ab, das die Ausbreitung des Lichts verhindert* (ein Umstand, den die Regisseure von Horrorfilmen mit Vorliebe ausnutzen, indem sie dem Auftritt des personifizierten Grauens erst einmal seinen Schatten vorausschicken. Beim Anblick des Schattens wissen wir, dass leider auch sein Besitzer irgendwo sein muss.)

IM TIEFSTEN SCHATTEN

Das ist aber nicht alles. Wir wissen ferner, dass ein Objekt *keinen Schatten durch ein anderes Objekt hindurchwerfen kann*. Der Tisch wirft einen Schatten auf die Terrasse. Wenn ich eine Figur auf den Tisch stelle, wirft sie ihren Schatten über die Tischfläche. Dieser Schatten jedoch kann den Tisch nicht »durchdringen« und auf die Terrasse fallen. (Der Anschaulichkeit halber probiere man es aus.)

Wissen wir noch etwas? Natürlich, wir wissen, dass ein Körper, um einen Schatten zu werfen, *beleuchtet werden muss*, sagen wir, von einer Seite. Ohne Beleuchtung wirft der Tisch keinen Schatten.

Eine im wahrsten Sinn minimale Theorie des Schattens muss also mindestens diese drei Grundsätze berücksichtigen: Erstens, jeder Schatten ist der Schatten eines Körpers; zweitens, ein Körper wirft seinen Schatten nicht durch einen anderen Körper; drittens, um einen Schatten zu werfen, muss ein Körper beleuchtet sein.

Jedoch kann auch eine so einfache Theorie scheitern: Eine sehr banale Situation kennen wir, in der sie uns ganz und gar nicht

Im Schatten des Tisches steht eine Figur, die gestrichelte Linie bezeichnet die Verdächtige Zone. Ist sie der Schatten der Figur oder des Tisches? Keine Antwort erscheint uns befriedigend.

weiterhilft. Nämlich folgende: Sehen Sie sich noch einmal den Tisch an, der einen Schatten auf die Terrasse wirft. Nehmen Sie jetzt die Figur und stellen sie *unter* den Tisch, in den Schatten, und zwar so, dass ihr Schatten nicht aus dem Schatten des Tisches herausragt. Rücken Sie den Tisch beiseite und zeichnen Sie – getreu dem Vorbild von Sherlock Holmes – mit einem Stück Kreide die Umrisse des Figurenschattens auf die Terrasse; dann stellen Sie den Tisch wieder an seinen Platz und lassen die Figur stehen, wo sie ist. Wir haben also vor uns eine Figur unter einem Tisch, und innerhalb des großen Tischschattens einen mit Kreide markierten Schattenbereich, den wir die Verdächtige Zone nennen wollen. Jetzt fragen wir uns: *Wessen Schatten* ist die Verdächtige Zone?

Sie ist nicht der Schatten des Tisches, denn gemäß dem zweiten Grundsatz kann der Tisch seinen Schatten nicht durch die Figur werfen. Sie ist auch nicht der Schatten der Figur, denn diese steht ja im Schatten des Tisches und ist folglich nicht entsprechend dem dritten Grundsatz beleuchtet. Doch Vorsicht: Da es außer der Figur und dem Tisch nichts gibt, was einen Schatten werfen könnte, folgt daraus, dass der erste Grundsatz ins Leere läuft.

Die Verdächtige Zone ist ein Schatten, jedoch nicht der Schatten eines Gegenstands.

Irgendetwas stimmt nicht mit dieser Schattentheorie, die doch so einfach schien!

Das Problem ist weniger philosophisch, als es aussieht, sondern kann durchaus interessante juristische Weiterungen haben: Denken Sie an die Tokioter Vorschriften zur Verhinderung von Schatten.

Ein Häuschen steht in der Sonne, bis eines Tages ein Spekulant mit dem Bau zweier Wolkenkratzer beginnt, Groß und Klein. Er sorgt dafür, dass die drei Dächer von Groß, Klein und dem Häuschen in Bezug auf die Sonne in einer Fluchtlinie ausgerichtet sind, womit er die Vorschrift umgeht: Groß wirft keinen Schatten auf das Häuschen, weil sein Schatten Klein nicht durchdringen kann, und Klein stellt das Häuschen ebenfalls nicht in den Schatten, weil es kein Licht empfängt. Der Eigentümer des Häuschens hat also keinen Anspruch auf Entschädigung.

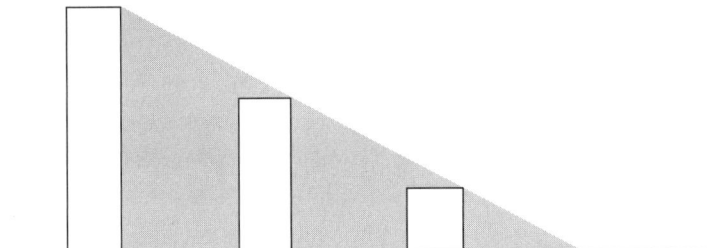

Wie man mit Hilfe der Metaphysik Steuern spart.

Um den Antischattengesetzen zu entgehen, ist also nichts weiter nötig, als *zwei* Wolkenkratzer gleichzeitig zu bauen.

Die Lösung und das Loch im Schatten

Man soll aber nie ein Problem aufwerfen, ohne eine Lösung vorzuschlagen. Also: Die oben aufgezählten Zwickmühlen rühren daher, dass wir den Schatten als materiell betrachtet haben, nicht als bloße Form. Erst wenn wir vergessen, dass er nicht materiell ist, können wir behaupten, ein Schatten sei schneller als das Licht (Zwickmühle Nummer sechs) oder könne keinen anderen Körper durchdringen (Große Zwickmühle und Nummer eins). Der Verstand ist besessen von konkreten Problemen und begreift nicht, was geschieht, wenn die Schatten von anderen Schatten verschlungen werden, verschwinden und wieder auftauchen oder alles andere als träge scheinen (Nummer drei, vier und fünf). Der Schatten überlebt nur durch das Licht und ist also nicht nur immateriell, sondern auch dynamisch; wenn wir das vergessen, begreifen wir auch nicht, wie er zur selben Zeit einheitlich und strukturlos, flach und dreidimensional sein kann (Nummer zwei).

Die Zwickmühlen zeigen, dass der Begriff des Schattens ein *Zwitter* ist, ein in hinterlistiger Absicht zusammengemischtes Pasticcio: Der Schatten hat einen *kausalen*, einen *materiellen* und einen *wahrnehmungsspezifischen* Aspekt (Zwickmühle eins bis vier, Große Zwickmühle: Wir wollen den Schatten *sehen* können, wollen die Schattenlinie sehen, um zu sagen: Das ist ein Schatten).

In den Lücken zwischen den gekreuzten Fingern entsteht das Bild einer partiellen Sonnenfinsternis. Es sind Löcher im Schatten.

Diese Tendenz, Schatten als Dinge mit je eigener Gestalt zu betrachten, lässt sich kaum überwinden. Sehen Sie sich das obige Foto an.

Der Schatten ist voller Löcher. Gäbe es den Schatten nicht, könnte es auch das Loch im Schatten nicht geben. Von der Wahrnehmung her betrachtet ist dies völlig einleuchtend: Der Schatten ist wie der materielle Träger des Lochs. Wenn wir den Schatten als Ding behandeln, so deshalb, weil er uns ständig dazu auffordert.

Die gegenständlichen Schatten und das überraschende Finale

Moral der Geschichte: Im allgemeinen Verständnis oszilliert die Natur des Schattens zwischen Objekthaftigkeit und körperloser, nicht genau definierter Erscheinung.

Aber die Schatten der Wissenschaft sind ja in einer ganz ähnlichen Lage.

Die großen *Schattenkegel*, von denen uns die Astronomen erzählen, wenn sie Eklipsen beschreiben, sind gegenständliche Schatten: Sie haben eine Form und eine Dimension, sie sind in jeder Hinsicht geometrische Körper, nicht anders als ein Kegel aus Stein. Vor allem sind sie relativ leicht vorstellbare und beschreibbare geometrische Körper. Ein sturer Astronom könnte gegen die Behauptung, der Schatten sei kein materielles Objekt (mehr noch: er sei eine Abwesenheit), einiges einwenden. Aus dem Bedürfnis heraus, Ordnung in seine Begriffswelt zu bringen, könnte er die Dynamik einer Eklipse *allein aus der Perspektive des Lichts* (das einen weniger ungewissen materiellen Status hat und jedenfalls keine Abwesenheit ist) umschreiben. Allerdings gibt es da ein Problem: In diesem Fall müsste der Schatten als *Loch im Licht* auftreten, was das Problem natürlich nur um ein Stück weiterschiebt, denn ein Loch ist ebenso immateriell (und ebenso eine Abwesenheit) wie der Schatten. (In vielerlei Hinsicht ähnelt der Schatten einem Loch, zum Beispiel insofern, als er keine innere Struktur besitzt. Er ist ein reines Inneres, ohne Gefüge. Wenn ein Gegenstand mit einem kreisförmigen Loch um die Achse des Lochs rotiert, dreht sich dann auch das Loch? Wenn sich ein Gegenstand, der einen vollkommen kreisförmigen Schatten wirft, um die eigene Achse dreht, rotiert dann auch sein Schatten?)

Wenn er wirklich stur und schattenfeindlich ist, könnte der Astronom die Eklipse nun mit scheinbar nüchterneren Worten beschreiben, ohne auf Löcher und andere sonderbare Abwesenheiten zurückzugreifen, indem er sich einfach darauf beschränkt, die Geometrie des Photonenflusses darzustellen. Aber die Form des vom Licht beanspruchten Raums ist *äußerst* kompliziert zu beschreiben. Der Schatten stellt eine bequeme begriffliche Abkürzung dar; eine Analogie mit dem Problem der Löcher sollte veranschaulichen, weshalb: Wenn Sie wollen, dass ein Freund Ihnen ein sternförmiges Loch in ein Blatt Papier schneidet, ist es das einfachste, ihn zu bitten, er möge Ihnen ein sternförmiges Loch in ein Blatt Papier schneiden. Der Stern ist die Form des Lochs, nicht des Blattes oder eines Blattausschnitts. Wenn Sie stur jede Erwähnung von Löchern vermeiden wollen, weil Sie nicht an ihre Existenz glauben, können Sie trotzdem eine ausführliche und komplizierte

Beschreibung der inneren Form des Blattes liefern und Ihren Freund beispielsweise anweisen: »Du musst mehrere Einkerbungen schneiden, die sich nach oben hin verjüngen, so dass sie in Spitzen enden, und die sich außerdem um einen gedachten Kreis gruppieren.« Ich bezweifle, dass es Ihnen gelingt, von Ihrem Freund ein sternförmiges Loch in einem Blatt Papier zu bekommen, aber selbst wenn Sie ihm klarmachen können, was Sie wollen, ist der zur Beschreibung notwendige geistige Aufwand enorm und steht in keinem vernünftigen Verhältnis zum Ergebnis.

Etwas Ähnliches passiert mit dem Schatten. Die wissenschaftliche Kommunikation fordert präzise Beschreibungen, die, wie alle Beschreibungen, vom Gehirn, das sie anwendet, einen Energieaufwand verlangen. Es scheint mir daher normal, dass die Astronomie von Anfang an den Schatten als Objekt mit einer eigenen Geometrie, einer autonomen Existenz behandelt hat und dass es ihr nicht einmal im Traum einfiel, von der hoch komplexen Form des ihn umgebenden Lichts zu sprechen: Der Aufwand ist viel geringer.

Die etwas sonderbare Lehre, die wir aus dieser Diskussion ziehen können, steht vollkommen im Einklang mit den Überraschungen, an die uns der Schatten ohnehin schon gewöhnt hat. Eine wissenschaftliche Disziplin wie die Astronomie, die mit dem Schatten arbeitet, ist nicht materialistisch – der Schatten ist immateriell. Die Wissenschaft mit Materialismus in Verbindung zu bringen ist also ein Irrtum.

Zweiter Teil

SCHATTEN AM HIMMEL

Vorhang

PLATON UND SEIN SCHATTEN

Auf dem Weg nach Piräus bleibt Platon an einer Straßenecke stehen und stellt sich mit dem Rücken zur Sonne. Zu seinen Füßen zeichnet sich Skia, sein Schatten, klar und deutlich ab. Das Laub der Olivenbäume raschelt im Wind.

SKIA (verzweifelt): In eine Höhle eingesperrt! Als Beispiel für mindere Erkenntnis missbraucht! Jahrhundertelang als Vogelscheuche der Philosophie angeprangert! Also wirklich – tagein, tagaus folge ich dir auf Schritt und Tritt, von Sonnenaufgang bis Sonnenuntergang, und du trampelst nur auf mir herum. Du müsstest mich um Verzeihung bitten.

PLATON: Unverschämtheit! Wie du sehr wohl weißt, bist du nicht nur vergänglich und düster, sondern birgst außerdem ein Nest von Widersprüchen, stiftest Verwirrung und säst Entsetzen und lässt jedermann, ob groß oder klein, ratlos zurück. Deine Lage wird keineswegs besser.

SKIA: Aber genau darum geht es doch! Selbst wenn ich schrecklich bin und selbst wenn die Menschen nicht so recht wissen, was sie von mir halten sollen, will ich dir beweisen, dass ich jedermann nützlich sein kann – auch den Wissenschaftlern und den Philosophen, wie du einer bist.

PLATON: Na ja! Ich wüsste wirklich nicht, wozu du gut sein solltest.

SKIA: Also: Ohne mich gäbe es keinen Wechsel von Tag und Nacht, könntest du die Form der Gegenstände nicht erkennen, erschiene dir alles flach und wesenlos …

PLATON (aufgebracht): Mag sein, trotzdem bist du bloß ein Komparse: Die ganze Arbeit macht doch das Licht.

SKIA: Einwand! Das Licht versteht nichts anderes, als stur geradeaus seinen Weg zurückzulegen. Kopflos springt es herum, und wenn es auf ein Hindernis trifft, prallt es zurück und schwenkt in eine andere Richtung ein. *Ich* hingegen bewahre die Spur dieser Begegnung. Ich, der Schatten, bin die Erinnerung des Lichts. Wie – bist du noch immer nicht überzeugt? Ich habe noch viele Pfeile in meinem Köcher. Lies, dann wirst du schon sehen.

6

SPEZIALEFFEKTE

> Empfangenes Licht, nachts hell leuchtend, die Erde umwandernd,
> den Blick der Sonne stets zugewandt.
> *Parmenides*, Fragmente 14,15

Platon behandelt den Schatten ungerecht: Eine Wissenschaft wie die Astronomie könnte nicht auf ihn verzichten. Manche meinen sogar, die rationale Philosophie sei überhaupt erst entstanden, als der Schatten uns ein kostbares Geheimnis über das Wesen des Kosmos enthüllte. Einer der Gründertexte des abendländischen Denkens, das *Lehrgedicht* des Parmenides (fünftes Jahrhundert v. Chr.), ist vielleicht nichts anderes als ein philosophischer Schnörkel um eine scheinbar banale Beobachtung: Die Mondphasen sind nur ein Schattenspiel, nicht der Mond verändert sich – sein unterschiedliches Aussehen ist nur eine Illusion, und wenn man sagt, der Mond *nimmt zu* und *ab*, ist man einem Schattentheater auf den Leim gegangen. Ein Zweifel schleicht sich ein: Vielleicht steht es mit der Wirklichkeit ebenso? Auch die Veränderungen in unserem Leben, Geburt und Tod, das Fließen der Flüsse, die Wandelbarkeit des Himmels – könnten sie nicht einfach nur *special effects* sein, Schattenspiele wie die Mondphasen?

Das ist eine gewichtige These, und sicher genügt das einfache Beispiel des Mondes nicht, um sie zu rechtfertigen. Parmenides versucht deshalb zu *beweisen*, dass die Veränderung, *jede* Veränderung illusorisch sei. Zu diesem Zweck konstruiert er ein Argument, das sinngemäß folgendermaßen lautet: Da es nur das Sein gibt, kann das Nichts nicht sein, ebenso wenig wie das Vakuum. Die Welt ist also voll, doch in einer angefüllten Welt kann es keine Bewegung geben und folglich auch keine Veränderung. Die Veränderung existiert nicht, sie ist nur Illusion. – Die Überlegung ist ein bisschen an den Haaren herbeigezogen; vielleicht hat sich Parmenides diese philosophische Argumentation auch nur deshalb ausgedacht, weil er von der Entdeckung des Mondschattens vollkommen fasziniert war.

Fest steht jedoch, dass der Teil des Mondes, der im Schatten liegt, uns etwas offenbart hat, was wir zuvor nicht wussten. Die Mondphasen sind illusorische Veränderungen, denn sie sind nichts anderes als das Erscheinen des Schattens aus unterschiedlichen Blickwinkeln, während der Mond sich um die Erde dreht. Woher aber kommt der Schatten? Unter der poetischen Hülle des Parmenides verbirgt sich eine erstaunliche astronomische Information: Der Mond betrachtet die Sonne und trinkt ihr Licht. (Karl Popper, einer der großen Wissenschaftsphilosophen des zwanzigsten Jahrhunderts, erklärte, diese Erkenntnis des Parmenides habe auch ihn lebenslang in Bann geschlagen.) Wie kommt es, dass eine so banale Information derart verblüffend ist? Jedermann hat den Mond ständig vor Augen, in allen Kulturen ist er ein Gesprächsthema: Irgendjemandem wird doch früher oder später aufgefallen sein, dass er von der Sonne beleuchtet wird? Doch nein, diese Erkenntnis ist kein Bestandteil des Volkswissens, sie gehört nicht zum astronomischen Allgemeinverständnis, das von Generation zu Generation weitergegeben wurde.

Meiner Ansicht nach ist diese Erkenntnis keineswegs banal, sondern eine regelrechte Entdeckung, die wir alle jedes Mal von neuem machen müssen, und jedes Mal mit einer gewissen Verblüffung.

Unfassbar riesig

Die Verblüffung rührt daher, dass sich der Mond und die Himmelskörper dem Verstand meist entziehen. Über eine Kugel von der Größe eines Tennisballs können wir leicht nachdenken; sehr viel schwieriger ist es, wenn die Kugel einen Durchmesser von mehr als dreitausend Kilometern hat und mit einer Geschwindigkeit von fast viertausend Stundenkilometern über unseren Kopf hinwegsaust.

Wenn wir eine Grenze der Wahrnehmung angeben wollten, fällt uns spontan der Mikrokosmos ein. Wir können uns einem Objekt nur auf eine bestimmte Distanz nähern, und das Auflösungsvermögen unserer Augen reicht nicht aus, um zwei Pünktchen zu unterscheiden, die nicht weiter als eine Stecknadelspitze voneinander entfernt sind. Aber es gibt auch eine entgegengesetzte Grenze für das, was für unser Vorstellungsvermögen zu groß ist – eine Grenze, die teils durch unsere Wahrnehmung und teils durch unser Erkenntnisvermögen bedingt ist. Die Form der Erde ist uns unbegreiflich, weil wir sie nicht mit dem Blick umfangen können, doch auch die durchaus sichtbaren Objekte wie der Mond und die Sonne oder die Kometen, die das Sonnensystem durchqueren, lassen sich kaum erfassen. Dabei handelt es sich um Dinge, die nicht schwer zu sehen sind; die Grenze ist kognitiver Art: Ein Himmelskörper ist zu groß und zu weit entfernt, als dass der Geist sie begreifen könnte.

In der Tat stellt sich der Geist diese Objekte so dar, wie er es braucht, um mit ihnen zurechtzukommen. Nachfolgend ein einfacher Versuch, der mit unserer Erinnerung an die scheinbaren Ausmaße der Himmelskörper experimentiert, durchzuführen in einem geschlossenen Raum (damit Sie nicht mogeln können; die Lösung steht auf der nächsten Seite). Halten Sie das Buch auf Armeslänge entfernt und betrachten Sie die Zeichnung des erhobenen Daumens. Wie groß müsste die Scheibe des Mondes im Verhältnis zum Daumen sein? (Und die Scheibe der Sonne?)

Vielleicht sind Sie verblüfft, wenn ich Ihnen sage, dass die Größe des Mondes, wie er am Himmel erscheint, ungefähr der letzten, kleinsten Kugel entspricht. Für diejenigen, die nicht überzeugt sind, auch für jene mit sehr langen Armen, eine noch überzeugendere Demonstration: Nehmen Sie einen Locher, knipsen Sie ein Loch – es müsste einen Durchmesser von ungefähr sechs Millime-

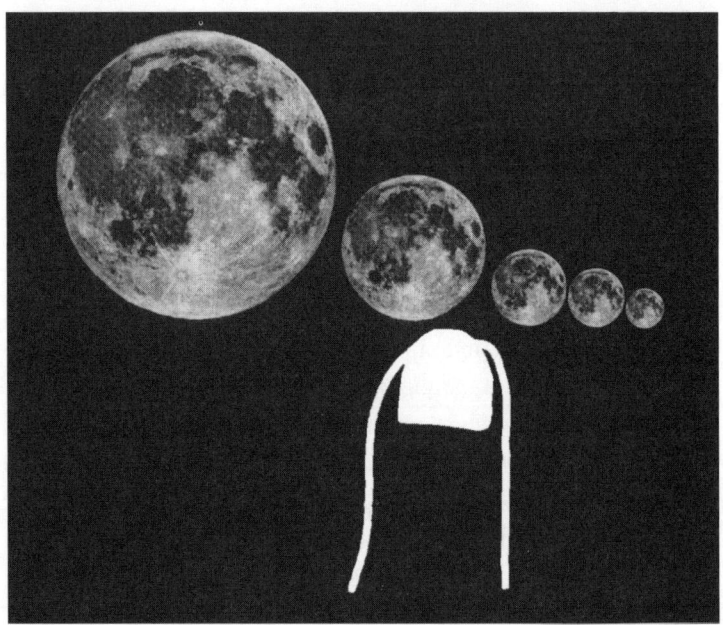

Es ist schwierig, die Größe des Mondes am Himmel nach der Erinnerung einzuschätzen. Wenn Sie den Arm ausstrecken, wie groß erscheint Ihnen der Mond im Vergleich zum Daumen?

ter haben – in den Seitenrand neben der Reihe der Monde, halten Sie das Buch auf Armeslänge entfernt und betrachten Sie den Vollmond durch das Loch.

Die Erinnerung vergrößert den Mond. Aber auch ohne den Umweg über das Gedächtnis, das uns bekanntlich häufig täuscht, ist die Erscheinung des Himmels ganz besonders trügerisch. Nehmen Sie beispielsweise einen bemerkenswerten Spezialeffekt, die so genannte *Mondillusion*. Knapp über dem Horizont erscheint der Mond wesentlich größer als hoch am Himmel, aber das ist eine optische Täuschung: Wenn Sie ihn mit Hilfe des Lochs im Blatt in beiden Positionen nachmessen, werden Sie keinerlei Unterschied feststellen (das gilt für die Messung in ein und derselben Nacht; auf Grund der je unterschiedlichen Entfernung des Mondes von der Erde an verschiedenen Punkten seiner Umlaufbahn treten kleinere Schwankungen auf). Für diese Illusion wurden mehrere Erklärungen angeboten, die einfachste ist jedoch folgende: Der Raum rund um den hoch stehenden Mond ist strukturlos und bietet dem Auge keinen Anhaltspunkt. Hingegen ist der Raum, der uns vom Horizont trennt, durch zahllose Hindernisse strukturiert – Häuser, Bäume, Berge –, die eine Vorstellung von Tiefe vermitteln. Das Gehirn legt sich einen Raum zurecht, in dem es die Objekte auf Höhe des Bodens verteilt, und infolgedessen erscheint der Horizont ferner als der Zenit. Der Mond nimmt in beiden Positionen gleich viel Raum am Himmel ein, doch das Gehirn berechnet die Mondgröße abhängig von der Entfernung: Da er am Horizont weiter entfernt wirkt, erscheint er größer.

Ein weiterer Faktor, der die Fähigkeit, die Himmelskörper einigermaßen einzuschätzen, beeinflusst, hängt mit dem jeweiligen Winkel eines Körpers zum Sternenhintergrund oder zur obersten Ebene der terrestrischen Objekte zusammen. Dabei handelt es sich um die so genannten *Parallaxe*-Phänomene. Wenn vor mir ein Baum steht, der ein fernes Haus verbirgt, und ich einen Schritt nach rechts gehe, sehe ich das Haus rechts vom Baum; trete ich nach links, sehe ich das Haus links vom Baum. Die Parallaxe bewirkt, dass ferne Objekte uns zu folgen scheinen, wenn wir uns bewegen. Wir wissen alle, was passiert, wenn wir durch eine Allee spazieren: Die im Vorübergehen wahrgenommenen Elemente wie Häuser oder ferne Berge folgen uns eine ganze Weile, aber irgendwann lassen wir sie schließlich doch hinter uns. Der Mond hingegen hört nie auf, uns zu folgen. Das Gehirn wendet dabei eine einfache Regel an: Je länger ein vorüberziehendes Objekt mir folgt, desto weiter entfernt ist es. Der Mond ist also sehr weit entfernt.

Aber wie weit? Unmöglich, das festzustellen. In der Praxis haben wir nicht die geringste Vorstellung von Größenordnungen und Entfernungen, wenn wir den Mond oder die Sonne betrachten. Vielleicht erscheinen sie uns größer als die Berge, hinter denen Mond und Sonne aufgehen, doch wenn sie hoch am Himmel stehen, zählt diese Information nicht mehr, dort gibt es keinen Anhaltspunkt für ihre wahre Größe.

Die natürliche Astronomie und die Ökologie der Wahrnehmung

Warum diese abweichende Wahrnehmung? Und was hat der Schatten mit alldem zu tun? Die Antwort ist einfach: Die ersten astronomischen Entdeckungen wurden mit bloßem Auge gemacht, und wenn man es mit Gestirnen zu tun hat, stößt die Wahrnehmung ganz schnell an ihre Grenzen. Der Schatten kann diese Grenzen überschreiten.

Wenn wir versuchen, die ersten großen Entdeckungen der Astronomie zu rekonstruieren, müssen wir uns die kognitiven Abläufe vor Augen halten. Wir wissen, dass die Astronomie der Wahrnehmung, die wir *natürliche Astronomie* nennen könnten, lange vor der instrumentellen Astronomie betrieben wurde, und wenn wir bedenken, wie beschränkt die kognitiven Systeme in Wahrheit sind, überraschen uns ihre Erkenntnisse umso mehr. Die Methoden zur Erforschung des Kosmos mit bloßem Auge sind höchst einfallsreich, und um sie entsprechend zu würdigen, müssen wir uns bewusst machen, was die damaligen Astronomen aus dem, was sie sahen (und wir noch immer sehen), ableiten konnten (und wir noch immer ableiten können), indem sie darüber nachdachten. Wir wissen, dass die Menschen, die vor zweitausend Jahren den Blick zum Himmel richteten, alle in mehr oder minder derselben Weise wie wir imstande waren, einen Stern zu erkennen, und mehr oder minder genauso dachten.

Um uns die außerordentliche intellektuelle Leistung klarzumachen, die das Verständnis für die Struktur des Himmels darstellt, müssen wir selbst die natürliche Astronomie praktizieren, müssen vergessen, was wir über die Himmelskörper inzwischen wissen, und versuchen, ihre Bewegungen zu deuten, wie sie uns erscheinen. Ich habe eine ziemlich deutliche Erinnerung an die Zeit, als ich begann, mit bloßem Auge den Himmel zu beobachten, ohne ein Diagramm zu betrachten, sondern indem ich mir lediglich einzuprägen versuchte, wie bestimmte Phänomene, die ich aus Büchern kennen gelernt hatte, in der Nacht aussehen könnten. Das

Frustrationsgefühl ist enorm, aber vermutlich völlig normal. Die Evolution hat uns nicht dafür geschaffen, die Sterne zu verstehen: Die Bücher über die natürliche Astronomie müssten eigentlich die Psychologen schreiben.

Um herauszufinden, wie weit astronomisches Wissen ins allgemeine Verständnis und Erkenntnisvermögen eindringen kann, habe ich gemeinsam mit dem Psychologen Ira Noveck einen Pilot-Fragebogen ausgearbeitet und einer Reihe von Vordiplomstudenten vorgelegt; darin standen Erklärungen für bestimmte elementare astronomische Fakten zur Auswahl, und die Studenten waren nun aufgefordert, zu entscheiden, ob die Beschreibungen von Beziehungen zwischen Himmelskörpern korrekt seien oder nicht. Natürlich hatten wir angelerntes Wissen von jenen Antworten zu unterscheiden, die durch minimales Nachdenken über die Positionen der Himmelskörper gefunden werden konnten: Diese interessierten uns vor allem.

Was glauben wir über den Mond zu wissen?

Zum Beispiel wird den Studenten zunächst in Erinnerung gerufen, dass eine Mondfinsternis dann eintritt, wenn die Erde ihren Schatten auf den Mond wirft. Danach werden sie gefragt, ob ihrer Ansicht nach Mondfinsternisse häufiger bei Vollmond oder eher im ersten oder im letzten Viertel – also bei Halbmond – auftreten. Die Mehrheit der Studenten *hält Eklipsen bei Halbmond für häufiger*. Aber eine Mondfinsternis kann *ausschließlich* bei Vollmond stattfinden! (Die Sonne beleuchtet die Erde, und diese beschattet den Mond: Die drei Körper stehen zueinander in einer Linie. Im ersten Viertel, wenn der Mond also zur Hälfte beleuchtet wird, empfängt er das Licht, von der Erde aus gesehen, »seitlich«: Folglich *kann* die Erde keinen Schatten auf den Mond werfen.)

Die Auswertung der Ergebnisse sollte uns helfen, die Schwierigkeiten zu erfassen, vor denen die natürlichen Astronomen standen; manche Fragen haben wir überhaupt so formuliert, dass sie die Schlüsselprobleme der Urastronomie wiederholen. Einige Ant-

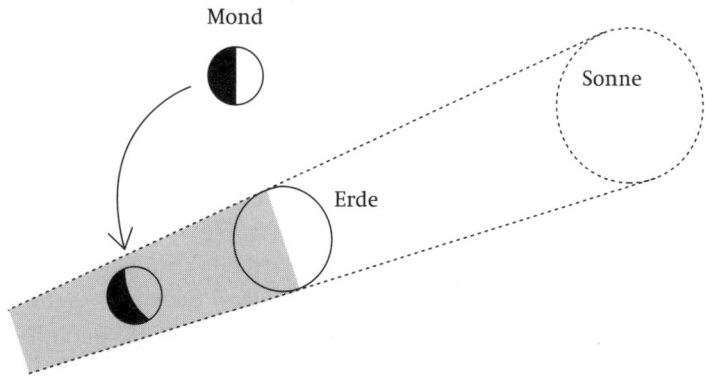

Eine Mondfinsternis kann nur bei Vollmond stattfinden.

worten auf unsere Testfragen sind wirklich überraschend, vor allem, wenn es um den Schatten geht. Ein signifikativer Prozentsatz der Studenten war der Meinung, dass die *Mondphasen* – der Umstand, dass der Mond beispielsweise zur Hälfte im Dunkeln ist – *durch den Schatten der Erde verursacht* würden, so dass wir praktisch ständig eine partielle oder totale Mondfinsternis erlebten und die einzige Ausnahme der Vollmond wäre – der aber, wie wir gesehen haben, die einzige Phase ist, in der tatsächlich eine Eklipse stattfinden kann! Nach dem Test sagte ein Student (der an der Universität Mathematik studierte), er sei so fest überzeugt gewesen, die Ursache der Mondphasen sei der Erdschatten, dass er jetzt nicht mehr an die Definition der Mondfinsternis glauben könne. Er kannte die korrekte Definition (»Verfinsterung des Vollmondes beim Durchlaufen des Erdschattens«), doch jetzt schien sie ihm auf einmal falsch, weil sie seiner Vorstellung von den Mondphasen widersprach.

Man wird feststellen, dass man kein Astronomiestudium absolvieren muss, sondern dass die bloße Beobachtung des Himmels ausreicht, um zu erkennen, dass die Mondphasen nichts mit dem Erdschatten zu tun haben. Die Sonne und der Mond sind fast den halben Mondmonat lang gleichzeitig über dem Horizont zu sehen: Die Erde stellt sich nicht zwischen sie und kann deshalb nicht ihren Schatten auf den Mond werfen (der uns, da er sich häufig im ersten oder letzten Viertel befindet, einen Teil im Schatten zeigt). Wie kann es sein, dass den Teilnehmern an unserem Test dieser Umstand entging? Tatsache ist aber, dass viele Studenten sogar überzeugt waren, Sonne und Mond stünden *nie gleichzeitig am Himmel*. Scheint das etwa nicht einleuchtend? Wenn die Sonne über den Tag herrscht, so ist der Mond der Beherrscher der Nacht. Ein Teilnehmer an unserem Experiment schrieb: »Immerhin kommt es ziemlich selten vor, dass der Mond tagsüber zu sehen ist. Als wäre er aus Versehen zu früh aufgegangen.« Ein anderer meinte sogar, der Mond sei wichtiger als die Sonne, denn er leuchte uns nachts, wenn alles finster ist. In der Tat: In manchen Indianersprachen tragen Sonne und Mond denselben Namen, und es wäre interessant, einmal den Himmel in der Malerei vor der Renaissance zu studieren – bei oberflächlicher Prüfung würde ich sagen, dass am Tageshimmel der Mond so gut wie nie auftaucht, am nächtlichen Himmel jedoch praktisch immer.

Eine weitere typische Verwechslung betrifft die verborgene Seite des Mondes und den Bereich, der im Schatten liegt. Die Hälfte des Mondes wird von der Sonne beleuchtet, und da der Mond sich um sich selbst dreht (in Bezug auf die Sonnenstrahlen), durchläuft seine verborgene Seite exakt ebenso viele Phasen wie die für uns sichtbare. Anders, als viele der befragten Studenten meinten, gibt es keine »dunkle Seite« des Mondes, wenn man damit eine Mondhalbkugel meint, die ständig im Schatten sei. (Der Geograph Jonathan Raper hat mir erzählt, als kleiner Junge habe er eine Mondkugel geschenkt bekommen, die zur Hälfte schwarz gestrichen war. Ein Meisterwerk aus dem Museum der didaktischen Gräueltaten!)

Die natürliche Astronomie stößt also nicht nur an Schwierigkeiten der Wahrnehmung, sondern auch an Probleme der Vorstellung von Objekten im Raum, insbesondere von rotierenden Objekten, die sich um andere drehen und einen Wechsel der Perspektive verlangen. Angesichts dieser Schwierigkeiten müssen wir – voller Bewunderung – die Geschichte der ersten und manchmal sonderbaren Hypothesen der Astronomie betrachten.

Der Schatten zeichnet auf der Schiefertafel des Himmels

Wie Parmenides uns zeigt, bildet der Mond das Eingangstor zur natürlichen Astronomie. Tatsächlich ist der Mond der erste Himmelskörper, der sorgfältig studiert wurde. Gerade der Schatten hat zu dieser Theorie viel beigetragen. So wurden zum Beispiel die Phasen des Mondes herangezogen, also der periodische Ablauf seines *eigenen* Schattens – jener Teil, der von Mal zu Mal im Schatten liegt. (Das Interesse an den Mondphasen ist uralt. Ein im Jahr 1969 in Frankreich, in der Taï-Höhle gefundener Knochen – ein Fundstück aus der Jungsteinzeit, um 10.000 v. Chr. – weist regelmäßige Einkerbungen auf, die in Gruppen zu je neunundzwanzig zusammengefasst sind; vielleicht hat der Besitzer des Knochens über die Phasen von einem Vollmond zum nächsten Buch geführt.) Die Mondphasen interessieren uns, weil sie wesentlich sind für das Verständnis des Mondes als Kugel, wie Dokumente aus der griechischen Antike belegen.

Hilfreich waren auch die Eklipsen, also der Schatten, den die Erde auf den Mond oder der Mond auf die Erde wirft. Phasen und Eklipsen lassen Rückschlüsse auf die räumlichen Beziehungen zwischen Mond, Erde und Sonne zu. (Die Planeten haben ebenfalls Phasen und erzeugen Eklipsen, die mit bloßem Auge allerdings nicht zu erkennen sind; dazu bedurfte es erst der Erfindung des Fernrohrs zu Beginn des siebzehnten Jahrhunderts.) Die ersten astronomischen Entdeckungen sind ebenjene: *Die Mondphasen und die Eklipsen sind Schattenspiele, die dem bloßen Auge die Form und die Entfernung des Mondes, die Form der Erde und die Entfernung der Sonne offenbaren.* Man muss nur hinsehen können.

Zwei theoretische Errungenschaften müssen wir vor dem Hintergrund dieser Entdeckungen sehen: Die eine ist die Beherrschung der Geometrie, die zweite die Hypothese, dass das Licht als Vehikel der Geometrie fungiert – das Licht führt eine Schattenspur mit sich. Dies erklärt, weshalb die Schatten eine so entscheidende Rolle bei der Entwicklung der Astronomie gespielt haben: Als die Sternbeobachter erstmals geometrische Überlegungen anstellten, um die

Knoten der natürlichen Astronomie zu lösen, wurden die Schatten zu Modellen, an denen sie ihre Wahrnehmung unmittelbar überprüfen konnten. Sie ließen die Formen des Himmels sichtbar werden.

Die Schatten sind die Spuren der Begegnung des Lichts mit den Körpern, die es auf seinem Weg vorfindet. Wer imstande ist, einen Schatten zu deuten, kann die Geschichte der Begegnung rekonstruieren. Der Schatten gibt Auskunft. Er erzählt uns von der Beschaffenheit der Objekte, indem er sie in Schwarzweiß zeichnet; und er zeigt uns die Positionen der Objekte relativ zueinander, zur Lichtquelle und zum Raum, in dem sie sich befinden. Das Licht hält Fluchtlinien fest: Wenn uns zwei Objekte in einer Linie ausgerichtet erscheinen (wie das Ziel im Visier), bedeutet dies, dass ein Lichtstrahl beide streift, ehe er unser Auge erreicht. (Brechung und Quanteninterferenzen erschweren die Sache natürlich, aber dies sind Phänomene, die auf einer höheren Komplexitätsstufe auftreten.) Der Schatten ist hilfreich, weil er *eine Fluchtlinie sichtbar macht, die wir andernfalls nicht sehen könnten*. Der Punkt, an dem der Schatten des Obelisken endet, liegt auf einer Linie, die auch die Spitze des Obelisken und die Lichtquelle einschließt. Solange wir es mit Obelisken, Bäumen und – zur Not – mit Bergen zu tun haben, können wir Fluchtlinien zwar überprüfen, indem wir unsere Position so weit verändern, bis wir einen Punkt auf der Geraden des Lichts erreichen, doch bei den astronomischen Objekten ist es damit vorbei: dann ist es sehr bequem, die Schatten benutzen zu können.

Der Mond macht sich selbst Schatten

Das Verständnis für die Mondphasen wirft einige Probleme für die Wahrnehmung auf, die – was wenig verwunderlich ist – bereits von den Ursprüngen der Astronomie an bestanden. Ein Problem, das den Sternbeobachtern erheblich zu schaffen gemacht hat, ist die Form des Mondes. Heute wissen wir alle, dass er (beinahe) kugelförmig ist, aber war es leicht, das herauszufinden?

Wenn wir uns damit begnügen, den Mond in einer beliebigen Phase zu betrachten, erfahren wir nicht viel über seine Form. Der Volksmund spricht vom »zunehmenden« und »abnehmenden« Mond, und damit meint er den Mond selbst, nicht etwa das Licht, das ihn beleuchtet. Der im Schatten liegende Teil der uns zugewandten Seite ist normalerweise nicht sichtbar. Wenn vor dem zu- oder abnehmenden Mond eine dünne Wolke vorüberzieht, kann die Leuchtkraft der Sichel so stark sein, dass der Eindruck entsteht, es sei der Mond, der *vor* der Wolke vorüberzieht. Da der im Schatten liegende Teil unsichtbar ist, scheint sich der Mond in der Sichel zu erschöpfen.

Der Mond hat eine ähnliche Leuchtkraft wie eine Mattglaslampe; er sieht aus, als strahlte er von innen heraus. Der Dichter und Philosoph Xenophanes (um 500 v. Chr.) soll ihn so beschrieben und gesagt haben, die Phasen würden durch partielles Verlöschen der Lampe verursacht. Wie wir gesehen haben, war Parmenides im Gegenteil überzeugt, dass das Mondlicht in Wahrheit von der Sonne stammt, dass der Mond keine Lampe ist, die teilweise und ganz verlischt, sondern ein Körper mit verschatteten Teilen.

In diesen ersten Theorien erkennen wir den Übergang von einer Astronomie, die sich damit begnügt, die Gesetzmäßigkeit bestimmter Phänomene zu verzeichnen, um eine Erscheinung vorherzusagen, zu einer ambitionierteren Astronomie, die den *Grund* der Erscheinungen zu erklären sucht. Die Hypothesen vervielfältigen sich nun. Anaxagoras (496–428 v. Chr.), den uns der Geschichtsschreiber Diogenes Laertios vorstellt als einen Philosophen mit klaren Vorstellungen vom Sinn des Lebens (wir sind auf der Welt, »um die Sonne, den Mond und den Himmel zu studieren«) und ebenso klaren Ansichten bezüglich der Struktur des Himmels – dieser Anaxagoras erklärt, der Mond habe eine irdische Natur, habe Ebenen und Schluchten, und die Flecken im Mond seien Schatten. Anaxagoras liefert jedoch keine überzeugende Erklärung für die Mondphasen, da er davon ausgeht, der Mond sei nicht kugelförmig, sondern eine *Scheibe*. Anders als eine Kugel kann eine Scheibe keine Phasen wie der Mond aufweisen. Man kann sich aber leicht vorstellen, weshalb der Mond den Eindruck einer Scheibe erweckt: Der Mond dreht sich mit einer Periode um sich selbst, die seiner Umlaufzeit um die Erde entspricht, und wendet daher dem Betrachter (mit minimaler Abweichung) stets dasselbe Gesicht zu – genau wie eine Scheibe. Der Umstand, dass die Achsendrehung des Mondes mit seinem Erdumlauf übereinstimmt, hat die Astronomie eine ganze Weile behindert. Der Mond erschien statisch und unveränderlich. Drehte er sich schneller um die eigene Achse und hätte also keine verborgene Seite, könnten wir ihn ohne weiteres als Kugel erkennen. Dazu kommt, dass auch die besondere Helligkeit des Mondes ein Hindernis darstellt: Egal, an welcher Stelle wir ihn beobachten, erscheint seine Oberfläche immer gleich leuchtend und weist nicht die für runde Gegenstände charakteristischen Schattierungen auf. Um die Form unseres Trabanten zu erfassen, sind wir auf seine Schattenlinie angewiesen.

Der Schatten ist zweideutig, aber der Mond ist keine Schüssel

Hier ergibt sich ein Problem. Aus einer bestimmten Entfernung ist der Schatten an einem isolierten Objekt *zweideutig*: Er kann sowohl auf eine konkave als auch auf eine konvexe Wölbung hin-

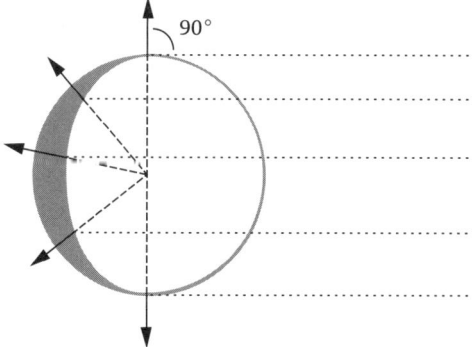

Eine wertvolle geometrische Information: An der Schattenlinie des Mondes bilden die Sonnenstrahlen einen rechten Winkel zur Senkrechten.

deuten. Die Maler wissen es seit langem, auch die Wahrnehmungspsychologen haben sich mit dem vom Schatten erzeugten Wechsel zwischen konkav und konvex eingehend befasst. In der nachstehenden Abbildung ist das kreisförmige Gebilde rechts in seiner Schattierung die Umkehrung des linken. Wenn die eine der beiden Figuren konkav erscheint, wirkt die andere konvex.

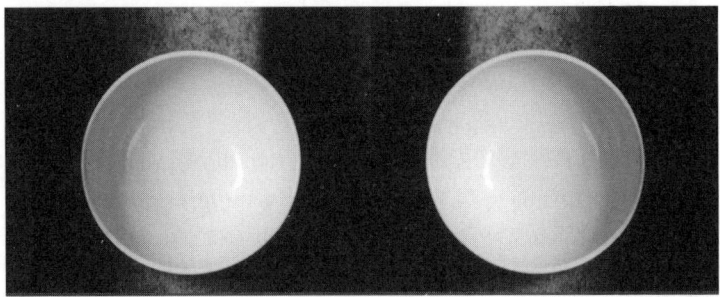

Schüssel oder Kugel?

Dies ist die Hypothese: Könnte der Mond, nach seinem Erscheinungsbild am Himmel zu urteilen, nicht ebenso gut eine Schüssel sein, deren gewölbtes Inneres wir sehen? So verlockend die Annahme ist – sie vergisst die Sonne. Wäre der Mond konkav, so müsste die beleuchtete Seite der Sonne entgegengesetzt sein. (Wäre beispielsweise in obiger Abbildung die linke Figur konkav, so müsste die Sonne links stehen.) Der Schatten könnte auf eine konkave Wölbung des Mondes hindeuten, doch wird diese Vermu-

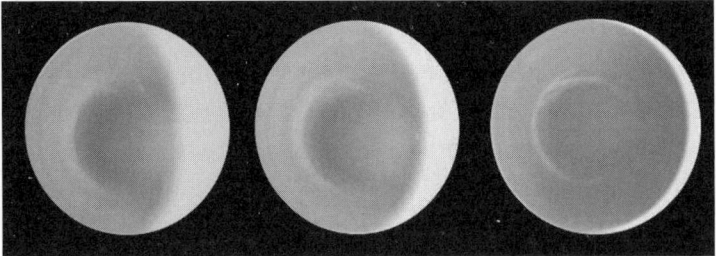

Wenn eine Schüssel (die wir hier von der konkaven, also der inneren Seite her sehen) Phasen haben kann, warum kann der Mond dann keine Schüssel sein? Weil die Phasen in diesem Fall genau umgekehrt sind, als wir sie in der Wirklichkeit beobachten.

tung sofort von ebenjenem Schatten widerlegt, da die beleuchtete Seite des Mondes diejenige ist, die der Sonne zugewandt ist.

Es genügt, sich eine Möglichkeit vorzustellen, um sofort einen Philosophen zu finden, der sie zur Theorie erhebt. Nach Diogenes Laertios habe Heraklit (550–480 v. Chr.) die Himmelskörper für Schüsseln gehalten, die uns ihre konkave Seite zuwenden. In der Schüsselwölbung brennt ein Feuer, dessen Licht wir sehen. Die Schüssel dreht sich um sich selbst, und ihr Rand verbirgt einen Teil: dies sind die Phasen. (Die Eklipsen hingegen entstehen, wenn die Schüsseln Mond und Sonne umkippen.)

Das sind hübsche Theorien, aber wohin führen sie uns? Nicht sehr weit, denn sie berücksichtigen die Rolle der Sonne nicht. Wie steht es mit ihrem Licht, wenn es vom Mond aufgefangen wird? Das wird uns nicht erklärt. Wenn wir uns hingegen den Mond als Kugel vorstellen, die von der Sonne beleuchtet wird, können wir die Mondphasen einfach und überzeugend erklären.

* * *

Ich rekapituliere die Hauptschwierigkeiten, vor denen der natürliche Astronom stand. Zunächst sind die Gestirne zu weit entfernt und zu groß, als dass er mit bloßem Auge – und ohne über ihre jeweiligen Positionen nachzudenken – eine zumindest annähernde Schätzung der Entfernungsverhältnisse zwischen ihnen vornehmen könnte. So sieht er während einer Sonnenfinsternis den Mond *vor* der Sonne vorüberziehen; beim Sonnenuntergang hingegen erscheint die Sonne kaum weiter entfernt als der Mond. Außerdem bietet das Himmelsgewölbe weder bei Tag noch bei Nacht einen optischen Anhaltspunkt, der ihm bei der Bestimmung der Entfernung hilft; im Gegenteil, es verwirrt ihn, weil es näher oder weiter entfernt scheint, je nachdem, ob er zum Zenit oder zum Horizont blickt. Und schließlich genügt es nicht, den Himmel zu betrachten: Er muss auch über die Formen nachdenken, die durch den Schatten zu Tage treten, und dies wird umso wichtiger, wenn er beginnt, die Natur der Mondphasen zu verstehen.

Auch wenn ihm nur diese wenigen Anhaltspunkte zur Verfügung stehen, kann ein brillanter Astronom, der die Geometrie einzusetzen versteht und eine Vorstellung vom Schatten hat, erstaunlicherweise die Entfernung und Größe der Sonne und des Mondes ziemlich genau einschätzen. Durch seine Überlegungen wird der Himmel zu einer großen Schiefertafel, auf der ihm die Schatten als Konstruktionslinien für seine Beweise dienen.

Aristarch und die Schattenlinie des Halbmonds

Dieser Astronom ist Aristarchos aus Samos. Als einzige Schrift ist uns sein Traktat *Über die Größe und Entfernung der Sonne und des Mondes* erhalten – überhaupt das einzige astronomische Werk, das uns aus dieser Zeit überliefert ist (Aristarch lebte im dritten Jahrhundert v. Chr. und war keine unbedeutende Persönlichkeit: Er gilt als der Hauptvertreter des heliozentrischen Weltbilds im Altertum). Es ist die Anwendung einer geometrischen Methode auf ein astronomisches Problem: Der Astronom beschränkt sich nicht mehr darauf zu beobachten und festzuhalten, sondern er beginnt zu zeichnen. Der Traktat verkündet eine verblüffende Neuigkeit, die sich über die Wahrnehmungsastronomie hinwegsetzt, nämlich dass zwischen der Entfernung Sonne–Mond und der Entfernung Erde–Mond ein enormer Unterschied besteht: Aristarch hat errechnet, dass die Sonne *neunzehn Mal* weiter entfernt von der Erde ist als der Mond. In ihrer Schlichtheit ist die Argumentation des Aristarch perfekt. Für die entscheidende Beobachtung ist es nötig, die Schattenlinie des Mondes zu einem bestimmten Zeitpunkt des Monats zu prüfen. Man muss den Tag abwarten, an dem sich die Linie ausdehnt und den Mond exakt in der Mitte teilt, und nun muss man den Halbmond tagsüber beobachten, wenn auch die Sonne am Himmel steht.

Wir stehen vor einem riesigen Dreieck. In der Mitte des Mondes begegnen sich ein Sonnenstrahl und unsere Blickrichtung; da wir einen *Halbmond* sehen, bilden der Sonnenstrahl und die Blickrichtung einen rechten Winkel. Nun brauchen wir nur noch die Ab-

SCHATTEN AM HIMMEL

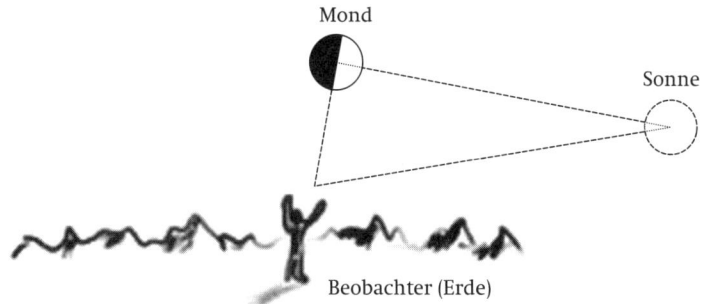

Mit Hilfe der Schatten zeichnet Aristarch am Himmel.

weichung zwischen der Position des Mondes und der Position der Sonne am Himmel zu messen (das lässt sich, wenn auch ungenau, durchführen, indem wir gleichzeitig auf Mond und Sonne deuten). Aristarch hatte siebenundachtzig Grad gemessen, etwas weniger als ein rechter Winkel. Dies bedeutet, dass das Dreieck Mond-Erde-Sonne ungefähr folgende Form hat:

Die unvermuteten Proportionen von Aristarchs Dreieck.

Es ist also sehr lang: Der Scheitel, an dem die Sonne steht, ist sehr weit entfernt. Bei einem Winkel von siebenundachtzig Grad errechnet sich, dass die Entfernung von der Erde zur Sonne (die Hypotenuse des Dreiecks) ungefähr neunzehn Mal so groß ist wie die Entfernung von der Erde zum Mond (die kleinere Kathete). Heute wissen wir, dass der Winkel in Wahrheit dem Neunzig-Grad-Winkel noch viel näher ist: Er beträgt neunundachtzig Grad fünfzig Minuten, nur ein sechstel Grad weniger als ein rechter Winkel. Die Diskrepanz scheint unbedeutend, aber wenn man es mit kleinen Winkeln zu tun hat, kann man nie präzise genug sein. Tatsächlich ist die Erde im Schnitt 150.000.000 Kilometer entfernt, der Mond hingegen im Schnitt nur 385.000 Kilometer: Folglich ist die Sonne von der Erde nicht zwanzig, sondern vierhundert Mal weiter entfernt als der Mond. Aristarch unterlief also ein ziemlich großer Fehler, als er die Entfernung zwischen Erde und Sonne auf ein Zwanzigstel der eigentlichen Strecke reduzierte. Es muss allerdings gesagt werden, dass sich ein solcher Irrtum mit seiner Methode schwerlich vermeiden lässt, selbst wenn man die heutigen Beobachtungsinstrumente zu Hilfe nimmt. Die Methode ist geometrisch zwar einwandfrei, doch praktisch nicht anwendbar, weil es so gut wie unmöglich ist, den genauen Zeitpunkt zu bestimmen, zu dem der Mond zu gleichen Teilen in Licht und Schatten gehüllt ist. Die Schattenlinie ist zu ungenau. (Allerdings hat es zwanzig Jahrhunderte gedauert, bis den Astronomen klar wurde, dass die Methode zu approximativ ist.)

Wir dürfen nicht vergessen, dass der Traktat des Aristarch in erster Linie eine geometrische Übung ist. Deshalb müssten uns seine Ergebnisse auch in ihrer Unvollkommenheit nachdenklich stimmen. Aristarch fordert uns heraus: *Dies ist die Geometrie des Augenblicks; wollt ihr es besser machen, findet ein präziseres Maß.* Und selbst wenn er hinsichtlich der astronomischen Wahrheit irrt, gebührt Aristarch das Verdienst, dass er den Irrtum der bisherigen Wahrnehmung beträchtlich korrigiert. Mit bloßem Auge scheint die Sonne keineswegs neunzehn Mal weiter entfernt als der Mond: Sie so weit von uns abzurücken bedeutet eine einschneidende Umgestaltung der bis dahin gültigen geistigen Landkarte des Himmels.

Die Überlegung der griechischen Antike über die Grenzen des Wissens ist gegenüber dem Effekt dieser ersten außergewöhnlichen Hypothesen nicht gleichgültig. Einerseits: Wenn die Vermutungen korrekt sind, so trügt uns die Wahrnehmung – zumindest wenn wir den Himmel betrachten. Andererseits: Wer oder was garantiert uns, dass die Hypothesen richtig sind? Einmal der Umstand, dass die Rechnung korrekt durchgeführt wurde, aber auch die Tatsache, dass wir uns der Richtigkeit der Angaben vergewissern können (zum Beispiel sehen wir, dass der am Himmel stehende Mond wirklich halb voll ist) und angemessene mathematische

Instrumente benutzen, um zu einer Schlussfolgerung zu gelangen. Vielleicht ist es übertrieben, zu behaupten, die Philosophie sei aus dem Nachdenken über die Mondphasentäuschung entstanden; genau betrachtet, ist das höchst philosophische Problem der Unterscheidung zwischen Schein und Sein in zweitausendjähriger Diskussion ins Stocken geraten. Im Schatten der Himmelskörper entwickelt sich ein sehr viel interessanteres Problem: Wie lässt sich die Mathematik auf die Realität anwenden?

7

ELLIPSEN, SCHATTENKEGEL UND PYRAMIDEN

> Alle Schatten erzählen von der Sonne: *sottovoce*.
> *Emanuel Carnevali* (poète maudit), 1919

Eine Botschaft aus dem All

Durch die Weltliteratur schallt das Entsetzen, das die Menschen Jahrtausende hindurch beim Anblick einer Sonnenfinsternis ergriffen hat. Der griechische Lyriker Archilochos, der zwischen 680 und 640 v. Chr. in Erscheinung trat, schreibt: »Nichts vermag uns noch zu verblüffen oder uns unmöglich oder wundersam erscheinen, nachdem Zeus, Vater der olympischen Götter, den Tag zur Nacht hat werden lassen ... Fortan können wir alles für möglich halten und mit allem rechnen. Wundert euch nicht, wenn künftig die Tiere des Landes mit den Delfinen den Platz tauschen und die Delfine die Berge vorziehen.« Das Alte Testament beschreibt die Sonnenfinsternis als einen Vorboten, der vom Tag des Zorns kündet: »Die Sonne wird sich in Finsternis verwandeln und der Mond in Blut, ehe der Tag des Herrn kommt, der große und schreckliche Tag.« Auch die Evangelien zeichnen Jesu Tod in düsterer Farbe, und »von der sechsten bis zur neunten Stunde herrschte eine Finsternis im ganzen Land«, die an eine Sonnenfinsternis erinnert. Die Takana (Bolivien) sprechen vom »Tod der Sonne«, der einen Aufstand der Tiere und unbeseelten Dinge gegen die Menschen heraufbeschwört. Blutige Schlachten, der Untergang von Dynastien,

Erdbeben und Überschwemmungen gehen auf das Konto von Sonnenfinsternissen.

Bei mir erregten diese angsterfüllten Berichte stets einen gewissen Argwohn. Ich habe etliche hundert Fotos und Filme über Sonnenfinsternisse gesehen, habe selbst zwei Teileklipsen miterlebt und konnte am Anblick einer Scheibe, die sich vor eine andere Scheibe schiebt, nie etwas besonders Beunruhigendes finden, und ich fragte mich, ob die Berichterstatter früherer Zeit vielleicht einfach nur effekthascherisch die Emotionen schürten. Dass jedoch so viele Berichte übereinstimmend den dramatischen Charakter des Ereignisses hervorheben, setzte mir einen Floh ins Ohr; und nachdem ich mir einige zusätzliche Rechtfertigungen zurechtgelegt hatte (wer ein Buch über Schatten schreibt, kann schließlich nicht den majestätischsten aller Schattenkegel ignorieren, den die Natur zu bieten hat), begab ich mich ans Schwarze Meer, wo den Voraussagen zufolge bei der Sonnenfinsternis vom 11. August 1999 die beste Kombination aus wolkenlosem Himmel und Länge der Totalitätsphase zu erwarten war. In Gesellschaft einer dicht gedrängten Menge von Hobby- und Berufsastronomen erwartete ich mit einer gewissen Skepsis die Konjunktion. Ich sah zu, wie sich die partielle Eklipse entwickelte, inzwischen überzeugt von der Banalität des Ereignisses, machte währenddessen ein paar Zeichnungen, und im letzten Augenblick, als der Mond sich schließlich vollständig über die Sonne schob, nahm ich die Schutzbrille ab.

In diesem Moment wurde ich eines Besseren belehrt.

Die zwei oder drei Dinge, die ich am Himmel zu sehen erwartete, waren nur ein winziger Bruchteil des gesamten Schauspiels. Eine totale Sonnenfinsternis ist bei weitem das beeindruckendste Naturphänomen, das wir Erdenbewohner miterleben können. Die Regie lässt wirklich keinen Knalleffekt aus: Die Temperatur sinkt. Es erhebt sich ein unheimlicher kalter Wind. Wie ein Orkan rast der Schatten über das Meer. Das Licht schwindet jäh, und innerhalb weniger Sekunden bricht eine metallische Nacht herein. Die Geschwindigkeit, mit der sich die Dunkelheit ausbreitet, trifft uns völlig unvorbereitet. Am Horizont, unerreichbar fern, sind die

Überreste des Tages zu sehen: eine orangerote Dämmerung überall ringsum, dreihundertsechzig Grad weit, als hätte sich der Bühnenbildner in der Projektion des Abendrots geirrt. Inmitten dieses Schauspiels prangt eine schwarze Sonne, kein Glutofen mehr, sondern ein glückloser Stein, doch umstrahlt von der silbernen Krone einer alten himmlischen Gottheit; und es leuchten Sterne, die außerhalb ihres gewohnten Platzes von der unzeitgemäßen Nacht überrascht wurden.

Wenn ich einen Vergleich nennen müsste, würde ich sagen, es ist, als wäre man plötzlich auf einen unbekannten Planeten versetzt. Das Gehirn arbeitet fieberhaft, doch im Speicher seiner Erfahrungen findet es keinerlei Anhaltspunkt, um das Ereignis einzuordnen, es hat keinen Ausweg anzubieten. Nach verschiedenen Suchaktionen meldet es betrübt: Traumlandschaft? Das Unbehagen ist unvermeidlich: Man hätte es gern bald hinter sich.

Mehrere Minuten im Schatten des Mondes zu verbringen, stellt einige Zähler auf Null zurück. Wir werden in eine Epoche unserer Entwicklung zurückversetzt, in der wir uns zum ersten Mal bewusst wurden, dass wir Teil sehr viel erhabenerer Welten sind als der Welt der Dinge, die unser Alltagsleben Tag für Tag begleiten, und wir können uns das maßlose Staunen vorstellen, das unsere Spezies ergriffen haben muss, als sie sich geistig in den Weltraum außerhalb der Erde vorzuwagen begann.

Das Bedürfnis nach Erklärungen

In der Zeit Aristarchs war der Mechanismus einer Eklipse in den groben Zügen klar, allerdings war der Weg dorthin nicht frei von Hindernissen. Auch hier stellt sich das Problem der unzulänglichen Wahrnehmung. Es ist nicht einfach, die Ursache einer Sonnenfinsternis (der Mond schiebt sich zwischen Sonne und Erde) durch bloße Beobachtung zu ergründen – häufig ist der Himmel bewölkt, und in diesem Fall ist das Einzige, was man mitbekommt, eine tiefe Dunkelheit. Aber auch wenn sich die Gelegenheit bietet, mit bloßem Auge eine Eklipse zu beobachten, sieht man nicht, wie der Mond sich der Sonne nähert, weil die atmosphärische Helligkeit zu intensiv ist. Es ist erstaunlich, wie gleißend hell selbst ein winziger Ausschnitt der Sonnenoberfläche ist: Solange der Mond nicht drei Viertel der Sonne verdeckt, merkt man nichts von der Eklipse. Und wenn man dann etwas merkt, sieht man lediglich den Rand der Mondsilhouette, und um ihn überhaupt zu erkennen, muss man *wissen*, dass in diesem Augenblick und an dieser Stelle des Himmels nichts anderes sein kann als der Mond. Die Schwierigkeiten sind also zahlreich, so dass viele Kulturen dem Mond keinerlei Anteil an einer Sonnenfinsternis zuschrieben. In der altchinesischen Kosmologie ist ein Drache daran Schuld, der hin und wieder in die Sonne beißt und sie manchmal sogar verschluckt (das chinesische Wort für eine Eklipse ist »Biss«). In der arabischen Astrologie wird die Sonnenfinsternis durch einen phantomartigen »achten Planeten« verursacht. Die abendländische Ikonografie dokumentiert diese Hypothesen bis in eine nicht so ferne Vergangenheit und vermischt sie manchmal sogar, wie in der folgenden Zeichnung.

Ebenso schwer ist zu verstehen, dass die Mondfinsternis durch den Schatten der Erde verursacht wird. Wir sehen lediglich, dass der Mond sich nach und nach verdunkelt; manchmal wechselt er auch die Farbe und leuchtet rötlich.

Die korrekte Erklärung für die Mondfinsternis geht vermutlich auf die babylonischen Astronomen im ersten Jahrtausend v. Chr. zurück; in der griechischen Welt wird sie Thales von Milet (624–548 v. Chr.) zugeschrieben. Die Überlieferungen der altgriechischen Astronomie sind zwar nicht ganz zuverlässig, zeugen aber von der Faszinationskraft des Schattens. Man erzählt sich Folgendes: Nach der Auffassung von Anaximander (610–547 v. Chr.) ist der Mond wie ein Wagenrad, und die Eklipse entsteht durch die Drehbewegung des Rads. Für Anaximenes (585–520 v. Chr.) ist die Mondfinsternis ein Schattenphänomen – allerdings irrt er sich hinsichtlich der Ursache des Schattens und geht von der Existenz opaker Körper aus, regelrechter geheimer Planeten, die das Licht der Sonne abfangen und dadurch nicht nur Eklipsen, sondern

In alter Zeit war man der Ansicht, dass bei einer Sonnenfinsternis ein Drache in die Sonne beißt. Auf diesem Bild begnügt er sich damit, sie zu verstecken. Almanach aus dem Jahr 1497.

auch die normalen Mondphasen verursachen. Nach Ansicht einiger Schriftsteller des Altertums ist Anaxagoras der Erste, der uns eine korrekte Erklärung für die Mondfinsternis liefert – dass nämlich die Erde ihren Schatten auf den Mond wirft. (Anaxagoras behauptete unter anderem, die Sonne sei ein weiß glühender Stein, viel größer als der gesamte Peloponnes, eine ketzerische Behauptung, mit der er sich in den Ruch der Gottlosigkeit brachte: Damit war er der Erste einer ganzen Reihe von Naturforschern, die aus religiösen Gründen von der weltlichen Obrigkeit verfolgt wurden.)

Anaxagoras ist mit seiner Deutung der Mondfinsternis derart zufrieden, dass er nun überall Schatten zu entdecken beginnt. Zum Beispiel meint er, die Milchstraße sei nur wegen des Schattens der Erde zu sehen, weil die Sonne alle Sterne außerhalb des Erdschattens »auslöscht«, so dass allein die Gestirne im Schatten leuchten und die Milchstraße bilden; erst im Schatten kann ein sonst unsichtbares Licht zu leuchten beginnen. Wieder ist keine Theorie bizarr genug, als dass sich nicht ein Verfechter unter den Philosophen gefunden hätte; dass aber Anaxagoras diese These vertritt, scheint mir eine Bestätigung für die intellektuelle Anziehungskraft des Schattens. Anaxagoras hat die Erde als Körper begriffen, der seinen Schatten an den Himmel wirft, und lässt nun seinen Spekulationen freien Lauf. Der Schatten der Erde befindet sich irgendwo am Himmel, auch wenn kein Mond in der Nähe ist, der ihn sichtbar macht. (Der Historiker Thomas Heath bemerkt dazu: Wenn die Milchstraße der einzige verschattete Teil des Himmels wäre, müsste bei jedem Vorüberziehen des Mondes auf dem Hintergrund der Milchstraße eine Eklipse stattfinden, was aber nicht zutrifft. In diesem Fall können wir beinahe sagen, dass uns *das Fehlen eines Schattens* die Beschaffenheit der Welt vor Augen führt.)

Wir müssen uns die Kühnheit vorzustellen versuchen, vielleicht auch die Verwunderung dieser Himmelsdeuter in dem Augenblick, in dem sie zu der Erkenntnis gelangen, dass die *Mond*finsternis durch den Schatten der *Erde* verursacht wird, die das Licht der *Sonne* abschirmt. Wer die Mondfinsternis als das Ergebnis des Schattens erklärt, den die Erde erzeugt, indem sie sich vor das Sonnenlicht schiebt, fasst diese drei Himmelskörper zu einem einzigen *System* zusammen. Dann gibt es keine tiefe metaphysische Kluft zwischen Himmel und Erde mehr – auf der einen Seite die unermessliche, schwere, finstere Erde und auf der anderen die leichten Leuchtkörper des Tages und der Nacht –, sondern nur noch die Entfernung im Raum. Des Lichts beraubt, *zeigt sich der Mond als das, was er ist*: ein kalter, träger Stein, der am Himmel schwebt. Das bedeutet nicht nur, dass der Mond und die Sonne wie die Erde sind, sondern gilt auch umgekehrt: Die Erde ist wie der Mond und die Sonne, *ein Körper, der irgendwo im All schwebt*. Die Geometrie füllt den metaphysischen Graben. Darüber hinaus fordern die Ausmaße der Erscheinungen, dass alles, was man bisher über Entfernungen wusste, neu überdacht wird – mit Hilfe neuer Begriffe. *Der auf den Mond projizierte Erdschatten vermittelt uns eine Vorstellung von der Form und der Dimension der Erde.* Die erste bekannte Demonstration der Tatsache, dass die Erde eine Kugel ist und größer als der Mond, stammt von Aristoteles (384–322 v. Chr.):

SCHATTEN AM HIMMEL

Wäre die Erde nicht kugelförmig, schreibt er in seinem Werk *Über den Himmel*, könnten die Mondfinsternisse nicht die Linien darstellen, die wir sehen; bei der Eklipse ist die sie begrenzende Linie stets gekrümmt, und nur eine kugelförmige Erde kann auf einen kugelförmigen Körper eine Schattenlinie werfen, die ein Kreissegment ist.

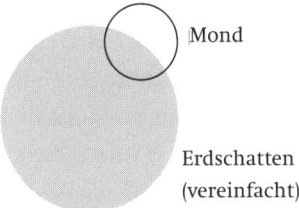

Die Mondfinsternis beweist, dass die Erde viel größer ist als der Mond (vorausgesetzt, man weiß, dass die Sonne weit genug entfernt ist) und auf jeden Fall kugelförmig sein muss.

Wäre die Erde ein Würfel, könnte sie nicht einen Schatten auf den Mond werfen, wie sie ihn tatsächlich wirft. Außerdem könnte sie, wäre sie kleiner als er, angesichts der enormen Entfernung der Sonne, den Mond mit ihrem Schatten niemals ausblenden.

Die Legende von Hsi und Ho und die Schwierigkeit, eine Eklipse vorauszusehen

Wenig erfreulich ist die Geschichte von Hsi und Ho, zwei Sterndeutern im alten China. Ihre Pflichten umfassen unter anderen Aufgaben die Vorhersage von Finsternissen. Das sind höchst komplizierte Berechnungen, die durch die Neigung unserer beiden Sterndeuter, hin und wieder einen über den Durst zu trinken, gewiss nicht befördert werden, und so geschieht das Unvermeidliche, ein nicht wieder gut zu machendes Versäumnis: Eine Mondfinsternis tritt ein, die sie nicht vorhergesehen haben (vielleicht haben sie auch vergessen, die nötigen Beschwörungsrituale vorzunehmen). Der Kaiser schickt nach ihnen, sie werden betrunken aufgefunden und zum Tod durch Enthauptung verurteilt.

Von allen kosmischen Konjunktionen sind Eklipsen die beunruhigendsten, und selbst kühle, streng rationale Denker können ihrer Faszinationskraft kaum widerstehen. (Ich selbst genehmigte mir ein kleines Erschauern, als ich erfuhr, dass ich um die Zeit der Sonnenfinsternis am 15. Februar 1961 gezeugt wurde: ob mir das Thema der Schatten wohl von Anfang an bestimmt war?) Angesichts der Auswirkungen von Eklipsen wäre es normal, sich zu fragen, was dabei vor sich geht, und herauszufinden, ob es keine Abhilfe dagegen gibt – Sonne und Mond sind schließlich ein kostbares Gut. Tatsächlich kennen manche Kulturen Bannrituale und Beschwörungen, bei denen man den kranken Mond oder die kranke Sonne anruft: »Genese!«

Noch besser wäre es, wenn sich die Wiederkehr des Schattens *vorhersehen* ließe, so dass man entsprechende Gegenmaßnahmen ergreifen könnte (sofern es welche gibt). Doch wie stellt man das an, wenn keine astronomische Theorie zur Verfügung steht? Man muss sich auf den sonderbaren Umstand stützen, dass Eklipsen (halbwegs) zyklisch sind: Die Wiederkehr einer Sonnen- und Mondfinsternis deutet darauf hin, dass der Kosmos unwandelbare und komplexe Gesetzmäßigkeiten in sich birgt – die Fähigkeit, eine Eklipse vorauszusagen, ist somit ein Ausdruck des Wissens um die geheimen Rhythmen des Universums. In diesem Zusammenhang sind uns gesicherte Angaben überliefert, wie etwa von den babylonischen Astronomen, die seit dem achten Jahrhundert v. Chr. regelmäßige Wiederholungen erkannten; allerdings sind die erhaltenen Dokumente häufig mit Legenden gewürzt (wie der Geschichte von Hsi und Ho).

Die Vorhersage einer Eklipse ist ein heikles Unterfangen. Zunächst muss man erkennen, dass eine Mondfinsternis nur bei Vollmond, eine Sonnenfinsternis nur bei Neumond möglich ist. Wir haben gesehen, wie viele Studenten, die an unserem Experiment über »naive« astronomische Vorstellungen teilnahmen, die geometrische Beziehung zwischen dem Vollmond und der Mondfinsternis verkannten – die Erkenntnis dieser Beziehung ist also eine interessante intellektuelle Errungenschaft. Sie genügt jedoch nicht:

Nicht bei jedem Vollmond tritt eine Mondfinsternis ein (geschweige denn eine Sonnenfinsternis bei jedem Neumond). Den großen Sprung nach vorn tun die babylonischen Astronomen im ersten Jahrtausend v. Chr., als sie einen Katalog anlegen und ihre Beobachtungen zu Mond- und Sonnenfinsternissen über mehrere Generationen hinweg systematisch festzuhalten beginnen. Anhand dieser Datensammlung lassen sich einige Regelmäßigkeiten erkennen, was zu der Erkenntnis führt, dass Eklipsen *zyklisch* sind, eine Voraussage also möglich ist. Auch dieses Ergebnis ist verblüffend, wenn wir bedenken, dass partielle Sonnen- und Mondfinsternisse leicht unbemerkt vorübergehen können. Einen Katalog über Eklipsen aufzustellen ist beileibe kein leichtes Unterfangen – und wenn der Katalog unvollständig ist, sind zyklische Wiederholungen schwer zu erkennen.

Das Haus der himmlischen Verabredungen

Warum sind Eklipsen zyklisch? Warum wiederholt sich nach einem bestimmten Zeitraum eine Eklipse desselben Typs? Es mag seltsam klingen, aber fest steht, dass Eklipsen sehr viel zyklischer sein könnten. Wenn der Mond sich auf derselben Umlaufebene wie die Erde um die Sonne drehte, hätten wir bei *jedem* Vollmond eine Mondfinsternis. Jedoch ist nicht nur die Mondbahnebene um einen Winkel von fünf Grad zur Umlaufbahn der Erde um die Sonne geneigt (weshalb der Neu- oder Vollmond nie mit der Erde und der Sonne auf einer Geraden stehen kann, sondern sich immer ein wenig »ober-« oder ein wenig »unterhalb« befindet), sondern die Schnittpunkte, an denen sich die Erd- und die Mondbahn kreuzen (die *Knoten* in der astronomischen Terminologie), bewegen sich langsam in der zur Mondbahn entgegengesetzten Richtung. So kommt es, dass zwischen einem Vollmond und dem nächsten (ein Mondumlauf) neunundzwanzigeinhalb Tage liegen, während der Mond selbst für die Strecke von einem Knoten zum nächsten nur siebenundzwanzigeinviertel Tage braucht (einen so genannten siderischen Monat).

Jetzt läuft alles auf eine Frage der Termine im kosmischen Kalender hinaus.

Montags sind Sie mit Elio und Diana gemeinsam verabredet. Wenn Elio alle zwei Tage und Diana alle drei Tage zu Ihnen kommt, nach wie vielen Tagen sind Sie dann alle drei wieder zusammen? Antwort: Nach sechs Tagen. Wir brauchen nur zu multiplizieren. Nehmen wir nun an, wir befinden uns in einer günstigen Situation für eine Mondfinsternis, wenn der Vollmond auf einen Knoten trifft: Um demselben Knoten wiederzubegegnen, braucht der Vollmond (nach erfolgter Multiplikation) zweihundertdreiundzwanzig Mondumläufe oder zweihundertzweiundvierzig siderische Monate, das sind achtzehn Jahre und zehn Tage. (Ein paar Jahrtausende lang geht die Rechnung auf; auf noch längere Sicht lassen die Interaktionen zwischen Erde, Sonne und Mond die Zyklen leicht chaotisch werden.) In all dieser Zeit steht die Sonne neunzehn Mal am entgegengesetzten Knoten. Wenn in der ursprünglichen Position tatsächlich eine Mondfinsternis stattfand, erleben wir *achtzehn Jahre und zehn Tage später eine zweite*. Das Interessante daran ist, dass der Mond in diesem Zeitraum mehr oder weniger zweihundertneunundreißig Mal die Sonne umrundet hat (der Mond braucht für eine Umlaufbahn siebenundzwanzigeinhalb Tage, einen anomalistischen Monat in der Sprache der Astronomie), bis er sich wieder an ungefähr derselben Position auf seiner Umlaufbahn und in derselben Entfernung zur Erde befindet wie zu Beginn des Zyklus. Das bedeutet, dass nicht nur die Eklipsen einigermaßen regelmäßig wiederkehren, sondern auch die Eklipsen*typen*. Beginnt der Zyklus mit einer totalen Mondfinsternis, so findet nach achtzehn Jahren und zehn Tagen wiederum eine totale Mondfinsternis unter nahezu identischen Bedingungen statt. Den Babyloniern im fünften vorchristlichen Jahrhundert waren viele dieser Zahlen bekannt, bei den Griechen war es anscheinend Thales, der die Wissenschaft des Schattens beherrschte.

Die Legende von Thales und die unheilvollen Einflüsse der Sonnenfinsternis

Nach dem Historiker Herodot (fünftes Jahrhundert v. Chr.) wurde mitten in einer Schlacht zwischen den Lydern und den Medern unversehens der Tag zur Nacht: Die Sonnenfinsternis beeindruckte die Kämpfenden so sehr, dass sie nach vielen Jahren kriegerischer Feindschaft die Waffen niederlegten und Frieden schlossen.

Zwischen den archäologischen Fundstücken, die uns von der babylonischen Astronomie erhalten sind (Schrifttäfelchen mit Voraussagen und beobachteten Regelmäßigkeiten), und den Zeugnissen der griechischen Astronomie (literarische Texte) besteht ein entscheidender Unterschied. Auf die einen können wir ziemlich direkt quantitative Methoden anwenden; bei den anderen muss man sich mit den schönen Geschichten begnügen, die sich häufig nicht nachprüfen lassen. Eine solche ist die viel gerühmte Voraussage des Thales, der allerdings nur das Jahr (585), nicht den Tag der Sonnenfinsternis prophezeit hatte. Aber die Schwierigkeiten betreffen nicht nur den Fall Thales. Die Spitze des lunaren Schattenkegels zeichnet jedes Mal einen anderen Verlauf: Bei Sonnenfinsternissen gibt es keinen Zyklus für einen bestimmten Ort auf Erden (beispielsweise für Babylon oder Athen), weshalb sich eine Eklipse nicht allein auf Grund des Katalogs früherer Sonnenfinsternisse voraussagen lässt – in diesem Fall dient die Datensammlung nur zur Vorhersage eines günstigen Moments oder des Zeitpunkts, zu dem *keine* Sonnenfinsternis stattfinden kann. Es wäre also völlig aus der Luft gegriffen, Thales und allen anderen Astronomen, Astrologen und Sehern des Altertums das Verdienst einer korrekt vorhergesagten Sonnenfinsternis zuzuschreiben.

Mit unserem heutigen Wissen über das Sonnensystem können wir die künftigen Eklipsen anhand der Bewegungen der Himmelskörper sehr genau berechnen. Auch frühere Eklipsen können wir ohne weiteres rekonstruieren: Wir brauchen lediglich die Uhr zurückzudrehen. Im Jahr 1887 veröffentlichte Theodor von Oppolzer seinen monumentalen *Kanon der Finsternisse*, der achttausend

Sonnen- und fünftausendzweihundert Mondfinsternisse, partielle und totale, zwischen 1207 v. Chr. und 2161 n. Chr. aufzählt. Wozu diese gewaltigen Rechnungen (von Hand ausgeführt)? Die Eklipsen sind unverrückbare Termine, die sich mit der menschlichen Geschichte kreuzen, was den Historikern eigentlich eine große Hilfe sein müsste, denn da sich die Sonnen- und Mondfinsternisse tatsächlich zurückverfolgen lassen, können wir sie als großen Kalender benutzen (der obendrein gegen die Willkür menschlicher Kalender in jeder Hinsicht gefeit ist), um die Ereignisse der Vergangenheit zu datieren. Könnte dies die Geschichte von Herodot retten? Auch wenn Thales seine Sonnenfinsternis nicht vorhersagen konnte, können wir anhand ihres Datums, das in die Ordnung des Himmels eingeschrieben ist, den Tag der Schlacht zwischen Lydern und Medern ermitteln. (Mit Hilfe von Oppolzers *Kanon* datierten verschiedene moderne Historiker die Schlacht übereinstimmend auf den 28. Mai 585 v. Chr.)

In der Praxis ist die Sache schwieriger, und dies aus Gründen, die mit der Astronomie nichts zu tun haben. Es kommt vor, dass manche Geschichten aus der Antike eine Sonnenfinsternis nur deshalb erwähnen, weil sie ein spektakuläres Vorkommnis ist und nicht, weil sie tatsächlich stattgefunden hat. Große Schlachten, der Tod von Königen und Königinnen und die Geburt böser Sprösslinge, die ihre Familien in den Ruin treiben, sind Ereignisse, die *zwangsläufig* von gewaltigen kosmischen Erscheinungen begleitet werden müssen. Hat kurz vor oder kurz nach dem großen Ereignis eine Sonnenfinsternis stattgefunden, wird sie dem Datum, das dem Erzähler am Herzen liegt, ein wenig näher gerückt. Und falls sich tatsächlich weit und breit keine Finsternis abzeichnen sollte, wird eben eine erfunden. Jesus wurde kurz vor Ostern gekreuzigt, also in einer Vollmondphase: Unmöglich kann die in den Evangelien übereinstimmend beschriebene Finsternis eine Sonnenfinsternis gewesen sein. Die zeitlich am nächsten gelegene Eklipse fand am 24. November des Jahres 29 statt und war in Jerusalem nicht zu sehen. Eine Chronik der Heldentaten der Bischöfe von Lüttich berichtet, wie es Herakles (gestorben 971) während einer Schlacht in

Kalabrien gelang, die beim Anblick einer Sonnenfinsternis kopflos gewordenen Soldaten zur Vernunft zu bringen. Das erwähnte Ereignis müsste die Eklipse vom 22. Dezember 968 gewesen sein. Doch der Chronik zufolge hat sich auch diese Sonnenfinsternis bei Vollmond zugetragen, woraus wir lediglich den Schluss ziehen können, dass die Chronik nicht ganz vertrauenswürdig ist.

Unter anderem wissen wir, dass die Geschichte des Weisen, der während einer Sonnen- oder Mondfinsternis die verstörten Armeen besänftigt, ein literarischer Gemeinplatz ist, der berühmte Vorbilder bei Plinius und Titus Livius hat. Quintilian geht so weit, dem Redner nahe zu legen, er möge sich über das Warum und das Wie der Finsternis sorgfältig erkundigen, um gewappnet zu sein: Es kann ja immer vorkommen, dass man mitten in einer Schlacht den Soldaten Rede und Antwort zu stehen hat (wie es Perikles und vielen anderen Generälen offensichtlich passiert ist). Das negative Vorbild, dem keiner nacheifern will, ist der athenische Staatsmann und Feldherr Nikias, der die Athener bei der Belagerung von Syrakus im Jahr 413 v. Chr. befehligte. Eine Mondfinsternis versetzte ihn derart in Angst und Schrecken, dass er den Aufbruch um einen Monat hinauszögerte; währenddessen organisierten sich seine Feinde, griffen die Athener an und dezimierten ihre Flotte, und Nikias, der von den Mechanismen des Universums keine Ahnung hatte, ging als Opfer seines Aberglaubens in die Legende ein.

Schattendreiecke und Thales' Geheimnis

Mit den Schatten lässt sich der Kosmos vermessen, doch die Verbindung von Schatten und Messung ist auch außerhalb der Geographie und der Astronomie ein Gemeinplatz der griechischen Antike. Wieder tritt Thales in Erscheinung: »Hieronymus behauptet ferner, Thales habe die Pyramiden allein auf Grund ihres Schattens vermessen, nachdem er beobachtet hatte, in welchem Augenblick sein Schatten genauso lang war wie er selbst hoch.«

Dies schreibt der Historiker Diogenes Laertios. Es ist eine schöne Geschichte: Thales begibt sich nach Ägypten, erfährt im Umgang mit den lokalen Priestern die Maße der Pyramidengrundflächen und liefert flugs einen Beweis seines Genies, indem er auf einfachste und brillante Weise ein Problem löst, über das sich seine Lehrmeister und deren Lehrmeister, die doch tagein, tagaus auf die Pyramiden blickten, seit Urzeiten die Köpfe zerbrochen hatten.

Eine schöne Anekdote. Allerdings suspekt.

Die Person des Thales ist einigermaßen kurios. Respektvoll wird er uns als einer der sieben Weisen vorgestellt, doch gleichzeitig wirft man ihm eine gewisse Neigung zur Abstraktion vor, die beispielsweise dazu führt, dass er, während er mit himmelwärts gewandtem Blick dahinspaziert, in einen Graben fällt. In der Anekdotensammlung reagiert Thales darauf mit einem geschickten spekulativen Manöver. Er sieht eine üppige Olivenernte voraus und pachtet mehrere Ölpressen, die er dann um teures Geld weitervermietet: eine Taktik, die anscheinend allein den Zweck hatte, seine und die Fähigkeiten der Philosophen im Allgemeinen unter Beweis zu stellen. In seinem großzügigen und ein bisschen snobistischen, chaotischen Wesen erscheint uns seine Persönlichkeit zwangsläufig sympathisch: Er verfasst lediglich zwei Werke, *Über die Sonnenwende* und *Über die Tagundnachtgleiche*, und »erklärt die übrigen Fragen für unfassbar«.

Thales ist einer der ersten Fälle von Personalisierung in der Wissenschaft. Ihm werden einige höchst bedeutende mathematische Erkenntnisse zugeschrieben: Er habe bewiesen, dass alle Peripheriewinkel im Halbkreis neunzig Grad betragen, dass die Winkel an der Basis eines gleichschenkligen Dreiecks gleich sind, dass auch die Winkel gegenüber dem Schnittpunkt zweier Geraden gleich sind, dass der Umfang eines Kreises von seinem Durchmesser in zwei gleiche Hälften geteilt wird. (Wären Sie der/die Erste, dem/der eine dieser Entdeckungen gelungen wäre, hätten Sie durchaus Grund zum Stolz.) Allerdings handelt es sich hierbei um zu fundamentale geometrische Aussagen, als dass wir annehmen könnten, sie seien vor Thales niemandem aufgefallen.

Schatten und Geometrie

In die Geschichte ging Thales wegen eines Theorems ein, das nach ihm benannt ist. Stellen wir uns den Schatten eines in die Erde gerammten Pfostens oder Pfahls vor. Versuchen wir uns den *gesamten* lichtlosen Bereich zu denken, die luftige Zone zwischen dem Pfahl und der Projektionsebene. Die sich daraus ergebende geometrische Figur ist ein Dreieck: Eine Seite ist der Pfahl, eine zweite der sich auf dem Boden abzeichnende Schatten, die dritte – unsichtbare – verbindet die Spitze des Pfahls mit der Spitze des Schattens. Die Eigenschaften dieser vollständigen *Schattenzone* sind die Eigenschaften eines Dreiecks. Je weiter der Schatten werfende Gegenstand in die Höhe ragt, desto länger ist sein Schatten – die auf dem Boden liegende Seite der vollständigen Schattenzone. *Um wie viel länger?* Verdoppelt sich die Länge des Pfahls, wird auch sein Schatten doppelt so lang – natürlich nur, solange die Lichtquelle an Ort und Stelle bleibt und die Projektionsebene ihren Neigungswinkel nicht verändert. Dass es sich dabei um eine uralte Denkaufgabe handelt, beweist ebenjene Anekdote über Thales und die von ihm vermessenen Pyramiden.

Das Dreieck ist die Schattenfigur, und der antike Geometer ist einer, der überall Dreiecke entdeckt.

Der Schatten als Dreieck: Die Geburtsstunde der Geometrie.

Die Geschichte rund um Thales' ägyptisches Abenteuer ist komplex. Eine Verbindung zwischen Thales und Ägypten erwähnt Diogenes Laertios wenige Zeilen vorher, als er einen gewissen Pamphylas zitiert, »welcher sagt, dass Thales, nachdem er von den Ägyptern die Geometrie erlernt hatte, als Erster das rechtwinklige Dreieck in den Kreis einschrieb und ein Rind opferte«. Die Ägypter hätten also lediglich die Anfangsgründe der Geometrie besessen, so dass Thales mit der Einschreibung eines rechtwinkligen Dreiecks in einen (Halb-)Kreis einen großen Schritt nach vorn tun konnte: eine Errungenschaft, die gewiss ein blutiges Opfer verdient hat. Die Behauptung, die Ägypter hätten in der Wissenschaft der Geometrie ein fortgeschrittenes Stadium erreicht (veranlasst durch die Notwendigkeit, nach Überschwemmungen des Nils die Grenzen der Felder neu abzustecken, wie es die Überlieferung will), ist anscheinend historisch nicht bestätigt. Doch nicht aus diesem Grund haben wir das Recht zu vermuten, die ägyptischen Zeitgenossen des Thales hätten nicht einmal die elementaren geometrischen Kenntnisse besessen, um die Höhe der Pyramiden – die im Übrigen ihre eigenen Vorfahren so präzise erbaut hatten – berechnen zu können. Und die Aufgabe als solche, die Vermessung der Pyramiden, die kein besonders ruhmreiches Problem darstellt, müsste eigentlich unseren Argwohn erregen: als hätte Thales es nötig, neben seinen abstrakten Erkenntnissen auch noch einen großen praktischen Erfolg nachzuweisen.

Die Anekdote über die Vermessung der Pyramiden soll uns daran erinnern, dass es möglich ist, durch eine Untersuchung des Schattens in Verbindung mit einem allgemeinen Lehrsatz über Dreiecke die Eigenschaften von Objekten zu ergründen, die für andere Methoden zu groß oder zu weit entfernt sind. Der Gipfel eines Gebäudes ist schwierig zu erreichen, doch sein Schatten fällt vor uns auf den Boden, und es genügt, ihn abzugehen und die Schritte zu zählen; mit dem geometrischen Satz des Thales wissen wir sofort seine Höhe.

Die Anekdote dient also zur Veranschaulichung der praktischen Auswirkungen des Theorems. Die Pyramiden, die Hauptpersonen der Episode, werden auf den Rang schlichter Komparsen verwiesen.

Fünfundvierzig Grad im Schatten

Allerdings sollten uns gerade die Pyramiden nachdenklich stimmen. Denn aus einem bestimmten Blickwinkel ist das Problem interessant, *gerade weil* es um die Pyramiden geht. Ein Obelisk oder

SCHATTEN AM HIMMEL

ein Parallelepiped verbirgt seine Höhenlinie nicht; sie stimmt mit einer physikalischen Eigenschaft des Bauwerks, ihrer Spitze, überein und zeigt sich unverstellt dem Blick, kann also vermessen werden. Die Pyramide versteckt ihre Höhe hinter aufgehäuften Steinblöcken: Die Entscheidung, von allen möglichen Bauwerken ausgerechnet die Pyramiden zu vermessen, ist also in der Tat eine Herausforderung.

Die Pyramide verbirgt aber nicht nur ihre Höhe, sondern auch ihre Grundfläche und damit einen Teil des Schattens, den Thales gebraucht hätte! Man kann ihren Schatten nicht direkt messen und muss also über den verborgenen Anteil Vermutungen und hypothetische Rechnungen anstellen. Vor allem kommt es darauf an, welche Pyramide wir berechnen wollen. Die Pyramide des Königs Snofru, die so genannte »Rote Pyramide von Dahschur«, hat eine Schräge von dreiundvierzig Grad. Damit der Schatten ihrer Spitze ebenso lang wird, wie die Pyramide hoch ist, muss die Sonne in einem Winkel von fünfundvierzig Grad am Himmel stehen. Aber wenn die Sonne in dieser Position steht, fällt der Schatten der Spitze ins Innere der Pyramide! Die Pyramide projiziert nicht die geringste sichtbare Form. Begeben wir uns also nach Giseh, wo die

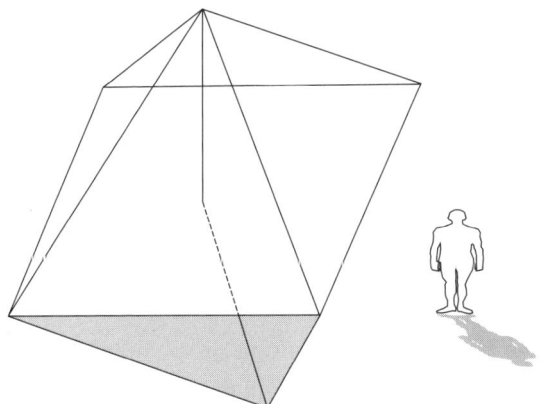

Der Lehrsatz des Thales: Wenn Thales' Schatten mit seiner Körpergröße übereinstimmt, ist der Schatten der Pyramide identisch mit ihrer Höhe. Aber wie sollen wir den Schatten der Pyramide messen?

Pyramiden steiler sind. Wenn die Sonne in einem Winkel von fünfundvierzig Grad am Himmel steht, nützt uns das Stückchen Schatten, das über die Basis der Pyramide hinausragt, als solches nicht sehr viel: Wir müssen trotzdem die Länge des verborgenen Schattenbereichs *berechnen*.

Solche Fakten ruinieren das Beispiel. Tatsächlich leidet die Methode des Thales unter ihrem Anspruch, intuitiv und leicht anwendbar zu sein – wie nach den Maßgaben des Mythos die brillante Lösung zu sein hat, die ein Fremder auf der Durchreise den seit Jahrhunderten am Rätsel der Pyramide verzweifelnden armen einheimischen Weisen präsentiert.

Stellen wir uns also vor, wie sich an jenem legendären Nachmittag eine Schar Schaulustiger rund um Thales versammelt und mit ihm wartet, bis der Schatten des Philosophen ebenso lang ist wie er selbst hoch. Endlich ist es so weit. Thales rennt los, um den Zipfel Schatten zu vermessen, der aus der Pyramide herausragt. Wenn sämtliche Bedingungen günstig sind, erhält Thales ein Maß, das er den Umstehenden erst dann als Höhe der Pyramide vorlegen kann, nachdem er eine Reihe nicht sehr komplizierter, aber öder Rechnungen durchgeführt hat. Allerdings sollten ihm, wie ihm bekannt sein dürfte, ähnliche Rechnungen ermöglichen, die Höhe der Pyramide zu ermitteln, ohne dass er erst auf den entsprechenden Schatten warten und ihn messen muss: Es reicht, wenn ihm der Winkel an der Grundfläche der Pyramide sowie eine halbe Kantenlänge bekannt sind. Mit anderen Worten, Thales' Vorgehensweise wird die Umstehenden kaum derart beeindruckt haben, dass sie ihn deshalb der Überlieferung für würdig befanden. Das Paradox ist, dass *das, was man bereits wissen muss, um die Höhe der Pyramide mit Hilfe der Schattenmethode messen zu können, auch ausreicht, um sie ohne Hilfe des Schattens zu vermessen.*

Wenn wir uns an eine vorsichtige Linie halten und annehmen, Thales sei der Erfinder der trigonometrischen Methode, die von gleichen Winkeln ausgeht, um die Höhe anderer, weniger pyramidenförmiger Bauwerke zu vermessen, insbesondere von Obelisken und Palästen mit senkrechten Kanten, können wir die Geschichte von ihren mythischen Verkrustungen befreien. Die Pyramiden ziehen die Aufmerksamkeit auf sich, weil sie an sich schon geheimnisvolle Bauwerke sind, die bereits zu Thales' Zeiten zweitausend Jahre alt waren, Kulturen überdauert hatten und als Weltwunder in die Geschichte eingegangen waren. So war es wohl nahe liegend, sie an Stelle irgendeines unbedeutenderen Bauwerks, das womöglich in einer früheren Version der Anekdote aufgetreten war, in die Überlieferung aufzunehmen. Doch durch ihre Masse behindern die Pyramiden die Geschichte in unvorhergesehener Weise; ihre mathematische Struktur, die den Schatten unterdrückt, durchkreuzt die Absichten eines fantasievollen Erzählers.

Uns bleibt das metaphysische Rätsel der Pyramide, die einen Teil ihres Schattens für sich behält. Wenn wir davon ausgehen, dass nur ein Fragment des Schattens, den wir vermessen wollen, aus dem Umfang der Pyramide herausragt, akzeptieren wir stillschweigend, dass der andere Teil ihres Schattens ins Innere des Gebäudes fällt. Ist das Innere der Pyramide schattig? – nicht die Grabkammern, sondern das solide Innere, das aus mächtigen, fest aneinander gefügten Steinblöcken erbaut ist? In einem einzigen gedanklichen Schwung den inneren und den äußeren Anteil des Schattens zusammenzufassen, stellt eine großartige Abstraktion dar, die den Schatten auf eine körperlose Form reduziert. Allerdings wirft man damit neue, beunruhigende Fragen auf.

Der Schatten und die Entfernung der Erde von der Sonne

Nach der Abschweifung zu Thales' Schattendreiecken können wir nun, gerüstet mit den Instrumenten des Geometers, zu den Eklipsen und zu Aristarch zurückkehren.

Aristarch kennt das *Verhältnis* zwischen der Entfernung Erde–Sonne und der Entfernung Erde–Mond. Doch alle Maßangaben in seiner Überlegung sind relativ. Seine Argumentation träfe auch dann zu, wenn die Sonne einen Durchmesser von dreißig Zentimetern hätte (wie anscheinend Heraklit glaubte): In diesem Fall hätte der Mond einen Durchmesser von eineinhalb Zentimetern (und wir brauchten bloß die Hand auszustrecken, um nach ihm zu greifen: was beweist, dass Heraklit sich mit Sicherheit irrte). Aristarch möchte nun den Raum messen, der uns von diesen Himmelskörpern trennt, und ein für alle Mal bestimmen, wie groß der Mond und die Sonne wirklich sind. Hier kommen erneut die Schatten ins Spiel: nicht diejenigen, die an den Gegenständen fest haften – wie der Schatten des Mondes mit dem Rhythmus seiner Phasen –, sondern jene, die den Raum durchqueren und das Abbild der Schatten werfenden Gestirne projizieren. Aristarchs zweite Schattenmethode entsteht aus einer Überlegung über die Sonnen- und Mondfinsternisse. Er benutzt nun nicht mehr die Schatten, die sich brav auf den Mond legen, sondern jene, die auf Erden Furcht und Schrecken verbreiten.

Zunächst macht Aristarch eine durchaus banale Beobachtung. Durch einen glücklichen Zufall wird die Sonne bei einer Eklipse nahezu vollständig vom Mond ausgeblendet. Der Schattenkegel des Mondes verjüngt sich derart, dass seine Spitze die Erde berührt.

Aristarch hat ausgerechnet, dass die Sonne von der Erde neunzehn Mal weiter entfernt ist als der Mond; daraus schließt er, dass sie neunzehn Mal größer sein muss (dies ist wiederum eine Anwendung des Theorems von Thales, das sich allmählich als nützlich erweist). Was in Aristarchs kosmischem Diagramm fehlt, ist eine Zahl, ein Anhaltspunkt, an dem wir die Konstruktion befestigen und die Entfernungsverhältnisse in exakte Maße verwandeln

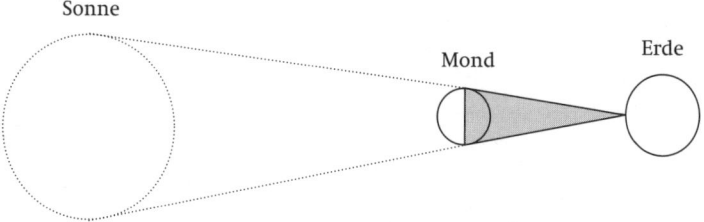

Der Mond verdeckt die Sonne beinahe vollständig, oder anders ausgedrückt: Der Schattenkegel des Mondes berührt mit seiner Spitze die Erde.

können. Wie aber lassen sich derart riesige Entfernungen bestimmen? Nachdem Aristarch den Schatten benutzt hat, den der Mond sich selbst macht und den er auf die Erde wirft, wendet er sich nun dem Schatten der Erde während einer Mondfinsternis zu.

Aristarch stellt eine Hypothese auf: Wenn der Schattenkegel der Erde auf den Mond fällt, hat er sich so zugespitzt, dass sein Durchmesser doppelt so groß ist wie der des Mondes. Wiederum durch Anwendung des Thales-Satzes über ähnliche Dreiecke gelangt er zu der Schlussfolgerung, dass der Durchmesser der Sonne sechs bis sieben Mal größer ist als der Durchmesser der Erde. Ausgehend vom scheinbaren Umfang der Sonne und des Mondes (in seinem Traktat verwendet Aristarch den Wert von zwei Grad, doch Archimedes belegt, dass Aristarch einen akkurateren Wert gefunden hatte, ein halbes Grad), können wir bestimmen, dass der Mond zwanzig (beziehungsweise achtzig) Erdradien, die Sonne hingegen dreihundertachtzig (oder über eintausendfünfhundert) Erdradien von uns entfernt ist. Die Entfernung der Sonne beziehungsweise des Mondes ist somit im Umfang der Erde verankert. Wie bei den Entfernungsverhältnissen zwischen Erde, Mond und Sonne bleiben auch diese Angaben weit hinter der Wirklichkeit zurück (die Entfernung zur Sonne beträgt mehr als das Zwanzigtausendfache des Erdradius), doch immerhin sind wir auf dem richtigen Weg. Ohne über Schatten nachzudenken, können wir uns unmöglich vorstellen, dass die Sonne so weit von der Erde entfernt und um so vieles größer ist.

Der geometrische Nutzen einer Eklipse

Auch der Kosmos lässt sich mit Hilfe einer Eklipse vermessen. Jedoch gibt es noch viele weitere, unmittelbarere Möglichkeiten, eine Eklipse nutzbringend einzusetzen. Die Illustration mag von zweifelhaftem Geschmack sein, aber die Geschichte der Menschheit ist nun einmal kein Ruhmesblatt.

Es ist der 10. März 1504, und Christoph Kolumbus jagt den Einwohnern von Jamaika einen gewaltigen Schrecken ein, indem er

Die Vorteile eines guten astronomischen Almanachs. (Beachten Sie jedoch die falsche Schattenlinie bei der Eklipse, die viel weniger stark gekrümmt sein müsste.) Aus dem frühen populärwissenschaftlichen Meisterwerk Astronomie populaire *von Camille Flammarion.*

ihnen (nachdem er einen astronomischen Almanach zu Rate gezogen hat) eine Mondfinsternis ankündigt, die auch prompt eintritt. An der Schwelle der Neuzeit dient die Beherrschung der Eklipsen lediglich dazu, die Diskrepanz der Kulturen zu veranschaulichen. Fortan trennt eine Schattenlinie die einen, die nichts von den Mechanismen der Zeit verstehen, von den anderen, die sie zu Hilfe nehmen, um ihre Herrschaft über den Raum zu behaupten. Doch Zeit und Raum treffen sich, wie wir noch sehen werden, immer wieder auf der Spitze eines Schattens.

8

DER RAUB DER SONNENUHR

> Ich zeige nur die schönen Stunden
> *(Inschrift auf einer alten Sonnenuhr)*

Beinahe schamerfüllt beendet Plinius der Ältere (24–79 n. Chr.) seine sehr kurze Geschichte der Zeitmessung zu Rom mit einem abrupten Themawechsel: »So wurde lange Zeit das Tageslicht für das römische Volk nicht angemessen unterteilt. Wir kommen nun zu den übrigen Tieren und wollen mit den Landbewohnern beginnen.«

Arme Tiere, klagt Plinius, die alten Römer nämlich, die die Stunden nicht nach der Sonne zu messen verstehen, weil sie sich nicht für die Theorie der astronomischen Zeit interessieren. Diese Theorie fasst Erde und Himmel in einem einzigen großen Entwurf zusammen, innerhalb dessen die scheinbare Bewegung der Gestirne berücksichtigt werden kann. Die Art und Weise, wie uns diese Bewegungen erscheinen, hängt von der Position des Beobachters auf der Erde ab. Da die Erde rund ist, wechselt die Höhe der Sterne über dem Horizont je nach der Position des Beobachters (zum Beispiel steht am Nordpol der Polarstern im Zenit, das heißt senkrecht über dem Beobachter; am Äquator liegt er auf dem Horizont). Wenn die Zeitmessung die Gestirne zu Hilfe nimmt, ist sie auf genaue geographische Kenntnisse angewiesen. Das hatten die Römer nicht begriffen, die zwar Städte plündern konnten, dann aber unfähig waren, ihre Kriegsbeute nutzbringend einzusetzen, scheint Plinius mit seiner Bemerkung anzudeuten und erzählt uns dazu eine erbauliche Geschichte: »Marcus Varro vermerkt, dass die erste öffentliche Sonnenuhr aus Sizilien [*nach Rom*] kam und während des ersten Punischen Krieges, nachdem Catania in Sizilien vom Konsul Manlius Valerius Messala ... im römischen Jahr 491 [264 v. Chr.] erobert worden war, auf einer Säule der Rostra [die Rednertribünen im Forum] aufgestellt wurde. Die Striche an der Uhr stimmten nicht mit den Stunden überein, und dennoch hielt sich das Volk neunundneunzig Jahre daran! Bis Quintus Marcus Filippus, Zensor mit Lucius Paulus, daneben eine Sonnenuhr aufstellen ließ, die exakter konstruiert war, und unter allen Werken des Zensors wurde dieses am meisten geschätzt.«

Was haben die Sonnenuhrdiebe falsch gemacht? Weil die Erde eine Kugel ist und die Gestirne unterschiedlich hoch über dem Horizont stehen, sind Sonnenuhren auf eine ganz bestimmte Breite geeicht; werden sie weiter nach Norden oder nach Süden transportiert, stimmen die Stundenlinien auf dem Zifferblatt nicht mehr mit der Tageszeit überein. Eine Sonnenuhr zu stehlen ist also ziemlich dumm, sofern man sie nicht auf demselben Breitengrad einsetzen will, für den sie konstruiert ist. Rom liegt jedoch nördlich von Catania.

Gut, Rom liegt nördlich von Catania, aber auch wieder nicht so weit nördlich (ungefähr vierhundertfünfzig Kilometer: vier Breitengrade). Der von Plinius monierte Fehler ist gar nicht so schlimm. Sharon Gibbs, eine Expertin für antike Sonnenuhren, hat ausgerechnet, dass die schwerwiegendere Abweichung nicht die Stunden des Tages, sondern die Jahreszeiten betrifft; zum Beispiel muss der in dieser Breite zu lange herbstliche Schatten den Punkt der Wintersonnenwende einen Monat zu früh erreichen und in der Folge, wenn sich der Schatten wieder verkürzt, einen Monat später, als es sich gehört. Aber innerhalb eines Tages wäre die der Heimat entfremdete Uhr allenfalls vierzig Minuten falsch gegangen. Angesichts eines Fehlers, der für das römische Alltagsleben nicht sehr gravierend ist, interessiert uns vielmehr der Hohn, den Plinius über seine Vorfahren ausgießt. Offensichtlich drückt er ein Bedürfnis nach größerer Präzision aus, als für die täglichen Verrichtungen erforderlich war – ein Bedürfnis, das in seiner Zeit bereits weitgehend erfüllt wurde: Gegen Ende des ersten Jahrhunderts v. Chr. verzeichnet der römische Architekt Marcus Vitruvius sage und schreibe dreizehn verschiedene Sonnenuhrtypen aus Griechenland, Kleinasien und Italien.

Die Geschichte des Plinius lenkt unsere Aufmerksamkeit auf die Schwierigkeit, eine Sonnenuhr korrekt einzustellen – die identisch ist mit der Schwierigkeit, die jeweiligen Bewegungen von Sonne und Erde zu verstehen.

Halten wir gleich fest, dass eine Sonnenuhr sehr viel größer ist, als es den Anschein hat. Das Zifferblatt und der Stab sind nicht ihre einzigen Bestandteile. Ohne Schatten funktioniert die Uhr nicht. Da jedoch der Schatten von der Sonne abhängig ist und die Bewegung des Schattens von der Rotation der Erde, ist die Sonnenuhr in Wahrheit ein riesiges *System*, das die Sonne, die Erde und den Raum zwischen den beiden Himmelskörpern mit einschließt. Die Sonne ist ein Bestandteil der Sonnenuhr und die Erde ihr Antrieb, so wie Feder und Zuggewicht die mechanische Uhr antreiben. Wenn wir den Deckel einer Armbanduhr abnehmen, sehen wir unter dem Zifferblatt Zahnräder und Unruh. Blicken wir hinter eine Sonnenuhr, so finden wir einen Planeten und seinen Stern.

Der Himmel in einer Schüssel

Es gibt verschiedene Arten von Sonnenuhren; die einfachste Form ist die Mittagsuhr, die nur eine Linie hat und sich darauf beschränkt, den höchsten Durchgang der Sonne zu Mittag anzuzeigen. Jeder von uns hat wenigstens ein Mal im Leben eine Sonnenuhr gesehen, vielleicht an der Wand eines Rathauses oder einer Kirche: Ein Stab, der in der Regel auf einer parallel zur Erdachse verlaufenden Linie steht, wirft einen Schatten, der auf einer skalierten Fläche die Stunden anzeigt. In der griechischen und römischen Antike waren die Sonnenuhren jedoch völlig anders: Sie waren Schüsseln.

Eine Schüssel, die den Himmel einfängt, ist zugleich eines der ältesten astronomischen Instrumente. Wenn wir nach einem Quellentext über die Erfindung suchen, werden wir von neuem auf Aristarch verwiesen. (In Wahrheit ist das Instrument elementar und war wohl bereits zu Aristarchs Zeiten seit langem im Gebrauch.) Die hemisphärische Sonnenuhr, *Skaphe* genannt, ist eine halbrunde Wölbung, in deren tiefsten Punkt in der Mitte der Stab gesteckt wird (auch *Gnomon* oder Weiser genannt), ein dünner vertikaler Stock, der bis zum oberen Rand hinaufreicht.

Wenn wir die Halbkugel bei Sonnenaufgang horizontal halten, wirft der Stab einen Schatten, dessen Spitze den Rand berührt (im Westen, weil die Sonne im Osten steht). Zu Mittag berührt die Spitze des Schattens den tiefsten Punkt und nähert sich dann wieder dem Rand, den sie bei Sonnenuntergang, nachdem sie die innere Kugelfläche durchquert hat, im Osten erreicht. Wir müssen uns die Uhr nur einen Moment lang vorstellen, um zu erkennen, dass *die Halbkugel ein umgekehrtes Abbild des Himmels* ist, in dem der Schatten der Stabspitze die Sonne darstellt. Je höher die Sonne steigt, desto tiefer senkt sich der Schatten der Spitze und umgekehrt.

Jeder Punkt des Himmelsgewölbes ist mit einem Punkt in der Schüsselwölbung durch eine Linie verbunden, die durch die Spitze

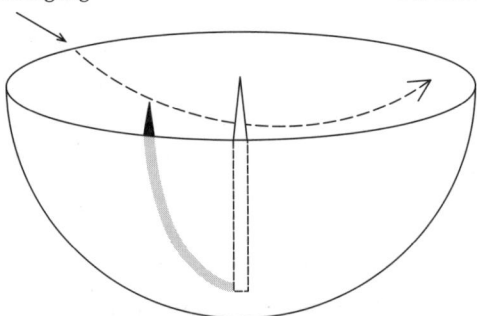

Aristarchs hemisphärische Sonnenuhr (Skaphe) hält die scheinbare Wanderung der Sonne während eines Tages fest.

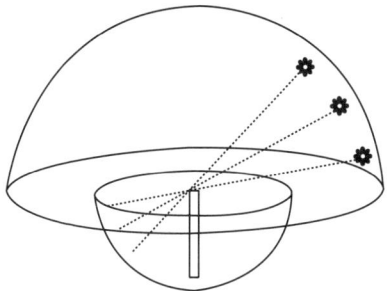

Aristarchs Schüssel ist ein umgestülpter Himmel; oder ist der Himmel eine umgestülpte Schüssel?

des Stabs verläuft. Drehen wir das Bild um, so ist der Himmel praktisch nichts anderes als eine unermessliche umgestülpte Schüssel.

Wenn wir in die Schüssel eine Skalierung einzeichnen und den Schatten des Weisers beobachten, können wir den Stand der Sonne und des Mondes bestimmen, der einzigen Himmelskörper, die hell genug leuchten, um einen Schatten zu werfen. (Ein arabischer Astronom des Mittelalters behauptet, er habe die zarten Schatten des Venuslichts gesehen, doch ich konnte nirgends eine Bestätigung dieses Phänomens finden.) Am längsten Tag des Jahres zeichnet die Spitze des Stabs die Grenzlinie nach, die die Sonne am Sommerhimmel erreicht; am kürzesten Tag beschreibt sie die Bahn der Sonne am Winterhimmel.

Leider ist uns kein Exemplar der antiken astronomischen *Skaphe* erhalten, nur ihre Seele lebt in den Sonnenuhren fort.

Sind wir auf derselben Schattenlänge?

Die griechischen und römischen Astronomen und Mathematiker teilten den Tag in lauter gleiche Teile: Folglich waren die Tagesstunden im Sommer länger und im Winter kürzer. In der hemisphärischen Sonnenuhr entsprechen diese Einteilungen einem Strahlenkranz aus feinen Linien, der die Bahn der Sonne zerschneidet und sich nach unten hin erweitert, wo die Strecke, die der Schatten des Stabs zurücklegt, umso länger ist, je höher die

Sonne steigt. Diese Art der Zeiteinteilung war jedoch lediglich einem kleinen Kreis von Spezialisten geläufig. In der griechisch-römischen Antike kümmert man sich nicht besonders um die Stunden; stattdessen trifft man Verabredungen nach Maßgabe des menschlichen Schattens, wobei nicht das Verhältnis zwischen Schatten und Größe der Person den Ausschlag gibt, sondern eine bestimmte festgelegte Schattenlänge:»Wir sehen uns heute Nachmittag, wenn der Schatten sechs Fuß misst.« Dies führt sicher zu einigen Missverständnissen und Verspätungen – zum Beispiel besteht die Gefahr, dass ein kleiner und ein großer Mensch einander niemals treffen: Wenn der eine sechs Fuß misst, ist sein Schatten zu einer bestimmten Zeit des Nachmittags ebenfalls sechs Fuß lang. Wenn aber der andere drei Fuß groß ist, misst sein Schatten erst sehr viel später, kurz vor Sonnenuntergang sechs Fuß. Ein Schmarotzer kann die Zweideutigkeit der in Schattenlängen ausgedrückten Verabredungen listig ausnutzen: Man lädt ihn zum Abendessen ein, wenn sein Schatten beispielsweise zwölf Fuß lang sei, der Schmarotzer aber ignoriert seelenruhig den unausgesprochenen Bezug auf die untergehende Sonne und begibt sich schon frühmorgens zum Haus seines Gönners, wobei er vorgibt, er habe die Zeitangabe auf den *morgendlichen* Schatten bezogen; oder er erscheint überhaupt mitten in der Nacht und beruft sich auf den Mondschatten.

Abendland – Land der Schatten

Die Tradition bringt die hemisphärische Sonnenuhr und die Berechnung der Schatten mit einem sehr viel erhabeneren Anliegen in Verbindung – das in der Tat eine der wichtigsten wissenschaftlichen Erkenntnisse der Antike ist: die Bestimmung von Form und Umfang der Erde. Protagonist dieses Ereignisses ist der Leiter der Bibliothek von Alexandria, der Astronom, Geograph, Mathematiker und Dichter Eratosthenes (der ungefähr von 275 bis 195 v. Chr. lebte). Zwar kannte er sich in sämtlichen Wissenschaften und Künsten einigermaßen aus, doch der Beste war er in keiner, weshalb ihm seine Zeitgenossen angeblich den Spitznamen »Zweitlegist« gaben. Eratosthenes weiß, dass sich am Tag der Sommersonnenwende die Sonne zu Mittag auf dem Grund eines bestimmten Brunnens in Siene (dem heutigen Assuan in Ägypten) spiegelt. In Alexandria, ungefähr auf demselben Meridian, aber fünftausend *Stadien* (siebenhundert Kilometer) weiter nördlich, werfen die Gegenstände bereits einen geringfügigen Schatten. Das bedeutet, dass die Sonne in Siene im Zenit steht und in Alexandria ein wenig tiefer. Wie viel tiefer? Die skalierte Schüssel zeigt uns, dass der kleine Schatten, der sich am Fuß des Stabs abzeichnet, etwa ein Fünfzigstel des Umfangs beträgt, von dem die Schüssel ein Anteil ist. Wenn wir annehmen, dass die Sonnenstrahlen (praktisch) parallel sind, können wir daraus folgern, dass die fünftausend Stadien, die zwischen Alexandria und Siene liegen, (ungefähr) einem Fünfzigstel des Erdumfangs entsprechen, der demnach zweihundertfünfzigtausend Stadien misst. Wenn wir eine Sonnenuhr nach Norden oder Süden verlegen, verlieren wir zwar das Zeitmaß, gewinnen jedoch die Messung des Raums.

Was wir aus anderen Quellen über die Umrechnung eines Stadions in ein modernes Wegmaß wissen, liefert uns einen Mess-

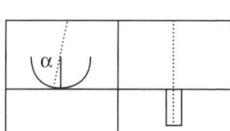

Was in Alexandria und in Siene zu beobachten ist und was Eratosthenes daraus ableitet.

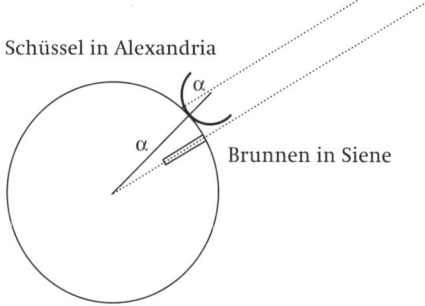

Wie sich der Erdradius mit Hilfe einer Skaphe *sowie weniger weiterer Informationen berechnen lässt. Aus der bekannten Entfernung zwischen Alexandria und Siene ergibt sich ein Umfang von 250.000 Stadien und ein Durchmesser von 250.000/π Stadien. Dabei wird angenommen, dass die Sonnenstrahlen zueinander parallel sind.*

wert, der dem tatsächlichen Umfang sehr nahe kommt. Gewiss ist das Ergebnis bemerkenswert, zumal wenn wir davon ausgehen müssen, dass die Entfernung zwischen den beiden Städten nach Maßgabe der Zeit bestimmt wurde, die ein Karawanenführer für die Strecke brauchte. Das Experiment gehört zu den bekanntesten der Wissenschaftsgeschichte, und dies nicht nur wegen seiner Einfachheit und wegen der Bedeutung und Genauigkeit des Resultats, sondern es scheint auch ein wunderbares Beispiel für das Vorgehen der wissenschaftlichen Forschung zu sein: 1. Beobachte, 2. Miss, 3. Stelle eine Hypothese auf und 4. Rechne und finde ein Ergebnis. Es gibt jedoch ein paar Komplikationen. Zum Beispiel geht Eratosthenes von der Hypothese aus, dass die Erde kugelförmig ist. Wäre sie flach, so rührte der Unterschied zwischen den Schatten in Siene und in Alexandria von der relativen Nähe der Sonne her (wie es der Fall ist, wenn von zwei Personen die eine unter einer Straßenlaterne steht und die andere ein Stück entfernt: Die beiden werfen sehr unterschiedliche Schatten, weil die Lichtquelle nah ist). Und in diesem Fall entspräche das Messergebnis der Entfernung zwischen Erde und Sonne.

Wenn die Sonne nah genug und die Erde flach genug ist, misst eine Abwandlung der Methode des Eratosthenes die Entfernung der Sonne von der Erde. Nach dem Satz des Thales verhält sich die Höhe des Stabs zur Länge des Schattens wie die Entfernung Erde–Sonne zur Entfernung Siene–Alexandria.

Es gibt noch andere Möglichkeiten: beispielsweise, dass die Sonne weniger nah und die Erde weniger gekrümmt wäre; diese können wir jedoch außer Acht lassen. Wichtig ist vielmehr, dass wir dabei irgendeine Hypothese zu Grunde legen müssen. Wir müssen die Entfernung zwischen Erde und Sonne als ausreichend groß annehmen, damit die Sonnenstrahlen als parallel gelten können. Diese Tatsache war Eratosthenes bekannt, zumindest aus Aristarchs Berechnungen über die Entfernung der Sonne von der Erde. Wie wir wissen, hatte Aristarch ermittelt, dass die Sonne zwischen dreihundertachtzig und eintausendfünfhundert Erdradien entfernt ist, also sehr weit. Aristarchs Ergebnis genügt Eratosthenes, um einen ausreichend parallelen Einfall der Sonnenstrahlen vorauszusetzen und somit die Garantie zu haben, dass das, was er misst, tatsächlich der Umfang der Erde ist und die Genauigkeit seiner Messung nur noch von der Kenntnis der Entfernung zwischen Siene und Alexandria abhängt. Jedoch genügt es hierfür, sich auf die Gleichmäßigkeit der Schritte der Karawanenführer – oder ihrer Kamele – zu verlassen.

Um bei den Sorgen der Karawanen zu bleiben: Wenn wir wissen, dass ein Grad auf der Erde siebenhundert Stadien entspricht, können wir alltäglichere Rechnungen anstellen als Eratosthenes; zum Beispiel können wir anhand der Diskrepanz zweier Schatten, die der Stab zur selben Tageszeit – einmal am Ausgangsort, dann am Ankunftsort – in der *Skaphe* wirft, die zurückgelegte Strecke ermitteln: Die Methode des Eratosthenes schafft also die Grundlagen der mathematischen Geographie. Wie übrigens auch die folgende merkwürdige Dichtung zeigt.

Das Land der langen Schatten

»Fünf Zonen umgürten den Himmel; eine von ihnen glüht stets rot von der blitzenden Sonne und ist immer gedörrt vom Feuer; diesen Gürtel umziehen rechts und links ganz außen bläuliche Zonen, starrend von Eis und finsterem Regen. Zwischen diesen und der mittleren Zone sind zwei der kummervollen Menschheit als Geschenk der Götter belassen, und beide durchschneidet ein Pfad, wo sich die schiefe Reihe der Tierkreisbilder wenden soll.«

Als Poem ist das nicht gerade umwerfend, und wir verstehen, weshalb Eratosthenes der »Zweitlegist« genannt wurde. Es ist jedoch eine erstaunliche geographische Synthese: die Beschreibung der Erde aus der Sicht des Gottes Hermes, während er zum Himmel aufsteigt. Klar und deutlich erscheinen ihm die Klimazonen (das Wort »Klima« stammt aus dem Griechischen und bedeutet wörtlich »Neigung«). Woher weiß Eratosthenes, wie die Erde von oben aussieht? Als Leiter der Bibliothek von Alexandria steht ihm natürlich ein großer Teil der zeitgenössischen wissenschaftlichen Literatur zur Verfügung, darunter verschiedene Reiseberichte, die er zu einer *Geographie* zusammensetzt – ein Werk, das dann jahrhundertelang konsultiert und kopiert wird. Die einleuchtendste Art und Weise, Ordnung in die geographischen Daten zu bringen, besteht darin, sie räumlich aneinander zu fügen.

Eratosthenes hat eine ziemlich genaue Vorstellung von Form und Umfang der Erde; er zeichnet zwei Grundlinien (worin er Dikaiarchos von Messene folgt, einem Aristoteliker, der ein Jahrhundert vor ihm lebte), die sich auf Rhodos kreuzen: einen Parallelkreis durch Gibraltar und den Himalaya und den Meridian, der Siene und Alexandria berührt. Andere Parallelkreise und Meridiane ergeben sich aus einer Untersuchung der Analogien zwischen bekannten Klimazonen oder Strecken, die von Reisenden zurückgelegt wurden; die verlässlichste Methode besteht allerdings darin, die Orte der Erde und die Orientierungspunkte am Himmel miteinander in Beziehung zu setzen. Und wiederum erweisen sich hier die Schatten als nützlich. Eratosthenes kennt die Messungen, die ein gewisser Philon in Meroë vornahm, während er dem Lauf des Nils folgte, sowie die Berichte des Seefahrers Pytheas, des größten Reisenden der Antike, der im vierten Jahrhundert v. Chr. das Verhältnis zwischen dem Stab und seinem Schatten in seiner Heimat Massiglia sowie an anderen von ihm erforschten Orten gemessen hatte. Pytheas war von Massiglia aufgebrochen, vielleicht um Handelsbeziehungen mit den Minenbetreibern in Cornwall zu festigen, hatte die Säulen des Herakles passiert, war die französische Küste entlanggesegelt, hatte die Bretagne umrundet und war nach Norden vorgedrungen, in ein Land, wo zur Zeit der Sommersonnenwende die Sonne nicht untergeht, jenes sagenhafte Thule, dessen geographische Identifizierung den Kommentatoren noch heute Kopfzerbrechen bereitet. Sein Reisebericht stieß allenthalben auf Skepsis, doch die Geographen, darunter Eratosthenes, nahmen ihn ernst, weil sie sehr wohl wussten, dass die genaue Prüfung der Schatten die Bestimmung von Breitengraden erlaubt.

Das Land der zu kurzen Schatten

Ohne den Mythos von Thule zu bemühen, beweist ein Aufsehen erregender Fall von Unkenntnis bezüglich der Methode des Eratosthenes, dass Vorsicht und Misstrauen in extremen Breitengraden dringend geboten sind:

»Es gab weder Osten noch Westen, noch Norden, sondern lediglich eine einzige Himmelsrichtung, den Süden. Jeder Windstoß war ein Südwind. Hier besteht das Jahr aus einem einzigen Tag und einer einzigen Nacht. Hätten wir hier die sechs Monate der Polarnacht verbracht, hätten wir sämtliche Sterne der Nordhalbkugel in derselben, gleich bleibenden Entfernung vom Horizont ihre Himmelsbahnen ziehen sehen.«

Jenseits des geheimnisvollen Thule liegen die Eisflächen, die den Nordpol umgeben, und mehr als zweitausend Jahre nach Pytheas, am Ende des neunzehnten Jahrhunderts, sind die Pole die letzten Gebiete des Planeten, die Forscher anlocken. Robert Peary, finanziert vom Arctic Club in New York, versucht mehrmals, doch ohne Erfolg (1898, 1902 und 1906) den neunzigsten Breitengrad zu erreichen. Am 1. März 1909, nach einer Überwinterung in Cap Sheridan, setzt er mit einer Expedition, die vierundzwanzig Männer und hundertdreiunddreißig Hunde zählte, zum letzten Angriff an. Am 1. April, zweihundert Kilometer vom Pol entfernt, stellt Peary eine Gruppe zusammen, bestehend aus seinem Faktotum Matthew Henson und den Inuit Ootah, Egingwah, Seegloo und Ooqueah. Am 6. April rammt er die amerikanische Flagge in einen Schneehaufen und macht sich wieder auf den Weg nach Süden. Erst am 5. September gelingt es ihm, die Eroberung des Pols bekannt zu geben – er schickt ein Telegramm mit dem Kodewort »Sonne«. Zu seinem Pech hatte der amerikanische Arzt Frederick Cook erst fünf Tage zuvor behauptet, er habe den Nordpol über-

Die Männer um Robert Peary posieren vor dem vermeintlichen Nordpol, doch die zu kurzen Schatten verraten sie.

haupt schon im Jahr zuvor erreicht, am 21. April 1908, und habe einen ganzen Winter in der Arktis verbringen müssen, ehe ihm die Rückkehr in die Zivilisation gelungen sei. Die öffentliche Meinung spaltet sich, Cook wird von der *Herald Tribune*, Peary von der *New York Times* und vor allem von der National Geographic Society unterstützt. Es entbrennt eine erbitterte Auseinandersetzung. Die Pariser Zeitung *Le Temps* fürchtet, aus dem Streit um ein abstraktes Gebilde wie den Pol könne eine metaphysische Übung werden. Schließlich beendet eine politische Lösung den Konflikt: Am 3. März 1911 verabschiedet der amerikanische Kongress das Peary-Dekret, mit dem Peary zum Eroberer des Nordpols erklärt wird. Doch Peary hat den Pol keineswegs erreicht. (Achtzig Jahre dauerte es, bis die National Geographic Society einen Widerruf veröffentlichte.) Seine Berichte weisen zahlreiche Widersprüchlichkeiten auf, und letztlich verrät ihn das Foto des berühmten Schneehaufens. Am Nordpol steht die Sonne am Mittag des 6. April kaum sechs Grad hoch am Himmel. Menschen und Dinge müssten einen endlos langen Schatten werfen, beinahe zehn Mal so lang, wie sie selbst hoch sind. Zwar verbergen Pearys Männer schamhaft ihren armseligen Schatten, doch die Details der Landschaft ringsum sind erbarmungslos. (Nebenbei bemerkt, weisen die Fotos von Cook denselben Mangel auf.)

Ungenau, aber sehr zuverlässig: Die Rache der Sonnenuhr

Nähern wir uns wieder der Gegenwart und kehren zu den Sonnenuhren zurück. Offensichtlich ist Großbritannien, ungeachtet der klimatischen Situation oder vielleicht gerade aus Halsstarrigkeit und Trotz gegenüber der Meteorologie, das Land mit den meisten Sonnenuhren – aus Romantik oder dem Bedürfnis heraus, die Sonne für ihre Reserviertheit zu strafen, indem man sie jedes Mal, wenn sie sich zeigt, zur Arbeit zwingt?

Wie auch immer, es wird kein Zufall sein, dass das Studium der Sonnenuhren auf den Lehrplänen des Vereinten Königreichs steht. Dank einem gemeinsamen Projekt der Universitäten von Cornell und Arizona wird auch der Planet Mars seine eigene Sonnenuhr bekommen. Mars ist ein der Erde recht ähnlicher Planet, dessen Tage geringfügig länger sind, doch in anderer Hinsicht ist er auch sehr unterschiedlich – so dauert beispielsweise ein Marsjahr beinahe doppelt so lang wie bei uns. Eine mit einer Web-Seite verbundene Fernsehkamera wird die Wanderung der Schatten auf dem Mars im Auge behalten: Um festzustellen, wie sehr sich der Mars von der Erde unterscheidet, gibt es keine bessere Methode, als unsere Sicht auf die scheinbare Bewegung der Sonne mit der Perspektive auf dem Mars zu vergleichen.

Ich halte das für eine vorzügliche Idee. Die Menschen zu Beginn des dritten Jahrtausends sind eine unbekannte Spezies, anders als alle früheren Bewohner der Erde, auch anders als noch vor einem Jahrhundert. Vor hundert Jahren unterschieden sich die Pariser und die Londoner Zeit um 9 Minuten und 20 Sekunden: Beide Städte hatten ihren je eigenen Mittag und stritten sich um das Monopol der Weltzeit. Es war mühsam, bis eine Einigung erzielt war, die dann auf den gesamten Planeten erweitert wurde. Die

Konsequenz – einer der allerersten Fälle von Globalisierung – ist, dass wir heute die Sonnenuhren nicht mehr direkt benutzen können, weil die Lokalzeit von der normierten Zeit abweicht. Die Sonne bewegt sich ja nicht ruckartig über den Himmel, wenn sie von einer Zeitzone in die nächste wechselt; jeder Ort, jedes winzige Stückchen Erde hat seinen eigenen Mittag. Das war kein großes Problem, solange sich für die Mehrzahl der Menschen der Bewegungsradius in dem Umkreis erschöpfte, den sie vom Kirchturm ihres Dorfes aus überblickten. Im neunzehnten Jahrhundert, als das Reisen zur Gewohnheit wurde, fand man es bequem, die Zeit zu vereinheitlichen, und die Sonnenuhren gerieten in Vergessenheit. In noch jüngerer Zeit hat die Firma Swatch beschlossen, eine neue Weltzeit auf den Markt zu bringen, die den Tag in Tausendstel einteilt, um die Bezugnahme auf Zeitzonen zu vermeiden und jenen, die häufig die Zonen wechseln, Unannehmlichkeiten zu ersparen. Ein zaghafter Versuch: Die Nummerierung beginnt jeden Tag von vorn, was allerdings voraussetzt, dass man von irgendeiner Lokalzeit ausgeht, im vorliegenden Fall der Schweizer Stadt, in der die Firma ihren Sitz hat. Wirklich mutig wäre eine komplett willkürliche Zählung gewesen, ausgehend von einer durch das Los entschiedenen Zeit Null, die vielleicht sogar in der Zukunft läge, um nicht diesen oder jenen Geburtstag zu bevorzugen.

Vor hundert Jahren besaßen nicht viele eine Uhr; wenn man wissen wollte, wie spät es war, dachte man über die Zyklen des Himmels nach. Innerhalb eines Jahrhunderts einigte man sich auf eine mittlere Zeit, und es wurden Milliarden von Uhren verkauft. Vergessen wir jedoch nicht, dass die Mittlere Greenwich-Zeit zwar äußerst bequem, aber für alle, die nicht auf dem Nullmeridian von Greenwich leben – eingeschlossen jene, die nur ein paar Zentimeter westlich des Meridians wohnen –, eine Fiktion ist. Den einzigen Zugang zur Zeit, der für alle Bewohner der Erde gilt, ermöglichen die Uhren, die sich am Sonnenstand in Greenwich orientieren. Natürlich ist es gut, dass es Milliarden von Uhren auf der Welt gibt: Wenn meine Uhr stehen bleibt, brauche ich nur einen Passanten nach der Zeit zu fragen. Aber wir haben nicht die geringste Ahnung, welche Folgen die totale Abhängigkeit von erkenntnistheoretischen Artefakten hat, die eine ebenso fundamentale wie indirekte Zeitmenge messen. Es ist zwar unwahrscheinlich, doch ein kompletter Zusammenbruch aller Technologie würde uns zwingen, die Zeit neu einzustellen, indem wir uns an die Sterne wenden, und zu diesem Zweck müssten wir eine Klasse professioneller Astronomen zu Rate ziehen. Solche Katastrophen beschwöre ich aus rhetorischen Gründen herauf; ich will vor allem deutlich machen, wie ein unmittelbares Wissen um die Zeit, verbunden mit der Fähigkeit, Schatten zu deuten und ihre Bewegung zu verstehen, mühsam erworben, durch mündliche Tradition destilliert und von ihr jahrhundertelang bewahrt, heute praktisch ausgestorben ist.

In gewissem Sinn sind wir noch unwissender als die von Plinius verachteten Römer, weil unsere Ignoranz selbst gewählt ist. Von der in Catania gestohlenen Sonnenuhr konnten die Römer die Zeit nicht ablesen; unsere heutigen Armbanduhren halten unseren Blick auf Greenwich geheftet und lenken uns von unserem eigentlichen Mittag ab. Doch unterdessen erwartet uns die Sonnenuhr mit ihrer großen Revanche. Sie ist ein Instrument, das die Zeit der astronomischen Zyklen vorführt, und ist deshalb so besonders sicher, weil der astronomische Zyklus selbst sie antreibt. Paradoxerweise ist die Sonnenuhr zwar weniger präzise (der Schatten wird immer ein wenig unscharf sein), doch ist sie zuverlässiger als eine Atomuhr. Die Erdrotation ist nicht immer regelmäßig, die Atomuhr aber läuft ungeachtet solcher Unregelmäßigkeiten unerschüttert weiter, und trotz ihres technologischen Hochmuts muss sie sich den Anweisungen der Sonnenuhr beugen. Aber bekanntlich sind auch die Zifferblätter der Sonnenuhr dreist:

Bedenke, dass wir beide zählen:
Du zählst meine Stunden, ich die deinen.

9

IM SCHATTEN DES MINARETTS

> Er lässt den Tag anbrechen;
> und Er machte die Nacht zur Ruhe
> und Sonne und Mond zur Berechnung.
>
> *Koran*, 6,96

Unabhängig von wissenschaftlicher Neugier und praktischem Nutzen kann das Wissen um die Beziehungen zwischen Erde und Himmel auch in heiklen Situationen aus der Klemme helfen. Wir schreiben das Jahr 1024 und befinden uns in Ghazna, der schönsten Stadt Afghanistans. Der junge Sultan Maḥmūd, Eroberer des östlichen Persien und des Pandschab, empfängt eine Abordnung von Gesandten der Wolgatürken, die mit den Bewohnern der Polarregionen in Berührung gekommen sind. Die Gesandten berichten, dass dort oben im Norden zu bestimmten Zeiten des Jahres die Schatten endlos lang werden und die Sonne tagelang nicht untergeht. Der Sultan gerät in Zorn: Das sind ketzerische Reden! Die Gesandten zittern um ihr Leben. Nun ergreift ein Weiser des Hofes das Wort, setzt dem Sultan geduldig die Krümmung der Erde auseinander und erklärt ihm, wie ein Polartag zu Stande kommt. Das Leben der Gesandten ist gerettet. Der Weise ist zufrieden mit sich – wieder einmal ist es ihm gelungen, Licht ins Dunkel der Unwissenheit zu bringen. Doch er weiß auch, dass er nur eine Schlacht in einem endlosen Krieg gewonnen hat.

Der Schattenmann

Der Weise ist al-Bīrūnī, den der Historiker David King als den größten arabischen Wissenschaftler beschreibt. Nach Auffassung eines anderen Historikers braucht es »die Arbeit von Generationen, um al-Bīrūnī Gerechtigkeit widerfahren zu lassen«. Der Meister, *al-Ustādh*, wie ihn seine Zeitgenossen nannten, verfasste eine der besten Abhandlungen über das Astrolabium, ein Traktat über den Kalender, verschiedene Kompendien über das astronomische Wissen der Araber, Beschreibungen der Länder, die er bereist hatte – lauter Werke, die leider nicht ihren Weg ins lateinischsprachige Abendland fanden. Al-Bīrūnī führt ein Leben als Philosoph und wandernder Astronom. Geboren wird er 973 im Khwārizm, einer Gegend südlich des Aralsees, die des Öfteren unter fremde Herrschaft gerät, so dass er mehrfach gezwungen ist, auszuwandern und wieder von vorn anzufangen. Schon in seiner Jugend packt ihn die Leidenschaft für astronomische Instrumente; er konstruiert mehrere Geräte zur Bestimmung des Breitengrads. Am 24. Mai 997 beobachtet er von Kāth aus (seiner Heimatstadt, in die er wieder zurückgekehrt ist, nachdem ihn zuvor ein Bürgerkrieg in die Flucht geschlagen hatte) eine Mondfinsternis. Er tut sich mit einem Astronomen aus Bagdad zusammen: Aus der Abweichung zwischen den beiden Lokalzeiten der Finsternis errechnen sie den folgerichtig ebenfalls abweichenden Längengrad von Kāth und Bagdad. Sultan Maḥmūd erobert Kāth im Jahr 1017, und al-Bīrūnī muss erneut die Stadt verlassen. Unermüdlich, trotz seiner prekären Lebensumstände, gelingt es ihm, mit einem improvisierten Sextanten den Breitengrad des Dorfes nahe Kabūl, in dem er Zuflucht gefunden hat, zu bestimmen. Zu Maḥmūds Reich gehörte damals auch ein Teil Nordindiens, das al-Bīrūnī kreuz und quer bereist. Er lernt Sanskrit und schreibt ein Buch über *Die Geschichte Indiens*. Al-Bīrūnī hasst alle Bigotterie und Ignoranz: Die Araber, die seine Heimat Khwārizm erobert haben, verachtet er, weil sie die alten Bücher vernichten. Dies hindert ihn aber nicht daran, Arabisch und Persisch zu lernen, denn er hält seine Muttersprache für nicht ausreichend, um wissenschaftliche Überlegungen auszudrücken. Zwischen 1030 und 1040 steht al-Bīrūnī im Dienst von Masʿūd I., dem er seinen Traktat über Astronomie widmete, den so genannten »masʿūdischen Kanon«. Er stirbt um 1050; Jahre früher hatte er geträumt, er habe noch hundertsiebzig Monde zu leben, und diese Prophezeiung scheint sich tatsächlich erfüllt zu haben. Er hinterließ hundertsechsundvierzig Werke, darunter einen *Vollständigen Traktat über die Schatten*, das wichtigste Werk über Schatten, das je geschrieben wurde.

Wider das Dunkel der Unwissenheit

»Ferner ist da die Gruppe der Muezzin, die zu den gewöhnlichen Menschen gehören, deren Herz sich allein bei der Erwähnung von Schatten, trigonometrischen Funktionen und Höhen mit Abscheu erfüllt und denen bereits beim Gedanken an eine mathematische Berechnung oder ein wissenschaftliches Instrument Schauder über den Rücken laufen, so dass man ihnen schon in diesen Angelegenheiten nicht trauen kann und noch weniger, wenn es um die Gebetszeiten geht: nicht weil sie Ungläubige oder Verräter wären, sondern allein wegen ihrer großen Unwissenheit.«

Der *Traktat* hat sich vor allem das Ziel gesetzt, Probleme religiöser Natur zu lösen. Wer von der Astronomie nichts versteht, riskiert einen Verstoß gegen die rituellen Vorschriften, wie der Muezzin der folgenden Geschichte:

»Zum Beispiel kam einer von ihnen zu mir und fragte mich um Rat, und wegen seiner großen Unfähigkeit im Beruf musste ich versuchen, ihn zu retten, denn wenn er sein Instrument benutzte, um gemäß der Lehre die Gebetszeiten festzusetzen, konnte er immer nur raten – groß war meine Furcht, er könne sich in den Regeln meiner Religion irren. Ich erklärte ihm die byzantinischen Monate ... Er wandte ein, man müsse aber die arabischen Monate verwenden. Ich erklärte ihm, die arabischen Monate hätten mit der Angelegenheit nichts zu schaffen und seien nicht nur völlig wirr, sondern machten überdies eine Einschaltung [*die Einschiebung von Tagen oder Monaten, um die Diskrepanz zwischen Sonnen- und Mondkalender wettzumachen]* erforderlich, welche im Islam verboten und absolut gotteslästerlich ist. Doch seine Unwissenheit brachte ihn dazu, am Ende alles abzulehnen, was auf den byzantinischen Monaten beruht, und deren Gebrauch in den Moscheen zu verbieten, weil er fürchtete, sonst den nichtmuslimischen Völkern zu ähneln. Daraufhin sagte ich zu ihm: Die Byzantiner essen aber und gehen zum Markt – dann darfst du sie auch in diesen beiden Verrichtungen nicht imitieren!«

Tatsächlich fordert die islamische Religion mehr als jede andere eine fortwährende Aufmerksamkeit für die Bewegungen der Gestirne. So ist es beispielsweise für die täglichen fünf Gebete (vor Sonnenaufgang, mittags, nachmittags, frühabends – bei oder nach Sonnenuntergang – und spätabends) erforderlich, die jeweiligen Tageszeiten zu ermitteln, deren Einhaltung wichtig ist, um den Unterschied zu den heidnischen Riten hervorzuheben (von denen einige beispielsweise ebenfalls ein Gebet vor Sonnenaufgang und bei Sonnenuntergang kennen, vermutlich als Überbleibsel einer Sonnenanbetung). Die Notwendigkeit, sich von anderen Religionen abzugrenzen, insbesondere der christlichen und der jüdischen, hat außerdem bewirkt, dass der islamische Kalender streng auf dem Mondmonat basiert und gegenüber dem Sonnenjahr, das zwölf ungefähre Mondmonate und elf Tage hat, deshalb ständig phasenverschoben ist. Auch der Fastenmonat Ramadan – in dem das Enthaltsamkeitsgebot von Sonnenaufgang bis Sonnenuntergang gilt – beginnt in dem Augenblick, in dem die neue Mondsichel zum ersten Mal gesichtet wird; obwohl es nach der Lehre nicht erlaubt ist, die Himmelsbeobachtung durch astronomische Berechnungen zu ersetzen, darf die Mathematik zumindest zur Erleichterung eingesetzt werden, weil sich auf diese Weise der Punkt am Himmel, an dem die Sichel erscheinen wird, im Voraus feststellen lässt (daher der Halbmond als Wahrzeichen des Islam).

Al-Bīrūnī versucht seine Leser immer wieder zu überzeugen, dass man solche Probleme nicht auf die leichte Schulter nehmen darf, wie es der Muezzin in seiner Geschichte tut. So versucht er beispielsweise, Ordnung in die unterschiedlichen Ansichten der Imame über die Gebetszeiten zu bringen. Darüber herrscht nämlich eine beträchtliche Unsicherheit, die teils von der Unbestimmtheit herrührt, mit der sich der Koran zu den rituellen Gebetsvorschriften äußert, teils aber auch von dem Umstand, dass die verschiedenen Traditionen des Islam und bestimmte religiöse Autoritäten ihre jeweiligen Interpretationen für maßgeblich erklärten und dadurch noch mehr Verwirrung stifteten. Ein Kriterium zur Festlegung der Gebetszeiten liefert der Bericht über die Begegnung zwischen dem Gesandten Gottes und dem Erzengel Gabriel in Mekka. Der Gesandte berichtet:

»In Wahrheit kam Gabriel zwei Mal mit mir zum Tor der Kaaba, und wir sprachen ... das Nachmittagsgebet, als der Schatten eines jeden Dings dem Ding selbst gleich war [*als die Sonne in einem Winkel von fünfundvierzig Grad am Himmel stand*] ... Am zweiten Tag sprach Gabriel mit mir das Nachmittagsgebet, als der Schatten aller Dinge doppelt so lang war wie das Ding selbst [*die Sonne stand in einem Winkel von ungefähr sechsundzwanzig Grad*] ... Zwischen diesen beiden Polen liegt die Zeit des Gebets.«

Was passiert? Am ersten Tag zeigt der Erzengel dem Gesandten den Augenblick, von dem an das Gebet gesprochen werden kann, am zweiten Tag den Augenblick, in dem es beendet sein soll. Ein Problem stellt vor allem das Nachmittagsgebet dar. Laut Vorschrift erfolgt es zwischen dem Augenblick, in dem die Länge des Schattens der Höhe des Stabs entspricht, und dem Zeitpunkt, in dem der Schatten doppelt so lang ist wie der Stab. Manchmal ist es jedoch nicht möglich, den Beginn des Zeitraums für alle Punkte der Erdoberfläche zu definieren. Mit zunehmender Entfernung vom Äquator steht die Sonne immer niedriger über dem Horizont, und an manchen Orten und zu bestimmten Zeiten ist der Schatten *immer* mehr als doppelt so lang wie der Stab (was dem Sultan Maḥmūd nicht klar war, als er sich gegen die türkischen Gesandten erzürnte). Die Faustregel, die verschiedene Autoritäten in den arabischen Ländern zur Behebung des Problems anwandten, besteht darin, das Nachmittagsgebet frühestens in dem Augenblick zu beginnen, in dem der Schatten gleich der Summe der Stablänge und der Schattenlänge zu Mittag ist: Mit Ausnahme arktischer Regionen ist die Regel allgemein brauchbar, setzt jedoch mehr als bloße Grundkenntnisse der Geographie und der Verbindungen zwischen Erde und Himmel voraus. Aus diesem Grund empfiehlt al-Bīrūnī jedem Muezzin wärmstens, sich mit den Lehren des Archimedes und des Apollonios von Perge, des Euklid und des Ptolemäus vertraut zu machen.

Übrig bleibt ein kleines technisches Problem: Wie bestimmt man den Augenblick, in dem der Schatten ebenso lang ist wie die Person, die ihn wirft? Al-Bīrūnīs geometrischer und systematischer Verstand schreckt vor keiner Schwierigkeit zurück, auch wenn sie noch so surreal ist. Da ist beispielsweise das Problem des Schatten werfenden Kopfes: Der Kopf ist rund, und deshalb treffen die Sonnenstrahlen den Punkt, der einen Schatten wirft, frontal: Folglich kann er nicht der höchste Punkt auf dem Kopf sein. Dies kompliziert die Messung. Das zynische Volk von Khwārizm löste das Problem ein für alle Mal, freilich ungewollt: »Den Neugeborenen quetschen sie den Kopf und verlängern ihn, indem sie ihn schon in der Wiege vorn und hinten zusammendrücken und so einen Gegenstand des Abscheus und der Warnung an andere Völker daraus machen.« Die Maßnahme dient zur Abschreckung, damit kein Feind etwa auf die Idee käme, das derart entstellte Kind zu versklaven. Ein uralter Brauch – schon Hippokrates erwähnt die Makrozephalen, die »Großköpfe«, in der Umgegend des Aralsees –, der sich als kontraproduktiv erweisen könnte: Was, wenn die Feinde die Bewohner des Khwārizm als Sonnenuhren verwenden wollten?

Der Schatteneinfrierer

Al-Bīrūnī weiß, dass der Halbschatten ein Fall von unscharfem Schatten ist. Da Lichtquellen beinahe nie punktförmig sind, wirft ein Objekt mit zunehmender Entfernung vom Projektionsschirm einen immer unbestimmteren Schatten. In diesem Zusammenhang stellt al-Bīrūnī ein sonderbares Phänomen vor und präsentiert dazu eine merkwürdige Schattentheorie, die angeblich von keinem Geringeren stammt als Platon: Man werfe den eigenen Schatten im Profil an eine Wand und führe die Hand zur Nasenspitze; der Schatten der Hand berührt den Schatten der Nase, *bevor* die Hand die Nase berührt. (Versuchen Sie's, wenn Sie es nicht glauben: Sie werden staunen.) »Es wird berichtet, dass Platon in seinem Buch mit dem Titel *Timaios* im Zusammenhang mit der Materie geschrieben haben soll, die Materie sei ein Schatten unter Schatten, und die Schatten strömten von den Gegenständen aus und würden von einem in höchstem Maße geistigen Mechanismus eingefroren, der sie verdichtet und in Schatten verwandelt.« Al-Bīrūnīs sarkastischer Kommentar dazu lautet: »Für solche Personen ist die Macht der Schatten unbestreitbar ... Nach dem, was Platon da in den Mund gelegt wird, müsste ein Schatten im Winter dichter sein und im Sommer verdünnt, woran die Dummheit der Behauptung sofort zu erkennen ist.« Natürlich hat Platon nichts dergleichen geschrieben, weder im *Timaios* noch anderswo, und wir wollen uns hier damit begnügen, die Warnung zur Kenntnis zu nehmen: Man versuche nie, einen Schatten in Materie zu verwandeln. Wir wollen aber auch nicht ins gegenteilige Extrem verfallen und dem Schatten jegliche Macht absprechen, wie es ein gewisser al-Nāschī getan haben soll, der sich weigerte, Eklipsen als Schattenspiel anzuerkennen, und meinte, da ein Schatten körperlos sei, könne er auch den Mond nicht verbergen. »Nie wurde ein wahreres Wort gesprochen: Zorn und Hast sind Kinder des Satans.«

☾

Eine Reihe von Anekdoten und Merkwürdigkeiten von Schattenfreunden soll dem widerstrebenden Muezzin die Lektüre erleichtern. Wenn wir den *Traktat* durchforsten, erfahren wir, dass die Inder eine rudimentäre Sonnenuhr zu Stande bringen, indem sie den Zeigefinger aufstellen und mit den Fingern der anderen Hand seinen Schatten auf der Handfläche messen, und dass der Gebrauch einer Person als Stab einer Sonnenuhr durchaus verbreitet war (so sehr, dass er sogar in den Sprachgebrauch Eingang fand: Nach E. S. Kennedy, dem modernen Kommentator al-Bīrūnīs, war »das älteste Sanskrit-Wort für den Schatten eines Gnomons *paurusī chāyā* oder ›Mensch-Schatten‹, ein in Indien seit dem vierten Jahrhundert v. Chr. verbreiteter Begriff«). Wir erfahren ferner, dass manche Zählsysteme die Sieben als Grundlage verwenden, weil dies der »Münzfuß« ist, um die Größe einer Person zu messen, wenn ihr Schatten dieselbe Länge hat, oder sogar Siebeneinhalb, um den Fuß zu berücksichtigen, der nur zur Hälfte aus der vertikalen Linie des Körpers herausragt.

☾

Nach den Zitaten von al-Bīrūnī gebührt das letzte Wort der Poesie. Für den Dichter ist der Mittag der Augenblick, »in dem man auf dem Nacken geht«; für einen anderen ist es der Moment, in dem »die Sonne ihren Schatten verschlingt wie das Feuer die Reiser«.

10

DIE ZEIT FLIEHT DURCH DAS LOCH IM SCHATTEN

Auch der große venezianische Zeichner und Kupferstecher Giambattista Piranesi (1720–1778) wurde wie der Expeditionsleiter Peary von den Schatten verraten. In seiner Darstellung der Peterskirche zu Rom lassen die Schatten ein Licht auf der rechten Seite des Platzes vermuten. Dort aber ist der Norden: Am römischen Horizont strahlt die Sonne also im Norden. Doch das mediterrane Rom liegt noch immer auf der Nordhalbkugel, wo die Sonne *nie* im Norden steht. Der Obelisk in der Mitte des Platzes, den Caligula im Jahr 37 n. Chr. aus Heliopolis herbringen ließ und der ur-

Was ist hier falsch? Auf dieser Radierung von Giambattista Piranesi kommt das Licht aus dem Norden: *Die Basilika steht im Westen des Platzes, die Schatten deuten also nach Süden.*

sprünglich in dem von Caligula begonnenen und von Nero vollendeten Zirkus am Vatikan stand, wurde 1586 unter der Aufsicht von Egnazio Danti (1536–1586), einem merkwürdigen Mann des Schattens, hier auf dem Platz aufgerichtet. Danti wollte nämlich eine Sonnenuhr daraus machen und wäre über Piranesis astronomisches und geographisches Versehen sicher entsetzt gewesen.

Der Obelisk, den Danti für sein Großprojekt auf dem Petersplatz einsetzen wollte, hat einen berühmten Vorgänger im Zeiger der großen Sonnenuhr, die Kaiser Augustus (63 v.–14 n. Chr.) ebenfalls in Rom, auf dem Marsfeld errichten ließ (der Obelisk, der damals als Stab diente, steht heute auf der Piazza Montecitorio). Es war ein kolossales Werk mit dem propagandistischen Zweck, dem Volk vor Augen zu führen, dass Augustus ein besonderes Verhältnis mit der Zeit hatte. An seinem Geburtstag, der infolge eines großartigen Zufalls auf die herbstliche Tagundnachtgleiche fiel, lief die Spitze des Schattens unfehlbar entlang einer geraden Linie bis zur Ara Pacis, einem weiteren augustinischen Monument. Augustus und Danti sind miteinander verbunden, wenn auch mit einer zeitlichen Versetzung von vielen Jahrhunderten: Beide feiern mit ihrem Werk zwei große Reformen der Zeitmessung.

Der Turm der Winde

Ich verlasse die Sonne auf dem Petersplatz und betrete einen Raum, wo ich erst einmal ein paar Sekunden brauche, um mich an die Dunkelheit zu gewöhnen. Auch wenn ich weiß, dass mir nichts passieren kann, dass ich unter wohlgesinnten Menschen bin, ist der Eindruck beim Betreten eines stockfinsteren Raums immer wieder derselbe. Der Körper ist augenblicklich in Alarmbereitschaft, aus den Augen scheinen sich Fühler hervorzustrecken, die das Dunkel abtasten und endlich nach und nach ein wenig lichten. Die spärliche Helligkeit im Raum dringt durch ein winziges Loch in etwa fünf Metern Höhe an der Südwand. Durch dieses Loch fällt ein Sonnenstrahl auf den Boden. Zu meinen Füßen liegt ein helles Oval, das sich langsam, aber unausweichlich bewegt.

Auf dem Fußboden treten Zeichnungen zu Tage, ich erkenne die Mittagslinie. Binnen weniger Minuten wird die Sonnenscheibe sie überqueren. Während ich das Oval auf dem Boden beobachte, sehe ich hin und wieder den Schatten einer Wolke an der Sonne vorüberziehen.

Das helle Oval ist das Abbild der Sonnenscheibe. Es ist ein Loch im Schatten des Zimmers. Jetzt kann ich den Raum immer besser erkennen, sein annähernd quadratisches Maß, und ich sehe, dass die Wände bemalt sind; ich spüre die Gegenwart beunruhigender Gestalten. Als das Licht eingeschaltet wird, erscheinen Szenen in freier Natur, ein sturmgepeitschtes Meer. Das Loch, durch das der Sonnenstrahl hereinfällt, ist der Mund eines bärtigen Greises, der eine Wolke beiseite schiebt und das Licht in den Raum zu blasen scheint.

Ich bin im Turm der Winde im Vatikan, errichtet von 1578 bis 1580 zwischen dem Innenhof des Belvedere und dem Hof des Pinienzapfens – knapp außerhalb des von Piranesi gewählten Bildausschnitts. Der Raum ist wahrscheinlich der kostbarste Windanzeiger, der je geschaffen wurde. Auf dem Boden, um die Mittagslinie ausgerichtet, prangt eine Windrose und wiederholt sich an der Decke, wo ein heute nicht mehr funktionierender Zeiger über ein Fähnchen mit der Außenseite verbunden war. Wenn der Wind sich drehte, bewegte sich der Zeiger und deutete auf die dem jeweiligen Wind entsprechende Figur. Die Wände schmücken falsche, nämlich gemalte Gobelins mit weiteren meteorologischen Allegorien. Die Themen der Fresken und den Plan zu der Sonnenuhr hat sich der erwähnte Egnazio Danti ausgedacht, Dominikanermönch, bereits Hofmathematiker und Kosmograph des Großherzogs von Toskana, Mathematiker an der Universität Bologna, seit kurzem im Dienst des Papstes stehend und Mitglied der Kommission zur Reform des Kalenders (von ihm stammen die Zeichnungen in der Galerie der Geographischen Karten im Vatikan). Die Wandmalereien sind nicht nur wissenschaftlicher Natur. Danti schreibt dazu: »Im Mittag ließ ich das von den Wellen gepeitschte Boot des hl. Petrus malen; gegenüber wollte ich den Nordwind, der die Häresiarchen des Nordens vorstellt. Der Wind stemmt sich gegen den Felsen und bringt daraus weitere Winde hervor, die unter seinem Befehl allesamt gegen jenes heilige Boot anstürmen; dieses wird jedoch von der Gegenwart und dem Schutz des Heilands behütet, der es unversehrt durch jeden Sturm führt.« Tatsächlich ist an der Nordwand die Inschrift zu lesen: *Ab aquilone omne malum* – aus dem Norden kommt alles Übel. (Als die kurz zuvor zum Katholizismus übergetretene Königin Christina von Schweden im Vatikan zu Gast war und im Turm der Winde wohnen sollte, hielt man es für angebracht, die Inschrift zu entfernen.)

Der Südwind, der die Wolken vertreibt und wieder Frieden einkehren lässt in das stürmische Meer der Reformation, das die Kirche zu durchschiffen hat, bläst durch das Loch in der Südwand. Und durch dieses Loch dringt nicht nur Luft, sondern auch Licht herein, der Sonnenstrahl, der die Schatten lichtet und sich präzise und pünktlich zum täglichen Stelldichein mit der Mittagslinie einfindet. In den ersten Jahren nach der Errichtung des Turms wurde dieses Ereignis jedoch systematisch ignoriert. Die menschliche Zeit, die der von Julius Cäsar eingeführte Kalender maß, und die astronomische Zeit, gemessen von der Überquerung des Meridians durch die Sonne, stimmten nicht mehr miteinander überein, und die Sonnenuhr nahm den Fehler betrübt zur Kenntnis.

Die Legende der Sonnenuhr

Der Julianische Kalender, den Cäsar eineinhalb Jahrtausende früher einführte – auf Anraten etlicher Weiser, darunter des Sosigenes aus Alexandria –, setzte die Dauer des Jahres auf 365 und ¼ Tage fest; doch das tropische Jahr (die Zeit zwischen zwei aufeinander folgenden Durchgängen der Sonne durch die Tagundnachtgleiche im Frühjahr) ist ungefähr elf Minuten kürzer. Die Abweichung summierte sich von einem Jahr zum nächsten, so dass der Fehler zur Zeit des Konzils von Nikäa (325 n. Chr.) bereits knapp drei Tage betrug. Die während des Konzils durchgeführte Korrektur beseitigte jedoch nicht das Problem, das den Fehler verursachte, so dass der Kalender während der nächsten zwölf Jahrhunderte immer weiter abdriftete. (Im vierzehnten Jahrhundert prägt man sich in Italien die Wintersonnenwende mit Hilfe eines Reims ein: *Santa Lucia, il giorno più corto che ci sia* – der kürzeste Tag ist der Tag der hl. Luzia: Tatsächlich fiel infolge des Fehlers die Wintersonnenwende inzwischen auf den 13. Dezember.) Am 24. Februar 1582, kurz nach der Errichtung des Turms der Winde, korrigierte die päpstliche Bulle *Inter Gravissimas* die falsche Zeitrechnung, indem sie zehn Tage strich und den Gregorianischen Kalender einführte, an den wir uns noch heute halten. Die Überlieferung behauptet, die Sonnenuhr im Turm habe Gregor XIII. von der Notwendigkeit überzeugt, den Kalender in Ordnung zu bringen, aber das ist eine Legende. Das Problem war seit Jahrhunderten bekannt, vor allem in kirchlichen Kreisen; beim Konzil von Trient (1543–1563) war es ausführlich erörtert worden, und zu Zeiten Dantis wusste jeder, der über ein Mindestmaß an Bildung verfügte, dass die himmlische Zeit und die Zeit menschlicher Übereinkunft nicht mehr zusammenpassten. Außerdem ist eine Sonnenuhr als solche noch nicht in der Lage, jemanden zu überzeugen. Der Weg, den die Sonne im Verlauf des Jahres entlang der Linie zurücklegt, ist nur an den beiden Sonnenwendepunkten bemerkenswert, an denen die Sonne ihren höchsten beziehungsweise niedrigsten Stand über dem Himmelsäquator hat; aber an diesen beiden Punkten verlangsamt sich die scheinbare Bewegung der Sonne so sehr, dass die Umkehr nicht mehr wahrnehmbar ist. Die Präzision ist bei der Tagundnachtgleiche höher, doch leider sind diese Punkte nicht besonders deutlich zu sehen; auf der Mittagslinie muss man sie auf jeden Fall durch eine Rechnung ermitteln. Und in diesem Fall muss man die Obrigkeit von der Rechtmäßigkeit der Rechnung erst einmal überzeugen. Wer aber damals bei der Bestimmung des Äquinoktialpunktes auf der Sonnenuhr die verborgene Mathematik zu schätzen vermochte, wusste auch, dass der Julianische Kalender nachging. Dantis Sonnenuhr kann dem Problem der Kalenderreform nichts hinzugefügt haben (wie das Verfahren des Thales zur Lösung des Pyramidenproblems nichts beigetragen haben kann).

Wenn man den Kalender reformieren will, ist es reine Zeitverschwendung, eine gebildete Person mit einer schönen und anschaulichen Sonnenuhr überzeugen zu wollen. Bei der Notwendigkeit einer derart einschneidenden Änderung ist das Hauptproblem nicht die Genauigkeit der Reform, sondern ihre *Lesbarkeit*. Man muss der größtmöglichen Zahl von Personen klarmachen, dass sie sich in einem wesentlichen Punkt irren, dass es besser für sie wäre, wenn sie ihre Meinung änderten, dass sie dies jedoch in vollkommener Übereinstimmung mit sehr vielen anderen Personen tun müssen, deren Absichten nicht genau bekannt sind und die sich der Reform vielleicht in den Weg stellen werden. (Ein ähnliches Problem stellt sich, wenn ein Land mit Linksverkehr den Wechsel zum Rechtsverkehr plant. Es ist keine Reform, die sich nach und nach durchsetzen ließe: Sie kann nur funktionieren, wenn alle einverstanden und bereit sind, vom Tag des In-Kraft-Tretens an nur noch rechts zu fahren.) Um das erhoffte Ergebnis zu erzielen, muss man einen Mechanismus finden, der jenen, die überzeugt werden sollen, die kognitive Anstrengung so weit wie möglich erleichtert. Der Erfolg der gregorianischen Reform (abgesehen von der misslichen, aber nötigen Streichung von zehn Tagen, um die Verspätung gegenüber der Sonne aufzuholen) ist nicht nur dem Umstand zu verdanken, dass sie von einer so maßgeblichen, international anerkannten Instanz wie dem Heiligen Stuhl ausging, sondern auch ihrer Einfachheit: Die Reform sieht ein Jahr vor, dessen Länge (nach Korrektur durch die Schaltjahre) alle 103 Jahre einen drittel Tag im Voraus erzeugt; dies bedeutet einen Tag alle 400 Jahre (mit einer Restabweichung von einem Tag alle 3327 Jahre, aber dieses Problem können wir dem nächsten Konzil überlassen). Die Kalenderreform ist ein schönes Beispiel dafür, wie Meinungen sich durchsetzen: durch Druck von oben, aber auch durch die natürliche Begabung, Zustimmung zu erzielen. Letztere hat sich jedenfalls dort durchgesetzt, wo die Druckausübung keine Wirkung zeigte oder überhaupt kontraproduktiv war. Das papstfeindliche Großbritannien übernahm den Gregorianischen Kalender erst 1752 – und musste elf Tage streichen, weil sich bis dahin, während der Julianische Kalender weiterhin gültig war, eine zusätzliche Verspätung angehäuft hatte. Russland musste bis 1917 warten, und die Revolution, die wir nach dem Oktober benennen, brach in Wahrheit im November aus.

Die Sonnenuhr im Turm der Winde ist also hauptsächlich ein Dekorationsobjekt. Aber wir können uns die Befriedigung vorstellen, mit der die Kalenderreformer nach vollbrachtem Werk beobachteten, wie die Sonne zum richtigen Zeitpunkt die richtige Position einnahm und damit die wiederhergestellte Eintracht zwischen menschlichen und himmlischen Dingen bekundete.

Von der Nützlichkeit der Konstruktion von Sonnenuhren

Danti ist noch für weitere Sonnenuhren berühmt: Ein Exemplar ist uns in der Kirche Santa Maria Novella in Florenz erhalten. Seine prachtvollste Konstruktion, die 1575 verwirklicht wurde, befand sich in der Basilika San Petronio von Bologna und war dermaßen beeindruckend, dass sie ihm nicht nur Ruhm eintrug, sondern auch das Amt des Päpstlichen Kosmographen, dessentwegen er sich nach Rom begab. Diese Sonnenuhr existiert nicht mehr, das heißt, sie wurde unbrauchbar, als im Jahr 1653 die Wand mit dem Loch für den Lichteinfall eingerissen wurde. An ihrer Stelle baute der Astronom Giovanni Domenico Cassini (1625–1712), zu der Zeit Professor für Astronomie in Bologna, unverzüglich eine neue. Der *Heliometer*, wie er seine Sonnenuhr nannte, ist von beträchtlichem Nutzen für die Astronomie. Cassinis Beobachtungen erlaubten die Neuberechnung des Werts der Sonnenparallaxe (des Winkels, in dem der scheinbare Weg, den die Sonne am Himmel während eines Jahres zurücklegt, gegen die Erdachse geneigt ist. Wann die ersten systematischen Vergleiche zwischen der sommerlichen und der winterlichen Schattenlänge angestellt wurden, wissen wir nicht, mit Sicherheit aber ist die Erkenntnis, dass die Ebene, auf der sich die Sonne zu bewegen scheint, gegen die scheinbare Rotationsachse der Sterne geneigt ist, eine sehr alte Entdeckung des Schattens). Theoretisch lässt sich dieser Wert ganz einfach berechnen: Man nimmt den höchsten und den niedrigsten Stand der Sonne am Himmel (Sommer- und Wintersonnenwende), misst die Öffnung des Winkels zwischen den beiden Werten und teilt die Zahl durch zwei. Doch die Messung ist schwierig, man braucht dafür sehr große Sonnenuhren. Wie in Bologna: Das Loch im Gewölbe befindet sich siebenundzwanzig Meter über dem Boden, und von einem Wendepunkt zum anderen legt die Sonne auf dem Fußboden fünfzig Meter zurück. Zwischen dem erwarteten und dem ermittelten Wert stellt Cassini eine signifikante Abweichung fest und schiebt den Grund dafür zum Teil auf die Brechungsunterschiede in der Atmosphäre.

Die Konstruktion von Sonnenuhren in San Petronio befördert anscheinend die Karriere der Astronomen: Dank seinen Messungen wird Cassini nach Paris gerufen, wo er zum Direktor der neuerbauten Sternwarte ernannt wird. Dort bleibt er bis zu seinem Tod, nennt sich fortan Jean Dominique und entdeckt unter anderem den roten Fleck des Jupiter, vier Saturntrabanten sowie eine Lücke in der Mitte des breiten Saturnrings, die seither die Cassinische Teilung heißt. Es ist nur recht und billig, dass Cassini anlässlich eines Besuchs in Bologna im Jahr 1695 mit der Restaurierung der Sonnenuhr betraut wurde, die ihn berühmt gemacht hat.

Die Sonnenuhr ist ein Instrument, das noch heute großen Eindruck macht. Cassini hat die Mittagslinie nach einem simplen Vorsatz angelegt: Sie sollte von Norden nach Süden verlaufen. Gegenüber dem Meridian ist die Kathedrale San Petronio achsenverschoben, so dass die Linie ihren Weg zwischen zwei Kirchenschiffen finden muss und die Sonnenuhr sich mit Gewalt in die Formenstruktur der Kathedrale drängt: Die Geographie des Himmels ist gleichgültig gegen die Werke der Architekten. Um Haaresbreite gelingt es dem Licht, schräg zwischen zwei Säulen hindurchzulüpfen, wie ein Skifahrer zwischen Slalomstangen; zur Zeit der Wintersonnenwende beschließt die Sonne ihren Weg, indem sie die Innenwand der Fassade ein Stück hinaufklettert.

Wie ein Anthropologe auf Feldforschung habe ich mich unter Schülerinnen und Touristengruppen gemischt, um die Reaktionen auf den Durchgang des Sonnenstrahls zu Mittag zu belauschen. Die Geschwindigkeit, mit der sich das Abbild der Sonne fortbewegt, ist wirklich Schwindel erregend; die Unausweichlichkeit der Begegnung erzeugt eine Erwartung, die sich in Staunen verwandelt, wenn uns bewusst wird, dass die Sonne keineswegs auf der Mittagslinie stehen bleibt – fast hätten wir damit gerechnet, dass sie einen Moment stillsteht, um uns Zeit zu geben, die perfekte Ausrichtung zu bewundern, doch während wir noch den Gedanken formulieren, ist sie schon weitergewandert, unwiderruflich.

Ein Herr, der sich anscheinend auskennt, nimmt kein Blatt vor den Mund und protestiert gegen die ungenauen Erklärungen eifriger Lehrerinnen.

Ich erfahre, dass er an jedem sonnigen Tag hierher kommt, als müsse er sich regelmäßig der Stabilität des Kosmos vergewissern.

Die Regelmäßigkeit des Himmels ist immer ein bisschen verblüffend. Giovanni Paltrinieri, ein Bologneser Erbauer von Sonnenuhren, hat mir von der Stadtratssitzung erzählt, bei der über die geplante Errichtung einer Sonnenuhr an einem öffentlichen Platz abgestimmt werden sollte. Angesichts der festen Überzeugung, mit der Paltrinieri darlegte, dass bei der Tagundnachtgleiche der Schatten eine bestimmte Linie auf einem bestimmten Platz in der Vorstadt von Bologna ziehen würde, beschlich den Stadtrat erheblicher Zweifel, und mehrere Räte fragten besorgt, ob dies auch wirklich jedes Jahr der Fall sein werde.

Fasziniert von der kosmologischen Pünktlichkeit sind auch die zahllosen Touristen, die sich zwei Mal jährlich bei der Tagundnachtgleiche in Chichén Itzá im Yucatan versammeln, um den Schatten der Schlange entstehen zu sehen. Der stufenförmige Umriss der Pyramide von Kukulkán wirft ihren geschlängelten Schatten auf die Rampe; wenn die Sonne weiterwandert, scheint die Schlange über die Mauer zu gleiten und verkündet den Lauf der Jahreszeiten.

* * *

Jahrhunderte hindurch skandierten die Schatten, die unermüdlich ihre Muster rund um die Schatten werfenden Gegenstände zeichnen, tagein, tagaus träge die Zeit. Doch im Jahr 1610 wurden sie jäh aus ihrer Beschaulichkeit gerissen und in ein lärmendes Chaos kriegerischer Erklärungen, verschlüsselter Botschaften, neidischer Blicke und regelrechter Schlachten zwischen Forschern gestürzt. Das siebzehnte Jahrhundert ist das Jahrhundert der Schattenkriege.

Dritter Teil

DAS JAHRHUNDERT DES SCHATTENS

Vorhang

PLATON UND SEIN SCHATTEN

Es herrscht eine blendende Helligkeit, aber zugleich ist es dunstig. Man spürt nun die Nähe des Meeres, die sengende Hitze der Sonne hat nachgelassen. Skia, Platons Schatten, wächst zusehends, beinahe überheblich.

PLATON: Wir haben einen langen Ritt durch die Zeit hinter uns, aber sehr weit sind wir nicht gekommen.

SKIA: Aristarch und Eratosthenes zeigen uns, wie groß die Erde und der Himmel sind. Die Philosophen und Mathematiker machen sich die Sonnenbahn zu Nutze und setzen sie in eine Uhr um. Und du sagst, das seien keine gewaltigen Fortschritte? Was muss ich denn noch tun, um dich zu überzeugen?

PLATON: Die Entdeckungen des Schattens, die du da aufzählst, scheinen mir pure Zufallsprodukte. Wirklich ernst nimmt dich keiner.

SKIA: Das Beste habe ich ja noch aufgespart. Es gibt ein Jahrhundert, *mein* Jahrhundert, in dem mir sämtliche Astronomen nachlaufen, mir den Hof machen, mit großem Spektakel verkünden, sie hätten mich bald hier, bald dort gesichtet, und mich auf den fernsten Planeten des Sonnensystems aufzuspüren versuchen.

PLATON: Sonnensystem? Wovon redest du?

SKIA: Die Zeiten ändern sich, Platon. Durch mich hat die Menschheit erkannt, dass die Erde nicht im Mittelpunkt des Universums steht.

PLATON: Beliebst du zu scherzen?

SKIA: Keineswegs. Lies weiter. Wie gesagt, das Schönste kommt erst.

11

SCHATTENKRIEGE

OY!

Es ist ein Aufschrei zum Himmel, die beiden überzähligen Buchstaben des Anagramms, mit dem Galileo Galilei in einem Brief vom Dezember 1610 Giuliano de' Medici die größte astronomische Entdeckung seit der griechischen Antike mitteilt. Die übrigen Wörter bedeuten an sich nichts Besonderes: *Haec immatura a me iam frustra leguntur* (diese unreifen Dinge suche ich nun vergeblich) – man muss erst das Anagramm auflösen. Der verschlüsselte Satz bezeichnet eine Schattengeschichte, die das von den Astronomen des Altertums übernommene Weltbild – die Erde in der Mitte des Universums, umkreist von der Sonne und den Planeten – auf den Kopf stellt. Tatsächlich erscheinen mit Beginn des siebzehnten Jahrhunderts riesige, spektakuläre Schatten auf der Bühne der Astronomie, die zahlreiche Kriege zwischen Forschern vom Zaun brechen – und über den Ausgang der Schlachten entscheiden, indem sie wie Säbel durch das Sonnensystem rotieren. Der Schatten ist es, der über die Form des Mondes, über Wesen und Position der Venus, über den Umfang des Merkur, die Beschaffenheit der Saturnringe und die Bewegungen der Jupitermonde die definitive Auskunft gibt. Aber gehen wir der Reihe nach vor.

Galileis Mond

Die ersten Salven in diesen Kriegen feuert Galileo Galilei ab, der ebenfalls im Jahr 1610, wenige Monate vor dem Brief mit dem Anagramm, in einer kurzen astronomischen Schrift, die er *Sidereus Nuncius* nannte, den *Sternenboten*, folgende Zeichnung des Mondes veröffentlicht:

Der pockennarbige Mond in Galileis Sternenboten.

Klar und deutlich ist zu sehen, dass die Schattenlinie unregelmäßig ist. Vor allem aber leuchten links der Linie, in der Mitte der unteren Hälfte, kleine weiße Punkte auf, während rechts der Linie einige dunkle Pünktchen aussehen, als wollten sie gleich aus dem Schatten heraustreten. Galilei hat keinen Zweifel: Die weißen Pünktchen sind Berggipfel, die aus der Mondnacht auftauchen und die ersten Sonnenstrahlen empfangen; die schwarzen Punkte sind Kratersohlen, in denen noch der Schatten der Nacht liegt. Galilei bemerkt dazu, dass »der Mond keineswegs eine sanfte und glatte, sondern eine raue und unebene Oberfläche besitzt und dass er, ebenso wie das Antlitz der Erde selbst, mit ungeheuren Ausbuchtungen, tiefen Mulden und Krümmungen überall dicht bedeckt ist«. Seine Zeichnung revolutioniert die Astronomie und markiert nach jahrtausendelangem kontemplativem Studium des Himmels einen großen qualitativen Sprung.

Um den Unterschied wirklich zu ermessen, vergleichen Sie Galileis Illustration mit der armseligen Zeichnung des Mondes, die

Leonardo da Vinci angefertigt hat, dessen Beobachtungsgabe und zeichnerische Begabung natürlich über jeden Verdacht erhaben sind. Das Blatt 310 Rekto des berühmten *Codex atlanticus* zeigt ein Beispiel dessen, was uns Leonardo von seinen Mondbetrachtungen anzubieten hat. Der Wechsel zwischen Hell und Dunkel verrät uns nichts von einem Licht, das die Gipfel der Berge nachzeichnet, oder von einem Schatten in den Talsenken. Leonardo sieht nicht

Leonardos trauriger Mond im Codex atlanticus.

mehr als zahllose Beobachter vor ihm: ein merkwürdiges, trauriges, unergründliches Gesicht.

Als Galilei seine Mondbilder vorlegt, ist er sich der Neuheit und der Bedeutung seines Tuns durchaus bewusst: »Wahrhaft großartige Dinge lege ich in dieser kurzen Abhandlung der Betrachtung und Beobachtung aller vor, welche die Natur studieren. Großartig, sage ich, sowohl wegen der Vorzüglichkeit der Materie selbst wie auch wegen der für alle Zeiten unerhörten Neuigkeit, und zuletzt auch wegen des Instruments, mittels dessen selbige Dinge sich unserem Sinn enthüllten.« Die größte Errungenschaft ist natürlich das neue Beobachtungsinstrument, das Fernrohr. Galilei berichtet, er habe etwa zehn Monate zuvor zum ersten Mal davon gehört. Anhand einer einfachen Beschreibung des Fernrohrs, sagt er, sei es ihm gelungen, die Gesetze zurückzuverfolgen, die eine Vergrößerung ermöglichen. Er habe daraufhin das Instrument nachgebaut und erhebliche Verbesserungen vorgenommen, »entdeckt durch vernünftige Überlegung über das Sehen«, wie er in dem Brief vom 24. August 1609 schreibt, mit dem er dem venezianischen Dogen Leonardo Donato ein Exemplar überreicht. Diese Erklärung müssen wir mit Vorbehalt aufnehmen; vielleicht hatte Galilei Gelegenheit, das Fernrohr im Besitz eines Reisenden aus Flandern, der sich 1609 in Venedig aufhielt, zu untersuchen und zu zerlegen, um es dann zu verbessern. Jedenfalls, als er dem Dogen sein Fernrohr zum Geschenk macht, versäumt er nicht, sofort seine militärische Nützlichkeit ins rechte Licht zu stellen: »Auf den Meeren werden wir die Fahrzeuge und Segel des Feindes zwei Stunden früher entdecken, bevor er unser ansichtig wird«, und die wissenschaftliche Bedeutung, seine Fähigkeit, »dem Verstand und der Sinneswahrnehmung die Beschaffenheit der Himmelskörper zu enthüllen«, ist ihm sofort klar. Das Fernrohr lässt ihn »auf Grund sinnlicher Gewissheit« Erkenntnisse über den Himmel gewinnen und erlaubt ihm folglich, bestimmte uralte Fragen, die von der Astronomie in den Bereich der Metaphysik übergewechselt waren, endlich zu beantworten.

Der *Sidereus Nuncius*, der Sternenbote, der in aller Eile im März 1610 gedruckt wird und in der Widmung die vier ebenfalls mit Hilfe des Fernrohrs entdeckten Jupitermonde dem potenziellen Schirmherrn Cosimo II. de' Medici zum Geschenk darbringt (ein eigennütziges Geschenk, gewiss, aber wer konnte sich je erlauben, Sterne zu verschenken?), wird in kürzester Zeit in der Gemeinde der Gelehrten und an den Höfen der bekannten Welt die Runde machen.

Das Sichtbare und das Unsichtbare

Natürlich werden viele Leser über Galileis Zeichnung staunen. Die Merkmale der Topografie des Mondes sind ja ziemlich grob – wie kann es sein, dass sie vor Galilei noch niemand entdeckt hat? Gibt seine Zeichnung etwa nicht genau das wieder, was wir sehen, wenn wir den Mond mit bloßem Auge betrachten? Dieser Einwand kommt uns natürlich nur deshalb so leicht über die Lippen, weil wir wieder einmal unserer Erinnerung auf den Leim gegangen sind und uns hinsichtlich der scheinbaren Größe der Himmelskörper verschätzen. Im Zusammenhang mit den ersten astronomischen Entdeckungen haben wir gesehen, wie die Erinnerung typischerweise den Mond vergrößert. Damit die vier Zentimeter Durchmesser in Galileis Zeichnung dem Mond entsprechen, wie Sie ihn am Himmel sehen, müssen Sie viereinhalb Meter zurücktreten – und aus dieser Entfernung sehen Sie nicht mehr viel.

Als Galilei sein Fernrohr auf den Mond richtet, sieht er ihn, »der etwa sechzig Erdhalbmesser von uns entfernt ist ... als wäre er nur zwei solche Längen entfernt«. Es ist, als hielten Sie sich seine Zeichnung, wie sie am Kapitelanfang abgedruckt ist, im Abstand von fünfzehn Zentimetern vor die Augen. Galilei bemerkt also sofort, dass die Mondoberfläche nicht nur die großen Flecken aufweist, die zu allen Zeiten und in jedem Land der Erde sichtbar waren, sondern auch viele kleinere Unreinheiten, die sich im Grenzbereich zwischen Licht und Dunkelheit zeigen und mit der Zu- und Abnahme des Mondes entstehen, sich verändern und wieder verschwinden. Diese für das bloße Auge unsichtbaren Flecken erzeugen bei ihm den Eindruck eines Licht-und-Schatten-Spiels: Galilei steht nun vor einem optischen Umkehrproblem, nämlich aus der Form des Schattens die Form des Gegenstands zu rekonstruieren.

Galilei ist nicht nur Astronom, er ist auch ein meisterhafter Zeichner und weiß alles über den Schatten und darüber, wie uns seine Veränderungen die Form eines Gegenstands preisgeben. Und zum Mond stellt er folgende Überlegung an: Der Schatten, der an einem vollkommen kugeligen Körper haftet, muss einer gleichmäßigen Linie folgen; hingegen ist die Schattenlinie des Mondes »unregelmäßig, rau und mit vielen Vertiefungen und Erhebungen. Tatsächlich erstrecken sich viele Helligkeiten wie Auswüchse über die Grenzen von Licht und Dunkelheit, hingegen erscheinen in dem beleuchteten Teil einige dunkle Teilchen«. Ferner weist der Mond große schwärzliche Flecken auf, die sich in der von der Sonne beleuchteten Seite ausbreiten, die im Licht dunkel erscheinen, auf der anderen Seite hingegen »von hell leuchtenden Umrissen gekrönt [sind], wie brennende Berge«. Doch damit nicht genug: Mit der Zeit verändert sich nicht nur die Schattenlinie (weil der Mond sich um sich selbst dreht) und mit ihr die Anordnung der Flecken, und nicht nur die Verteilung von Hell und Dunkel hat eine Geschichte, sondern diese Geschichte folgt einem geordneten System. Nun kommt eine Analogie ins Spiel: »Einen ähnlichen Anblick haben wir auf Erden, wenn wir bei Sonnenaufgang die noch nicht erleuchteten Täler sehen, die ringsum aufragenden Berge aber schon hell erstrahlen, wo die Sonne sie trifft: und wie die Schatten in den irdischen Mulden nach und nach kleiner werden, wenn die Sonne höher steigt, so verlieren auch diese Mondflecken ihre Dunkelheit, wenn der leuchtende Teil zunimmt.«

Galilei ist der Erste, der das großartige Schauspiel des Sonnenaufgangs über den Mondbergen beobachtet und mit eindrucksvollen Worten beschreibt:

»Wahrhaftig sind nicht nur die Grenzen zwischen Licht und Dunkelheit auf dem Monde ungleichmäßig und gewunden anzusehen, sondern – dies erregt noch größeres Staunen – es zeigen sich auf der dunklen Seite des Mondes zahlreiche leuchtende Spitzen, vollständig getrennt und losgelöst von der erleuchteten Seite und von ihr kein kleines Stück entfernt: welche nach einer gewissen Zeit allmählich an Größe und Helligkeit zunehmen: nach zwei oder drei Stunden vereinigen sie sich mit dem übrigen leuchten-

Auch aus der Nähe ist der Schatten nützlich. Der Streifschatten vergrößert die Details und lässt die Form der Berge gut erkennen, wie das von der Apollo 12 aufgenommene Foto zeigt.

den Teil, der nun schon größer geworden ist; unterdessen flammen auf der dunklen Seite andere und wieder andere Spitzen auf, wachsen an Größe und verschmelzen endlich ebenfalls mit dem leuchtenden Teil, der immer ausgedehnter geworden ist.«

Galileis Überlegung könnte eigentlich gar nicht einfacher sein: Da sie *aussehen* wie Berge, haben wir allen Grund zur Annahme, dass es Berge *sind*. Und es sind ungeheuer große Berge und Krater, viel größer als auf Erden. Eine einfache geometrische Demonstration lässt Galilei zu dem Schluss gelangen, dass die Erhebungen auf dem Mond bis zu acht Kilometer in die Höhe ragen können. (Galilei ist überzeugt, dass die irdischen Berge nicht höher als zweitausend Meter sein können, was ihn zu der Schlussfolgerung bringt, die Berge auf dem Mond seien größer.)

Schattenspiele und Kristallmonde

Galileis Mondberge sind wahrhaftig eine schwer zu verkraftende Ungeheuerlichkeit. Im Jahr 1611 behaupten ein gewisser Ludovico delle Colombe und der Jesuitenpater Clavius (1537–1612), die Schatten seien nur *eine* mögliche Deutung der im Fernrohr erblickten Flecken; man könne sie ebenso gut durch die unterschiedliche Dichte der Mondmaterie erklären. Sie sähen zwar aus wie die Schatten von Bergen, doch sei nicht gesagt, dass es tatsächlich Berge seien. Delle Colombe blickt durch das Fernrohr und sieht, wie er einräumt, das Bild eines gebirgigen Planeten: »Und sah ich am Körper des Mondes so viele Unterschiede in der Dichte, die wie Berge und Täler und Steilhänge erschienen, dass mir dünkte, ich blickte auf eine zweite Erde.« Dennoch lässt er sich nicht beirren: Schließlich erzeugten auch die Gemälde durch Hell-Dunkel-Kontraste den Eindruck von Plastizität und seien in Wahrheit doch vollkommen flach. »Wo jener Körper, der Bild ist, rund erscheint und der kugelige flach; durch Vielfalt der Farben, Schatten und Lichter erscheint die Fläche, als höbe und senke sie sich: gleichwohl ist dieses Erscheinungsbild falsch, wie die Bildtafeln uns beweisen.« Delle Colombe äußert daraufhin die Vermutung, auf dem Mond gebe es unterschiedlich dichte Bereiche, »welche Dichtigkeiten nicht allein die Oberfläche jenes Körpers betreffen, wie die Farben auf Bildtafeln, sondern innerhalb des gesamten Körpers verteilt sind und haben alle Ausmaße eines Körpers, weil sie breit, lang und tief sind, ebenso wie es die Berge und Täler wären, wenn es diese auf jenem Körper gäbe«; die von diesen Bergen und Tälern bedeckten Teile seien hingegen unsichtbar, weil verdünnt. Der Verständlichkeit halber nimmt delle Colombe eine Analogie zu Hilfe: »Ein einleuchtendes Beispiel dafür sei, wenn jemand eine große Kugel aus reinstem Kristall ergriffe, in welcher aus weißem Email eine kleine Erde mit Wäldern, Tälern und Bergen gebildet sei, der Sonne ausgesetzt gegen den Himmel und sehr weit entfernt von den Augen dessen, der hineinblickt: so erschiene diese Kugel nicht etwa rund und glatt, sondern uneben und gebirgig und verschattet dort, wo die Sonne nicht hinreicht ... Aber zu welchem Ende sollen wir Beispiele unter den niedrigen Dingen suchen, wenn es am Himmel selbst nur zu klar ist?«

Eine interessante Hypothese, die allerdings einen Haken hat: Wenn der Mond nicht wegen der Berge und Krater an manchen Stellen heller und an anderen dunkler ist, sondern wegen der Art und Weise, wie das Licht in ihn eindringt, *warum* um alles in der Welt sollte die Mondmaterie *ausgerechnet* wie die Schatten von Bergen und Kratern aussehen? Welchen Sinn sollte es haben, dass der Mond bei vollkommen glatter Oberfläche einen gebirgigen Planeten *nachahmt*? Galilei macht sich selbst über den Einwand lustig, indem er darauf hinweist, dass der Mond gleichwohl unvollkommen wäre, auch wenn diese sonderbaren Berge in ein Meer von Kristall eingebettet wären. Ein anderer Gegner, ein gewisser Sizzi, erwidert, die Schatten sähen ja überhaupt nicht wie Berge aus, jedenfalls habe Galilei nicht genügend unternommen, um uns zu überzeugen. Tatsächlich hat Galilei viele Male wiederholt, was er sehe, sei exakt jenes Gefüge, das den Schatten von Bergen entspräche, doch er lieferte keine geometrische Demonstration davon.

Was entscheidet, ob ein bestimmtes Schattengefüge wie ein Berg aussieht oder nicht? Im Jahr 1880, drei Jahrhunderte nach Galilei,

DAS JAHRHUNDERT DES SCHATTENS   169

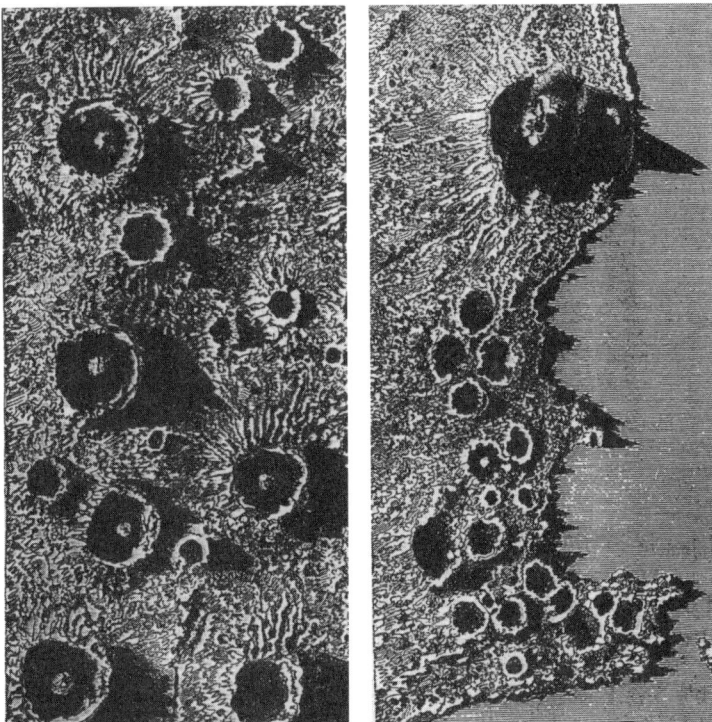

Der Mond (links, durch das Teleskop gesehen) ist wie die Erde, weil er aussieht, wie die Erde aus der Perspektive des Mondes aussähe (rechts ein Bild der Phlegräischen Felder bei Neapel und der Vesuv). Aber wie kommt Flammarion zu diesem Bild?

veröffentlichte der Astronom Camille Flammarion (1842–1925) eine *Astronomie populaire*, in der er ein Schattenspiel zu Hilfe nimmt, um uns von der vulkanischen Natur bestimmter Mondregionen zu überzeugen: Neben das Bild einer Mondlandschaft stellt er ein Bild der Phlegräischen Felder und des Vesuv. Durch eine Ironie des Schicksals wirkt die Analogie zwischen Erde und Mond hier in entgegengesetzter Richtung: Das Bild des Mondes ist das, was man tatsächlich durch das Teleskop sehen kann, während das Bild der Erde ein von Flammarion rekonstruiertes Luftbild aus der Perspektive des Weltraums ist (man beachte den düsteren Schatten des Vesuv).

Wir werden gleich sehen, wie auch Galilei versuchte, uns ohne allzu viele Worte, nur mit einer Zeichnung zu überzeugen. Vorerst jedoch wollen wir die Folgen seiner Entdeckung betrachten. Warum soll es im Jahr 1610 wichtig sein, zu wissen, dass der Mond pockennarbig ist? Warum geben sich Sizzi, Pater Clavius, delle Colombe so große Mühe, das Gegenteil zu beweisen?

Die Tragweite von Pockennarben

Im Kontext der damaligen Astronomie haben Galileis Beobachtungen durchaus Gewicht, weil sie zeigen, dass der Mond zumindest seiner Form nach der Erde ähnlich ist. »Ebenso wie das Antlitz der Erde selbst«, schreibt Galilei. Nach dem Anblick im Teleskop kann man nicht mehr behaupten, der Mond sei ein makellos glatter Körper. Doch genau dies ist die dringende Forderung der astronomischen Orthodoxie, die von Galilei in Abrede gestellt wird. Natürlich hatten die zeitgenössischen Astronomen vielerlei Gründe, um das neue heliozentrische Weltbild des Kopernikus (mit der Sonne als Weltmittelpunkt und der rotierenden Erde) abzulehnen und an dem eher intuitiven geozentrischen System des Ptolemäus (die Erde reglos in der Mitte, umkreist von der Sonne und den Planeten) festzuhalten. Ein Grund war die Überzeugung, die Himmelskörper seien von der Erde radikal verschieden. Der Status des Mondes war ungewiss: der Erde zu nah, um nicht von ihr wenigstens teilweise infiziert zu sein? Oder rein und unbefleckt wie die übrigen Gestirne? Die Berge und Krater zeigen, dass der Mond, obwohl Himmelskörper, kein Vorrecht auf Makellosigkeit hat – er unterscheidet sich nicht wesentlich von der Erde. Seine Unvollkommenheit beweist, dass es keine zwei Welten gibt, eine irdische und eine himmlische, die völlig verschiedenen Gesetzen unterlägen. Wenn der Mond wie die Erde sein kann, so kann die Erde wie der Mond sein und ihrerseits um einen anderen Körper rotieren. Die Gesetze, denen die Erde unterliegt, sind dieselben, die den Himmel regieren; auch die Erde ist ein Planet, ein wandernder Stern.

Trotzdem war es nicht einfach, zu begreifen, dass die Flecken auf dem Mond tatsächlich Berge und Täler sind. Obwohl Galilei das Fernrohr benutzt, muss er *interpretieren*, was er sieht. Es stimmt nicht, dass sich die gebirgige Oberfläche des Mondes den Sinnen unmittelbar erschließt: Dafür braucht es eine ganze Reihe geduldiger Beobachtungen. Erst nach einer Weile sieht man, dass die Flecken »wie schroffe Felshänge und mit rauen und zerklüfteten Klippen sich mit deutlichen Kontrasten aus Licht und Schatten voneinander lösen ...« und »infolge der verschiedenen Beleuchtungen durch die Sonne, welche die Schatten auf unterschiedliche Weise bewegen, als Ungleichheiten in ihrem Aussehen [erscheinen] ... von Tag zu Tag ändern sie ihre Erscheinung, nehmen zu, verkleinern sich, verschwinden, denn sie rühren ja nur von den Schatten der erhöhten Teile her.«

Das Fernrohr zeigt den Unterschied zwischen den neuen Flecken und den großen Narben, die für jeden erkennbar ein Gesicht im Mond andeuten, wie es schon von den Menschen des Altertums argwöhnisch gemustert wurde. Die alten Flecken veränderten ihre Beleuchtung allenfalls langsam und relativ unabhängig vom Einfall der Sonnenstrahlen. Die neuen Flecken sind dem bloßen Auge nicht nur verborgen, sondern gehören auch einer anderen Kategorie an.

Alte und neue Flecken: Das Gesicht des Mondes

Als der Meister der Astronomen, Johannes Kepler (1571–1630), in einem offenen Brief vom 19. April 1610 eine erste Stellungnahme zum *Sidereus Nuncius* abgibt, hatte er noch keine Gelegenheit, Galileis Entdeckungen zu verifizieren, vermutlich weil ihm kein ausreichend starkes Fernrohr zur Verfügung stand. Kepler gratuliert Galilei zu seinen Entdeckungen, hält sich jedoch zurück und stimmt nur jenen Thesen zu, die er für wahrscheinlich hält oder die den ohnehin bekannten oder unabhängig vom Gebrauch des Teleskops überprüfbaren Fakten entsprechen. Zum Beispiel sieht er Galileis Betrachtungen zu den Unvollkommenheiten des Mondes nicht als erstmalige Entdeckung an, sondern als Bestätigung dessen, was andere schon früher vorgebracht hatten – darunter Demokrit, Plutarch, Kepler selbst und vor allem Mästlin, sein Lehrer in Tübingen, der 1605 in einer Schmähschrift behauptet haben soll, »dass der Mond und die Erde einander ähneln in Dichte, Schatten, Undurchsichtigkeit, Beleuchtung durch die Sonne, die sich um beide Planeten dreht, so dass der Mond den Erdbewohnern seine Phasen zeigt wie die Erde die ihren den Mondbewohnern, denn beide Körper beleuchten einander wechselseitig«. Mit anderen Worten, Galilei habe nichts Neues entdeckt.

Aber wo genau soll ihm jemand anders zuvorgekommen sein? Es geht ja nicht nur um die gebirgige und folglich irdische Natur des Mondes, sondern vor allem um die Art von Beweis, die dafür erbracht werden kann. Der immer wiederkehrende und in der Literatur vor Galilei viel diskutierte Beweis lautet, die *mit bloßem Auge sichtbaren* Mondflecken deuteten auf Senken hin. Insofern ist die Streitfrage tatsächlich sehr alt. Zum Beispiel diskutieren die Personen aus Plutarchs (45–125 n. Chr.) *Das Antlitz des Mondes*, einem der Klassiker der Antike, der übrigens von Kepler ins Lateinische übersetzt wurde, mit ausgeklügelten Argumenten über die großen Flecken: Sind es Schatten oder nicht? Falls ja, ist der Mond rau und uneben und der Erde ähnlich; falls nicht, sind die Flecken durch größere oder geringere Dichte der Mondmaterie verursacht. Lamprias, der Erzähler des Dialogs sowie Bruder und Alter Ego Plutarchs, vertritt die erste Hypothese und verwirft nach und nach sämtliche Einwände gegen die Theorie vom erdähnlichen Mond. »Daraus folgt, dass wir nicht glauben dürfen, wir beleidigten den Mond, wenn wir ihn als Erde ansehen, und dass er, was das Gesicht betrifft, welches auf ihm erscheint, wie unsere Erde große Vertiefungen aufweist: so hat sich auch jene Erde in Senken und ebenso große Verwerfungen aufgefaltet, in regelrechte Speicher für Wasser und dunkle Luft. Das Licht der Sonne, das in sie nicht eindringen kann und sie nicht einmal streift, schwindet dort unten und wirft der Erde einen unterbrochenen Widerschein zurück.« Als sich der Freund Sillas in das Zwiegespräch einschaltet und eine tröstende Fabel über den Mond als Ort der toten Seelen erzählt, erfahren wir auch von der Funktion der Abgründe: Dort unten hausen die Seelen jener, die im Leben Böses getan haben. Plutarchs Fegefeuer auf dem Mond ist ein Vorspiel zu Dantes *Paradies*, in dem erneut die Frage nach der Natur der Flecken aufgeworfen wird. Dante soll zunächst selbst die Theorie vertreten haben, wonach die »dunklen Male« des Mondes auf einen Unterschied zwischen »dünnen und dichten Körpern« zurückzuführen seien. Aber wie verhält es sich wirklich? Das fragt er am besten jemanden, der den Himmel aus der Nähe betrachtet, seine Führerin, Beatricens Seele. Beatrice erwidert ihm mit einer langen Erklärung (in der sie im Übrigen durchaus vernünftig darauf hinweist, dass es keine Sonnenfinsternisse gäbe, wenn der Mond durchsichtig wäre). Beatricens Theorie, die Physik und Mythos vermischt, führt alles auf den weltbewegenden Geist zurück: »*Verschiedne Kräfte, nicht verschiedne Dichten / Sind demgemäß verschiednen Glanzes Quelle: / Die Formen – je nach ihrer Güte richten / Dem Stoffe sie das Trübe wie das Helle.*« Von Erhellung kann keine Rede sein, und ich habe den Eindruck, dass die Dante-Kommentatoren sich auch nicht einig werden konnten.

Mit Ausnahme von Dante haben die Wortführer in dieser Diskussion vor Galilei alle ein bisschen Recht, was die Mondflecken betrifft, doch ihre Gründe lassen sich nur schwer beurteilen, weil keiner über die korrekte Methode verfügte, um die eigene Position zu bekräftigen. Lamprias hat insofern Recht, als der Mond in der Tat voller Senken ist, doch zum Beweis beruft er sich auf die falschen Flecken, und seine Demonstration führt den Leser hinterlistig auf eine falsche Fährte. So wendet sein Gesprächspartner Apollonios (der vielleicht die Rolle des gleichnamigen Mathematikers spielt, dem wir die Kegelschnitte verdanken: ein weiterer aus der großen Familie der Schattenliebhaber) zu Recht ein, die Schatten auf dem Mond seien so groß, dass die Schatten werfenden Berge und Senken unendlich und folglich von der Erde aus sichtbar sein müssten. Diesen Einwand zieht Lamprias ins Lächerliche, indem er darauf hinweist, dass auch ein winziger Gegenstand einen riesigen Schatten werfen kann, doch seine Erklärung bezieht sich nicht (wie es sein müsste) auf die Spannweite des Schattenkegels, sondern auf die *Entfernung* der Lichtquelle vom beleuchteten Objekt: »Der Schatten wird nicht durch das Ausmaß der Unebenheiten auf der Mondoberfläche vergrößert, sondern durch die naturgemäße Entfernung des Beleuchtenden.« Ungefähr so, als ob aus großer Entfernung im abstandbedingt diffusen Licht die Abgründe besser zu sehen wären als die Berge. Lamprias, könnten wir sagen, sieht mehr Schatten, als vorhanden sind, und um sie zu erklären, muss er zu Ausflüchten greifen und die Dunkelheit der Mondsenken mit einem Phänomen gleichsetzen, das nur bei der Ansicht aus der Luft auftritt. Auf jeden Fall handelt es sich um ein Geschicklichkeitsspiel und nichts weiter, und angesichts seiner soliden und erwiesenen Kompetenz in punkto Schattenphänomene können wir davon ausgehen, dass Lamprias-Plutarch wissentlich lügt.

Auch Kepler hat die Wahrheit (beinahe) erraten, wenn auch vor dem Hintergrund falscher Voraussetzungen. Er verwirft die Schatten, behält aber die Senken, die er mit gewaltigen Wasserbecken in Verbindung bringt, und verkündet kategorisch: »Ich erkläre, dass die Flecken Meere sind und die hellen Teile Land.« Noch heute werden die großen dunklen Flecken Meere genannt. Zu Unrecht: Dunkel sind sie nicht deshalb, weil sie voller Wasser wären, sondern weil sie die Farbe von Basalt haben, der wenig Reflexionskraft hat und folglich schwarz erscheint. (Im März 1998 legten die von der Sonde *Luna Prospector* gesammelten Daten die Hypothese nahe, es gebe Wasser auf dem Mond. Wo? Nur dort, wo dauernder Schatten herrscht, auf dem Grund der Krater an den Polen, in Form von Eis. Da der Mond keine Atmosphäre hat, würde das Eis beim ersten Kontakt mit der Sonne sofort verdunsten und der Dampf sich wegen der geringen Schwerkraft auf dem Mond in den Weltraum verflüchtigen. Früher oder später wird die gesamte Oberfläche des Mondes von der Sonne beleuchtet, ausgenommen die vergleichsweise winzigen Bereiche am Grund der Krater an den Polen – insgesamt fünf bis fünfzehntausend Quadratkilometer. Das Vorhandensein von Wasser wurde nicht bestätigt, doch falls es auf dem Mond tatsächlich Meere geben sollte, so können sie sich nur in Galileis Kratern befinden.)

Um den Mond als gebirgig beschreiben zu können, muss man die richtigen Flecken betrachten, und dies ist nur mit dem Teleskop möglich. Wenn Galilei von den Unebenheiten, Bergen und Kratern des Mondes spricht, hat er deshalb Recht, weil das, was er sehen kann, echte Schatten sind.

Was hat Galilei wirklich gesehen?
Das Geheimnis des böhmischen Kraters

Wir wissen, dass Galilei nicht der Erste ist, der ein Fernrohr benutzte, um den Himmel zu erforschen. Der Mathematiker Thomas Harriott (1560–1621) beobachtet am 5. August 1609 den Mond und fertigt eine Zeichnung an. Die sich jedoch als unbrauchbar erweist: Die Schattenlinie ist physikalisch unmöglich. Alle Schattenlinien, in allen Phasen, müssen das Profil des Mondes an zwei einander diametral entgegengesetzten Punkten durchschneiden. Harriotts Linie dehnt sich zu weit seitlich, wie in einer Kinderzeichnung.

Harriotts Skizze ist noch schlimmer als die Zeichnung von Leonardo da Vinci – die uns immerhin klarmacht, dass sie den Mond

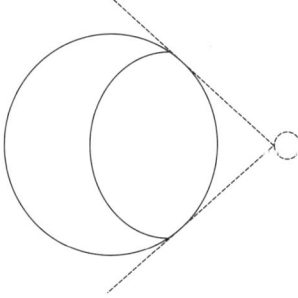

Die Schemazeichnung gibt Harriotts unmögliche Schattenlinie wieder. Ich habe eine Sonne hinzugefügt, um zu zeigen, wo sie stehen und wie sie aussehen müsste, um diesen Schatten zu erzeugen.

darstellt. Galileis Zeichnungen hingegen sind nicht nur viel sorgfältiger, sondern spiegeln auch die Tatsache wider, dass er begriffen hatte, was er sah. Galileis Tiefgründigkeit besteht eben darin, dass er die hellen und die dunklen Bereiche als ein Spiel von Licht und Schatten erkannt hat. Dass der Schatten das entscheidende Element ist, bestätigt uns eine indirekte Aussage. William Lower, ein Mitarbeiter von Harriott, schreibt, nachdem er von Galileis Entdeckungen gehört hat: »Ich hatte schon auf der gesamten Oberfläche des Mondes eine seltsam fleckige Konfiguration beobachtet, aber nie wäre mir in den Sinn gekommen, dass irgendein Teil von ihr Schatten sein könnte.«

Trotz seiner Überlegenheit sind die Zeichnungen, die Galilei im *Sidereus Nuncius* veröffentlichte, nicht sehr präzise. Betrachten Sie die folgenden Abbildungen:

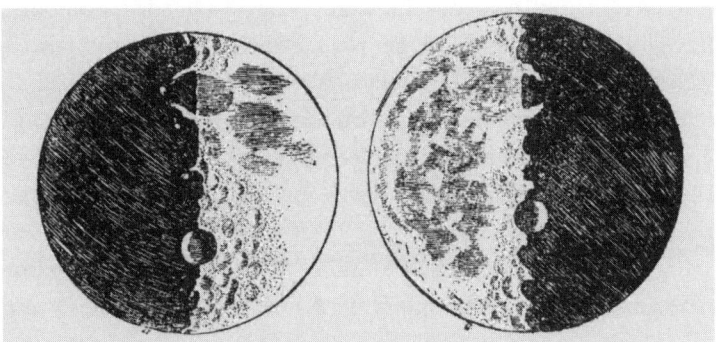

Der Mond im ersten und im letzten Viertel, wie im *Sidereus Nuncius* abgedruckt. Der Krater in der Mitte des Bildes existiert in Wahrheit nicht.

Entlang der Schattenlinie, knapp unterhalb der Mitte bemerken wir einen riesigen Krater mit sauberen Umrissen. Galilei äußert sich ausführlich darüber: »Und ich will noch eine andere Sache in Erinnerung rufen, die mir nicht ohne Verwunderung auffiel: Beinahe in der Mitte des Mondes befindet sich eine Vertiefung, größer als alle anderen, und von vollkommen runder Gestalt: Diese entdeckte ich in der Nähe beider Quadraturen [*das heißt, die Schattenlinie läuft in beiden Bildern durch dieselben Punkte, aber die Sonne beleuchtet den Mond einmal von rechts, im ersten Viertel, und einmal von links, im letzten Viertel]* und gab sie in den oben abgedruckten Bildern wieder, soweit es mir möglich war: Was die Beschattung und Beleuchtung betrifft, so bietet sie denselben Anblick, wie ihn auf Erden die vergleichbare Region Böhmen böte, wäre sie von allen Seiten von einem vollkommenen Kreis hoher Berge umschlossen.« In neuerer Zeit hat dieses lunare Böhmen einige Ratlosigkeit ausgelöst. Es stimmt mit keinem bekannten Merkmal an dieser Stelle der Mondoberfläche überein. (Vielleicht ließe sich Galileis Böhmen als eine Gruppe von Kratern knapp unterhalb des Kraters *Ptolemäus* oder als der Krater *Albategnius* identifizieren, doch ist deren Morphologie in der gedruckten Zeichnung gewaltig übertrieben.) Historiker und Philosophen, von Koestler bis Feyerabend, kritisieren Galilei wegen der Ungenauigkeit seiner Karte. Andere Historiker schritten hingegen zu seiner Verteidigung und weisen darauf hin, dass Galileis ursprüngliche Handzeichnungen das Aussehen des Mondes getreulicher wiedergeben als die Stiche im *Sternenboten*.

Insbesondere ist von dem böhmischen Krater nichts zu sehen, geschweige denn von den hohen Bergketten ringsum. Was im Druck erscheint, ist also ein typografischer Fehler.

Aber hat Galilei korrekt wiedergegeben, was er mit Hilfe des Fernrohrs sehen konnte oder nicht? Können wir die im *Sidereus Nuncius* veröffentlichten Zeichnungen als Beweise einer wissenschaftlichen Falsifikation ansehen? Und wozu überhaupt eine Falsifikation?

Um diesen kleinen Krimi aufzulösen, müssen wir einige Umstände berücksichtigen. Zunächst eine Tatsache, die der Aufmerk-

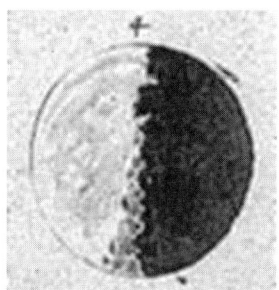

Galileis Originalzeichnung zeigt keine Spur von dem großen Krater.

samkeit der Historiker entgangen zu sein scheint, obwohl sie ein zentrales Element in der Diskussion sein müsste: Ein Krater mit so großem Umfang und so hohem Rand wie das lunare Böhmen *wäre auch mit bloßem Auge sichtbar*. Wenn Sie sich die Abbildung auf S. 176 ansehen – aus fünf Metern Entfernung, um die Größe des Mondes zu simulieren, wie er am Himmel erscheint –, werden Sie feststellen, dass der böhmische Krater zwar winzig ist, aber sichtbar.

Galilei hat also den Kritikern, die ihm vorwerfen, sie könnten den Krater in der Mondoberfläche nicht mit bloßem Auge sehen, nichts entgegenzusetzen. (Kepler bezeichnet ihn als wunderbare Entdeckung, aber vielleicht ist das ironisch gemeint.) Und dies legt nahe, dass Galilei mit seinem Bezug auf die übertriebene Darstellung im Kupferstich etwas anderes im Auge hatte als eine ausführliche Beschreibung des Kraters. Der zweite bedenkenswerte Umstand ist, dass der böhmische Pseudokrater auf zwei der vier im *Sternenboten* gedruckten Stiche erscheint: Dass der Kupferstecher sich *zwei Mal* geirrt haben sollte, als er Galileis Handzeichnungen in eine Druckvorlage umsetzte, ist kaum vorstellbar. Es kann sich eigentlich nicht um einen grafischen Fehler handeln. Vor allem fällt auf, wie der Krater in der ersten Zeichnung von rechts und in der zweiten von links beleuchtet wird (entsprechend der Entwicklung der Mondphasen), wie zur Bekräftigung eines Gedankens. Außerdem beschreibt Galilei selbst das lunare Böhmen als »von allen Seiten von einem vollkommenen Kreis hoher Berge eingeschlossen«. Diese Beschreibung trifft auf die Stiche zu, nicht auf seine Handzeichnungen. Und schließlich geht die Beschreibung des Kraters unmittelbar einer ausdrücklichen, zusammenfassenden Erklärung Galileis voraus, wonach die Verteilung der Mondflecken als Spiel von Schatten und Licht zu deuten sei und insofern als »ein unwiderleglicher Beweis der Unebenheiten und Unregelmäßigkeiten« des Erdtrabanten zu gelten habe. Dies liefert ein Motiv für die einigermaßen übertriebene, eigentlich karikaturistische Darstellung des Kraters.

Wenn wir alle Umstände berücksichtigen, gelangen wir also zu folgender Interpretation. Was in der gedruckten Ausgabe in zweifacher Ausfertigung erscheint, ist ein *didaktischer* Krater, der anhand eines anschaulichen Beispiels die *Schattenmethode* illustriert, mit deren Hilfe Galilei die Struktur der Mondoberfläche erfasst hat. In dem Kupferstich ist der böhmische Krater das Einzige, dessen Form sich auf Anhieb – mit einem Blick und ohne weitere Erklärungen – interpretieren lässt. Es ist, als teilte Galilei uns mit: Wie ihr euch leicht vorstellen könnt, sieht so ein beliebiger Krater aus, wenn er von oben betrachtet und zuerst von rechts, dann von links beleuchtet wird, und das wechselnde Erscheinungsbild der Schattenlinie des Mondes ist anhand des Modells zu deuten, das ihr hier seht. – Das Bild des Kraters selbst sieht fast wie ein Mond im Mond aus, mit umgekehrten Schatten wie bei Heraklits schüsselförmigem Mond.

Ist der Fall damit abgeschlossen? Nicht unbedingt. Stellen wir uns vor, wie Galilei mit seinem Kupferstecher zusammenarbeitet. Er hat seine Handzeichnungen vor sich liegen und weist den Handwerker an, wie er vorzugehen hat. Wie in allen Malerwerkstätten hält Galilei das Blatt in einem bestimmten Abstand vor sich hin und kneift die Augen zusammen, um zu prüfen, ob die Schattierungen wirklich den Eindruck eines Reliefs vermitteln. Seine Aquarelle sind keine Fotografien vom Mond, und es ist noch Raum für die Interpretation, ehe man zur endgültigen Illustration übergeht. Sehen Sie sich an, was passiert, wenn wir diesen Prozess mit einer digitalen Unschärfe wiedergeben: Wie durch Zauberhand erscheint der böhmische Krater.

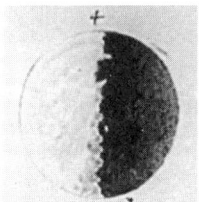 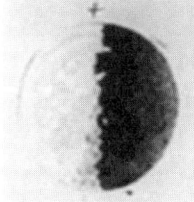

Eine Erklärung des böhmischen Kraters als Wahrnehmungsfehler. Wenn wir einen »Weichzeichner« über Galileis Aquarell legen (so dass die Zeichnung erscheint, als würde sie mit zusammengekniffenen Augen betrachtet), entdecken wir ein kraterähnliches Gebilde.

12

VENUS IMITIERT DIANAS SCHATTEN

> *Mensus eram coelos, nunc terrae metior umbras;*
> *Mens coelestis erat, corporis umbra jacet.*
> Himmelslicht hab ich gemessen,
> jetzt mess ich die Schatten der Erde.
> Himmlischer Art mein Geist –
> Schatten mein Leib, der hier liegt.
>
> *Keplers Grabinschrift*

Die großen astronomischen Entdeckungen, bei denen der Schatten die Hauptrolle spielt, müssen also die Erfindung des Fernrohrs abwarten. Und das Fernrohr sichert Galileis Ruhm: Dank dem *Sidereus Nuncius* wird er zum Ersten Mathematiker und Philosophen des Großherzogs Cosimo II. de' Medici ernannt und übersiedelt am 12. September 1610 nach Florenz. Frei von Lehrverpflichtungen, aber gewiss sehr darauf bedacht, sich seine Vorrangstellung unter den Astronomen sowie das unverzichtbare Wohlwollen seines Schirmherrn zu erhalten, verkündet er alsbald weitere Entdeckungen.

Die erste, die er bereits im Juli macht, betrifft den Saturn, doch davon wird im nächsten Kapitel die Rede sein. Vorerst, im Dezember 1610, schickt er durch Vermittlung von Giuliano de' Medici das bereits erwähnte Anagramm an Kepler: »*Haec immatura a me iam frustra leguntur o y.*« Eine Entdeckung in chiffrierter Form zu publizieren war ein beliebtes Mittel, um sie einerseits nicht vorzeitig zu verbreiten, solange sie noch nicht ganz sicher war, andererseits aber die Urheberschaft anzumelden, falls es zur Kontroverse mit anderen Forschern kam (Galilei war Kontroversen sehr zugeneigt). Kepler versucht vergeblich, die Nachricht zu entschlüsseln, und schreibt endlich einen Brief an Galilei, in dem er ihn anfleht, ihm die Lösung nicht länger vorzuenthalten, »denn Ihr seht, dass Ihr es mit ehrlichen Deutschen zu tun habt«. Die Auflösung erfolgt am Neujahrstag 1611 in einem Brief an Giuliano de' Medici in Prag: *Cynthiae figuras aemulatur mater amorum* – Die Mutter der Liebe eifert den Gestalten der Cynthia nach. Zum Verständnis dieses immer noch kryptischen Satzes bedarf es einiger Kenntnisse in der Mythologie: Das griechische *Kynthios* oder *Kynthias*, latinisiert zu *Cynthia* und *Cynthius*, leitet sich von dem heiligen Berg Kynthos auf der Insel Delos her, an dessen Fuß die Zwillinge Artemis und Apollon geboren wurden. Dass Artemis mit dem Beinamen Kynthia auch für den Mond steht, rührt wohl daher, dass sie die Göttin der Jagd war: Wie ein gespannter Bogen steht die Mondsichel am Himmel. Die Auflösung des Anagramms lautet also: Die Venus (Mutter der Liebe) ist wie der Mond, sie imitiert seine Erscheinungen.

Entdeckt hat Galilei zweierlei. Die Venus ist wie der Mond, weil sie nicht aus eigener Kraft leuchtet – das bedeutet, dass ihr Licht von der Beleuchtung durch ein anderes Gestirn abhängt, die Sonne. Die Venus ist dunkel, sagt Galilei. Aber vor allem durchläuft auch die Venus wie der Mond verschiedene Phasen, einen kompletten Zyklus von der vollen Kreisscheibe über einen Halbkreis zu einer schmalen Sichel, und dies beweist, dass der Planet *die Sonne umkreist*.

Für uns ist das nichts Besonderes, damals aber bedeutete die Neuigkeit im wahrsten Sinne des Wortes das Ende einer Epoche. Im ptolemäischen Weltbild wie in der aristotelischen Kosmologie kreist die Venus nicht um die Sonne, sondern um die Erde; in beiden Systemen ist diese Erscheinung der Venus also nicht mehr zu retten. Tatsächlich war man bis dahin der Meinung, die Venus halte sich stets *zwischen* der Sonne und der Erde auf; auch wenn eine Venus, die nicht selbst leuchtet, Phasen haben müsste, ist es

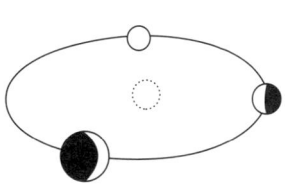 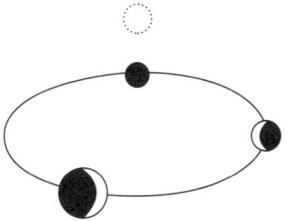

Wenn die Venus (von der Erde aus gesehen, nicht maßstabsgetreu) voll ist, bedeutet dies, dass sie sich in einer bestimmten Phase ihrer Umlaufbahn jenseits der Sonne befindet (links). Wenn sie auf einem »Epizyklus« kreist, dessen Mittelpunkt sich um die Erde dreht, befindet sie sich diesseits der Sonne und kann deshalb, von der Erde aus betrachtet, niemals frontal beleuchtet sein (rechts).

unmöglich, eine Venus zu sehen, die »voll« ist wie der Mond: Dazu müsste sie sich *jenseits der Sonne* befinden.

In diesem Punkt ist das ptolemäische System also widerlegt: Es rettet nicht die Erscheinungen – obwohl der Gebrauch des Fernrohrs die Natur und die Bedeutung der Erscheinungen für immer verändert hat. Natürlich war bald klar (und Kepler wies mehrfach darauf hin), dass die Beobachtung des kompletten Phasenzyklus der Venus noch keine Bestätigung des kopernikanischen Systems zulässt; auch im so genannten tychonischen System – erfunden von Tycho Brahe (1546–1601), der um der Tradition willen die unbewegte Erde beibehielt, die Planeten aber um die Sonne kreisen und dieses System aus Sonne und Planeten als Ganzes um die Erde rotieren ließ – kann die Venus nicht sämtliche Phasen aufweisen. Mit Sicherheit aber lässt die Entdeckung das ptolemäische Weltbild in Trümmer zerfallen: Es kreist viel weniger um die Erde, als der alte astronomische Kanon behauptet, und binnen kurzem wird sich kein professioneller Astronom mehr auf Ptolemäus beziehen.

Die schattige Venus

Die Beobachtung, dass die Venus nicht selbst leuchtet, wird mit Verwunderung aufgenommen. Kepler ist unendlich verblüfft und schreibt Galilei einen Brief, in dem er ihn bittet, die Venus weiter zu beobachten, um eine bestimmte Hypothese zu überprüfen, wonach der Planet aus Feingold sei. In dem von der Wissenschaft des Mittelalters überlieferten aristotelisch-ptolemäischen System ist nicht klar, ob die Planeten und die Sterne aus eigener Kraft leuchten oder das Sonnenlicht reflektieren. Obwohl Aristoteles eine klare Trennung zwischen der sublunaren, dunklen, sozusagen irdischen und der strahlenden himmlischen Welt trifft (mit dem Mond als einziger Ausnahme: er ist der sublunaren Welt zu nahe, als dass er von ihr nicht in irgendeiner Weise in Mitleidenschaft gezogen würde), hatten es die Scholastiker in der Regel vorgezogen, das Licht der Sterne und der Planeten als abhängig von der Sonne anzusehen. Die Beobachtung mit bloßem Auge scheint sie jedoch zu widerlegen. Wenn die Venus ein leuchtender Schmarotzer der Sonne ist, warum sieht man dann nie ihre Phasen, da sie sich doch in immer anderer Position gegenüber der Sonne und der Erde befindet? Hätte sie Phasen, erschiene die Venus auch mit bloßem Auge je nach ihrer Position mehr oder weniger hell. Dies ist im Wesentlichen die Theorie von Avicenna (980–1037), der die Venus für einen selbstleuchtenden Himmelskörper hält. In der zweiten Hälfte des vierzehnten Jahrhunderts erwidert ihm darauf (irrtümlich) Albert von Sachsen: »Venus und Merkur sind so durchsichtig, dass sie sich, im Unterschied zum Mond, das Licht der Sonne einverleiben und von ihm durchdrungen werden.« Die Venus besitzt also kein Eigenlicht, ist deshalb jedoch keineswegs

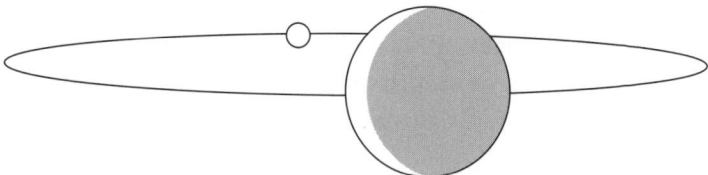

Als volle Kreisscheibe ist die Venus (im Hintergrund) von der Erde viel weiter entfernt als in der zu- oder abnehmenden Phase (im Vordergrund) und erscheint kleiner und weniger hell. Aus diesem Grund haben wir, wenn wir sie mit bloßem Auge beobachten, keinerlei Hinweis auf ihre Phasen.

dunkel: Wie in einer Milchglaskugel breiten sich die Sonnenstrahlen gleichmäßig in ihr aus, ohne Schatten zu werfen und ohne einen Bereich unbeleuchtet zu lassen.

Von unserer heutigen Warte aus betrachtet, wissen wir, dass dieser Streit vor Galilei nicht beigelegt werden konnte. Als volle Scheibe ist die Venus so weit von der Erde entfernt, dass sie uns wesentlich kleiner erscheint als in der Phase des Zu- oder Abnehmens, und mit bloßem Auge ist der Unterschied nicht wahrnehmbar.

Als Galilei die Phasen der Venus beobachtet, rekonstruiert er die Beziehungen zwischen Venus und Sonne auf dieselbe Weise, wie Aristarch und die ersten Astronomen beim Mond vorgegangen waren, und schließt einen ersten großen Zyklus astronomischer Theorien und Beobachtungen ab. Es sind die wandelbaren Gestalten des Schattens, die ihn, sofern sie korrekt interpretiert werden, in der Struktur des Himmels die Umlaufbahn der Venus um die Sonne erkennen lassen. In einem berühmten Abschnitt des *Saggiatore*, der *Goldwaage*, schreibt Galilei, die Wissenschaft – die Philosophie, wie er sagt – »steht in diesem großen Buch geschrieben, dem Universum, das sich unserem Blick ständig darbietet. Doch das Buch ist nicht zu verstehen, sofern man nicht zuerst lernt, seine Sprache zu verstehen und das Alphabet zu lesen, aus dem sie sich zusammensetzt. Es ist in der Sprache der Mathematik geschrieben, und die Buchstaben sind Dreiecke, Kreise und andere geometrische Figuren, ohne die es dem Menschen unmöglich ist, ein einziges Wort davon zu verstehen; ohne sie irren wir in einem finsteren Labyrinth umher.«

Das Labyrinth ist finster, doch die Düsternis rings um uns kann eine Form annehmen, die uns zur Erkenntnis gelangen lässt.

Der vom Schatten bloßgestellte Merkur

Ein anderes Land, ein anderer Himmel: Nach zwei Tagen ununterbrochenem Regen reißt die Sonne am 8. November 1631 gegen neun Uhr morgens die Wolkendecke über Paris auf. In das düstere Zimmer dringt ein Sonnenstrahl, fällt durch das Fernrohr und

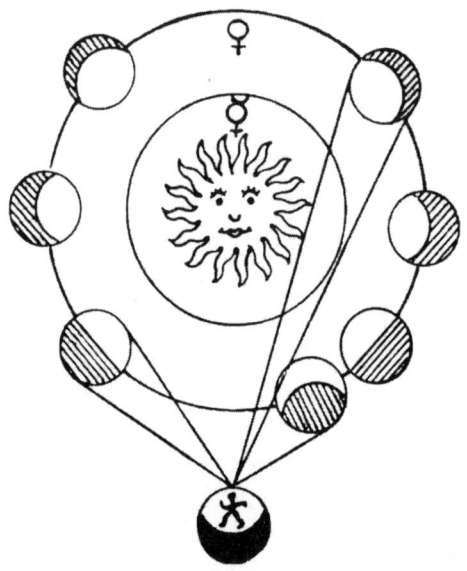

Die Phasen der Venus, wie Kepler sie sah: Zusammenfassung der kopernikanischen Astronomie, *Teil III.*

trifft auf einem Blatt Papier auf. Das Abbild der Sonne hat etwa zwanzig Zentimeter Durchmesser. Pierre Gassendi (1592–1655, Philosoph und atypischer Priester: zum Beispiel hegt er wenig Sympathie für Aristoteles) beobachtet einen dunklen Punkt auf der Oberfläche der Sonne. Vielleicht ein Sonnenfleck? Er zweifelt und vermerkt die Position des Flecks. Die Sonne verschwindet und taucht wieder auf. In den seltenen Augenblicken mit guter Sicht stellt Gassendi fest, dass der Punkt sich verlagert hat, allerdings mit einer weitaus größeren Geschwindigkeit, als ein Sonnenfleck sie zu Stande brächte: Sonnenflecken, die sich an der Oberfläche befinden, laufen infolge der Achsenrotation in siebenundzwanzig Tagen einmal um die Sonne. Der Punkt hingegen ist binnen weniger Stunden einmal rund herum gelaufen. Handelt es sich also wirklich um das erwartete Ereignis, das von Kepler vorhergesagt und nur von Gassendi und ein paar weiteren Glücklichen beobachtet wurde, die den guten Einfall hatten, nicht die einfache Camera obscura zu benutzen, sondern das Abbild der Sonne mit einem Fernrohr zu projizieren? Der dunkle Punkt ist der Umriss des Planeten Merkur, der an der Sonne vorüberläuft. Und dass er nur ein Pünktchen sein soll, erklärt auch, weshalb wenige es für angebracht hielten, ein Teleskop zu benutzen. Gassendi selbst traut buchstäblich seinen Augen nicht: Merkur hat einen Durchmesser von lediglich zwanzig Bogensekunden; er ist nur ein Siebtel so groß wie bisher angenommen. Nach Keplers Schätzung zum Beispiel sollte Merkur während des Vorübergangs einen sichtbaren Durchmesser von zweieinhalb Bogenminuten haben (ein Zwölftel des Sonnendurchmessers); doch Keplers Vorstellung von den Ausmaßen der Planeten stützte sich auf eine *a priori* gefasste Vorliebe für die Harmonie der Himmelszahlen. Nachdem er die Gemeinde der Forscher auf die Notwendigkeit aufmerksam gemacht hat, den Merkur-Transit zu beobachten, bewirkt seine übertriebene Schätzung, dass kaum jemand auf die Idee kommt, sich angemessen auszurüsten. (Kepler selbst stirbt ein Jahr vor dem Transit, so dass ihm die Enttäuschung erspart bleibt.)

Remus Quietanus, einer der wenigen glücklichen Beobachter des Merkurs vor der Sonne, hatte hingegen seinen Umfang richtig geraten, weil ihn gewisse Spekulationen über die Harmonie der kosmischen Dimensionen zu einem anderen Ergebnis führten als

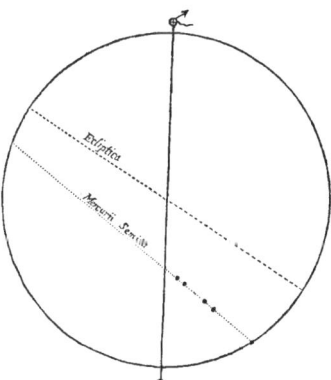

Das Pünktchen ist Merkur vor der Sonne, wie ihn Gassendi am 8. November 1631 beobachtet. Und dies ist die Größe, mit der die Beobachter gerechnet hatten:

Kepler. Nach seiner Theorie müssten die Planeten von der Sonne aus gesehen alle im selben Winkel stehen. Wir können uns eine magische Fluchtlinie vorstellen: Von der Sonne aus sieht man die Eklipse der Eklipsen, bei der jeder Planet von dem ihm jeweils nachgeordneten Planeten genau verdeckt wird, Jupiter von Mars, Mars von der Erde und so weiter, und nur Merkur ist sichtbar. Remus ist sehr zufrieden, als die Messung seine sonderbare Theorie bestätigt.

Doch noch einmal die Frage: Weshalb hatte sich Kepler hinsichtlich der Größe des Merkur so gewaltig geirrt? Wir sehen die Planeten am nächtlichen Himmel, weil sie das Sonnenlicht reflektieren, und mit bloßem Auge können wir sie allenfalls an ihrer geringeren Helligkeit von den Sternen unterscheiden. Mit seinem Fernrohr entdeckt Galilei, dass den Planeten das Flimmern fehlt, der Lichthof, den die Sterne aufweisen; fortan sind die Planeten Dinge, dunkle Steinmassen, während die Sterne Licht bleiben. Zu Zeiten Galileis war das Teleskop zwar stark genug, um die Phasen der Venus zu entdecken, doch keinesfalls stark genug für Merkur. Zwischen der Größe und der Leuchtkraft der Himmelskörper wurde damals noch nicht unterschieden; noch heute bezeichnet die *Magnitudo* (lat. »Größe«) das Maß für die Helligkeit eines Gestirns und trägt damit einem Klassifikationsschema Rechnung, das auf Hipparch und die griechischen Astronomen zurückgeht. Da der Merkur sehr hell leuchtet, wurde seine Größe also auf Grund seiner Erscheinung leicht überschätzt. Erst die Beobachtungen von Gassendi lieferten die erste brauchbare Schätzung. Im Fall des Merkur *gibt der Schatten über den Umfang des Planeten zuverlässiger Auskunft als das Licht.*

Die Rache der Venus

Auch die Venus erscheint größer, als sie ist; eine drastische Zurückstutzung bleibt ihr deshalb nicht erspart, doch bis dahin dauerte es noch eine Weile. 1639 sind der junge und glücklose Astronom Jeremiah Horrocks, ein Autodidakt, und sein Korrespondent

William Crabtree die Einzigen, die das äußerst seltene Vorübergleiten der Venus vor der Sonne beobachten und feststellen, wie klein der Planet in Wahrheit ist. Horrocks stirbt wenige Monate später, erst dreiundzwanzigjährig, am Vorabend seiner geplanten Reise zu Crabtree, dem er seinen astronomischen Bericht übergeben wollte. Crabtree kommt 1644 anscheinend im Bürgerkrieg ums Leben. Horrocks' Manuskript bleibt deshalb lange unbekannt, und man muss das Jahr 1769 abwarten, bis ein weiterer Venus-Transit seine Messungen bestätigt. In der alten Ordnung des Kosmos war die Venus ein Stern, und zwar der hellste. Galilei setzt sie zu einer Nachahmerin des Mondes herab, Horrocks erklärt sie gar zu einem minderen Planeten. Den Verlust der Aura, dank derer sie Jahrtausende hindurch ein Objekt der Anbetung war, kann die eitle Göttin der Liebe nicht hinnehmen.

Strafmaßnahmen

Kaum standen ausreichend starke Fernrohre zur Verfügung und wurden die ersten Mondkarten gezeichnet, ergab sich die Notwendigkeit, die Mondkrater zu benennen. Von den verschiedenen Vorschlägen hat der des Jesuitenpaters Giovanni Battista Riccioli (1598–1671) noch heute Gültigkeit; auf der von dem Optiker Francesco Maria Grimaldi (1618–1663) gezeichneten und 1651 veröffentlichten Karte hatte er den Kratern die Namen berühmter Wissenschaftler verliehen. (Im Übrigen ist der Jesuit Grimaldi ein Mann des Schattens, der eine gewisse Bedeutung erlangte: Beim Studium der Schatten entdeckt er die Lichtbrechung.) Riccioli verficht mit großer Überzeugung die These von der Unbewegtheit der Erde, und deshalb verbannt er die Kopernikaner ins Meer der Stürme (das an die Halbinsel der Wahnideen schlägt). Galilei wird mit einer Konfiguration in Verbindung gebracht, die heller ist als die übrigen, sich in der Folge jedoch als eine weißliche, längliche Scharte erweist, die vielleicht beim Aufprall eines Kometen entstanden ist.

Heute tragen zwei nahe beieinander stehende unbedeutende Kraterchen den Namen Galileis: Zumindest auf der Karte sieht dies wie ein später Sieg der Jesuiten über Galilei aus. Die Krater sind wie merkwürdige Andenken an eine Epoche, in der die wissenschaftliche Argumentation eng mit den Spitzfindigkeiten der Theologie und Metaphysik verwoben war und nicht vor zweckdienlichen Analogien zurückschreckte. So endet Galilei verborgen in einem dunklen Meer auf dem Mond, inmitten eines dieser Flecken, die Plutarch so liebte und die die Astronomie von ihrem Weg abbrachten – aber für einen Vermesser der Schatten ist das vielleicht gar kein unrühmliches Ende.

13

VIELLEICHT HAT SATURN SEINE KINDER VERSCHLUNGEN

Gehen wir einen Schritt zurück. Am 4. August 1610 teilt Galilei durch Vermittlung von Giuliano de' Medici, dem toskanischen Gesandten in Prag, Kepler eine weitere seiner ersten bedeutenden astronomischen Entdeckungen mit. Die verschlüsselte Botschaft lautet:

Smaismrmilmepoetaleumibunenugttaurias

Kepler – der gerne »Knochen benagt und harte Brotkrusten kaut« – verliert über diesem Anagramm nicht den Mut, und nach großen Mühen bringt er den makkaronischen Spruch *Salve umbistineum geminatum Martia proles* hervor – »sei gegrüßt, feuriger Zwilling und Sohn des Mars« –, den er zunächst dahingehend interpretiert, Galilei habe zwei Marsmonde entdeckt. (Die Idee eines Mars-Trabanten lag in der Luft, wieder einmal begründet durch das Bedürfnis nach kosmischer Harmonie: Die Erde hat einen Mond, um Jupiter wurden vier Trabanten beobachtet, und Mars befindet sich zwischen Erde und Jupiter; folglich muss er zwei Monde besitzen. Tatsächlich hat auch der rote Planet zwei mächtige Satelliten, die erst 1877 von Asaph Hall entdeckt wurden.) Nicht recht überzeugt von seiner Lösung, veröffentlicht Kepler das Anagramm in einer *Erzählung* über die Satelliten des Jupiter, in der er Galileis Beobachtungen der Mediceischen Gestirne bestätigt und sich wünscht, jemand anderes werde mehr Erfolg bei der Auflösung des Rätsels haben, oder der Autor möge sein Schweigen brechen. Die Antwort trifft mit einem Brief von Galilei ein, datiert auf den 13. November: *Altissimum planetam tergeminum obseruaui* [= observavi] – »ich habe den höchsten Planeten in Dreigestalt beobachtet«. Die Beobachtung war ungenau: Das Teleskop, das Galilei benutzte, hatte keine ausreichende Auflösung, um die wahre Form des Saturn zu offenbaren, und so glaubte er, zwei enorme reglose Monde zu beiden Seiten des Planeten entdeckt zu haben.

Fast ein halbes Jahrhundert und eine erhebliche Verbesserung der Fernrohre sowie die Leistung vieler großer Mathematiker waren nötig, um dem seltsamen Erscheinungsbild des Saturn auf den Grund zu kommen. Im Jahr 1656 verkündete der Niederländer Christiaan Huygens (1629–1695) die Lösung auf seine Weise:

Aaaaaaccccedeeeeeghiiiiiiilllmmnnnnnnnnnooooppqrrsttttuuuuu

Versuchen Sie erst gar nicht, das Anagramm aufzulösen (sofern Sie nicht Keplers Entschlossenheit besitzen). Sehen wir uns zunächst Galileis rätselhaften dreigestaltigen Planeten an.

Eine einfache Methode macht uns klar, was bei den ersten Saturn-Beobachtungen schief ging: Links sehen Sie eine dem Saturn ähnliche Form, wobei der Ring gegen die Erde so geneigt ist, dass er seitlich eine größere Oberfläche zeigt als in der Mitte, und rechts dieselben Bilder mit »Weichzeichner«. So ähnlich wird Galilei im Jahr 1610 den Saturn gesehen haben.

Die beiden großen Satelliten sind jedoch sehr sonderbar, da sie reglos bei ihrem Planeten ausharren, ohne zu rotieren. Außerdem hatte Galilei selbst schon Ende 1612 einige Zweifel an der Erscheinung des Saturn. Nach zwei Jahren, in denen er ihn stets als die Kombination eines größeren Körpers in der Mitte und zweier kleinerer Körper zu beiden Seiten gesehen hatte, erscheint er ihm jetzt einsam wie alle übrigen Planeten. »Ich fand ihn einzeln, ohne Unterstützung der gewohnten Sterne, und insgesamt vollkommen rund und abgeschlossen wie Jupiter ... Vielleicht haben sich die beiden kleineren Sterne verzehrt wie die Sonnenflecken? Viel-

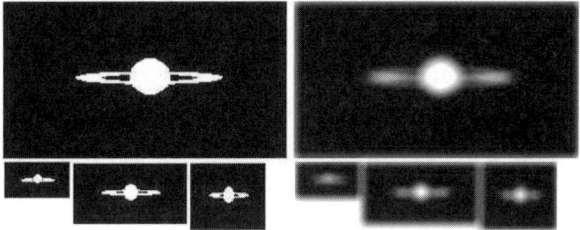

Vier Zeichnungen von der Form des Saturn, daneben dieselben Zeichnungen leicht verschwommen. Aus den Bildern rechts, die in etwa dem Anblick entsprechen dürften, den Galilei 1610 hatte, einen Ring abzuleiten, ist alles andere als einfach.

leicht sind sie verschwunden und jäh geflohen? Vielleicht hat Saturn seine Kinder verschlungen?«

Galilei stellt nun verschiedene Hypothesen auf, um das neuartige Aussehen des Saturn zu erklären, interessant ist jedoch, dass er seinem Beobachtungsinstrument misstraut. »War die Erscheinung, mit welcher die Linsen mich und viele andere so lange hinters Licht führten, nur Illusion und Betrug?« Damit legt er den Finger auf das Problem. Während der nächsten Jahrzehnte ist die Form des Saturn die Boje, die sämtliche Fernrohrkonstrukteure jener Zeit umrunden müssen. Spitzfindige Handwerker und ehrgeizige Forscher tragen miteinander einen Wettkampf aus, und der Briefwechsel zwischen Astronomen strotzt nur so von Hypothesen: Saturn ist ein Planet mit zwei Griffen! Saturn ist ein Oval mit zwei Löchern! Saturn hat eine elliptische Krone, die an ihm haftet, während der Planet schwingt! 1616 ändert Galilei selbst seine Meinung und zeichnet eine eiförmige Konfiguration, die er jedoch *hinter* den Planeten setzt. Als Huygens 1669 sein *Saturnsystem* veröffentlicht, macht er sich einen Spaß daraus, alle verzerrten Bilder des Saturn, die so viele herausragende Astronomen und Sternenliebhaber vor ihm beobachteten, in einer grafischen Zusammenfassung nebeneinander zu stellen.

Mit der Zeichnung Nummer zehn, die sich von den anderen durch eine merkwürdige Schattierung unterscheidet, wollen wir uns näher befassen. Huygens hat sie aus einer Werbeschrift ko-

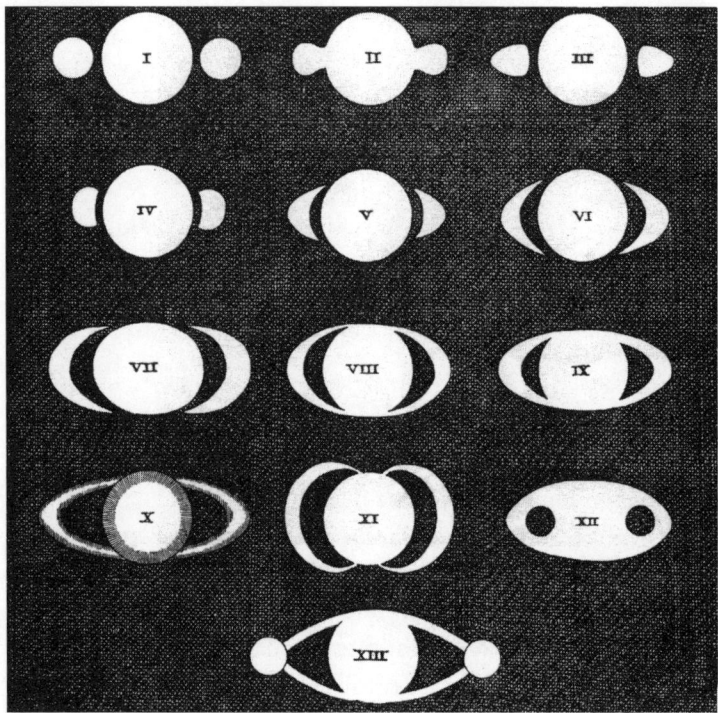

Das Gruselkabinett des Saturn: Beobachtungen von Galilei (I), Scheiner (II), Riccioli (III, VIII und IX), Hevelius (IV–VII), Fontana (XI, XIII) und Gassendi (XII). Aber stellen Sie sich in fünf oder sechs Metern Abstand vor die Abbildung, und Sie werden feststellen, dass es keineswegs einfach ist, zwischen den einzelnen Formen zu unterscheiden. Die Nummer X ist der Saturn von Divini, der Schatten zeichnet, die er nicht gesehen hat und die es nicht gibt.

piert, die 1649 ein Herr Eustachio Divini, ein guter Teleskopkonstrukteur, aber kein herausragender Kenner der Astronomie, in Umlauf brachte. Die Schrift verheißt den Erforschern des Kosmos und potenziellen Kunden wahre Schätze: großartige und wunderbare Bilder des Himmels, darunter nicht nur die inzwischen populären Hörner der Venus sowie einen pockennarbigen, gebirgigen Mond, sondern auch einen prachtvollen Saturn vor dem Hintergrund eines eiförmigen Rings.

Die Schatten sind jedoch bizarr und gewiss auf keine Beleuchtung durch die Sonne zurückzuführen (die Sonne müsste prak-

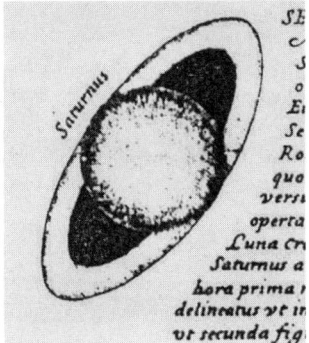

Ein Ausschnitt aus der Werbeschrift für die Fernrohre des Eustachio Divini. Kauft Divini-Teleskope, und ihr werdet dieses und viele weitere Wunder erblicken!

tisch hinter dem Saturn stehen); Huygens erklärt sie für falsch, und Divini muss eingestehen, dass er sie eigenmächtig hinzugefügt hat, um die Form des Planeten plastisch herauszuarbeiten. Zwischen Huygens und Divini entbrennt nun ein Streit um die Qualität ihrer jeweiligen Fernrohre und die Natur des Saturn. Doch unabhängig von seiner Kritik am Schatten schätzt Huygens Divinis Zeichnung, weil sie im Unterschied zu allen anderen sonderbaren Saturndarstellungen seine in dem Anagramm verborgene Hypothese von dem Planeten bestätigt: *Annulo cingitur tenui, plano, nusquam cohaerente, ad eclipticam inclinato* – »er ist von einem dünnen, flachen Ring umgeben, der ihn nirgends berührt und gegen die Ekliptik geneigt ist«. Divini hat den Ring wohl gesehen, doch seine Position in Bezug auf Saturn nicht begriffen. Huygens' Überlegung ist einfach: Mit Hilfe des Schattens lässt sich die Hypothese des Rings überprüfen. Wenn am Himmel des Saturn der Ring gegenüber der scheinbaren Umlaufbahn der Sonne geneigt ist, muss er einen Schatten auf den Planeten werfen – und der Planet muss seinerseits den Ring beschatten. Saturn ist von der Erde so weit entfernt, dass diese Schatten zweifellos minimal sind, dennoch muss es möglich sein, sie zu sehen.

Merkwürdig ist, dass Huygens im Jahr 1656 tatsächlich einen Schatten auf Saturn erkennt, aber nicht begreift, was er sieht! Sein

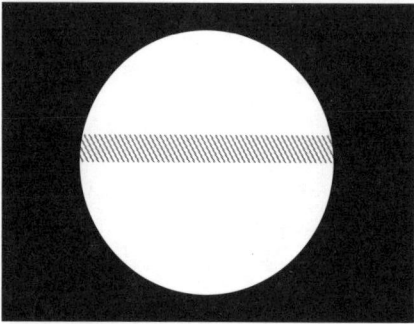

Huygens sieht einen Schatten, ohne zu begreifen, worum es sich handelt.

1656 erblicktes Bild des »einsamen« Saturn (ohne die Henkel, die ihm sonst nicht von der Seite weichen) zeigt einen dunklen Streifen quer durch die Mitte. Huygens hält ihn für die Breite des Rings im Aufriss; in Wahrheit ist der Ring äußerst dünn (im Schnitt zweihundert Meter: Von der Erde sieht er aus wie ein hauchdünnes Blatt), und der Streifen ist sein von »unten« geworfener Schatten.

In den Jahren 1655 und 1656 sehen viele diesen Streifen, doch niemand begreift, dass es sich dabei um einen Schatten handelt.

Der Saturn, fotografiert von der Raumsonde Voyager 1 *am 30. Oktober 1980. Die Scheibe wirft einen Schattenstreifen von zehntausend Kilometer Breite auf den Planeten. Der Ring selbst ist sehr viel dünner. Man beachte hingegen den von der Erde aus kaum sichtbaren, in Wahrheit aber gewaltigen Schatten, den der Planet auf den Ring wirft.*

Huygens ist derart zufrieden mit seiner Hypothese von der Breite des Rings, dass er sogar eine Zeichnung anfertigt, in der er einen Schatten schraffiert, den es nicht gibt, aber den Schatten, der vorhanden sein müsste, ignoriert. Die Skizze des Saturn aus dem Jahr 1657 stellt ebenfalls einen nicht existierenden Streifen dar und verschweigt den Schatten, der oberhalb des Rings erscheinen müsste. (Wir wissen, dass er in dieser Position hätte sichtbar sein müssen, weil wir die jeweiligen Positionen des Saturn, der Sonne und der Erde zurückrechnen können.)

Jagd nach dem Schatten
(Schüsse nicht ausgeschlossen)

Das Jahr 1656 gibt den Anpfiff zu einer Jagd nach dem Schatten – dem richtigen Schatten. Zum ersten Mal wird er am 20. August 1660 in Florenz gesichtet: ein Flecken, eine Unterbrechung in der Kontinuität des Rings. Huygens wird den Schatten zwischen 1664 und 1693 noch mehrmals beobachten. Doch die klarsten Bilder – die endgültige Bestätigung der Hypothese von den Ringen – zeichnet Giuseppe Campani, ein Konstrukteur von Fernrohren, der 1664 sein Produkt mit einer aggressiven Werbestrategie auf den Markt bringt: Er fordert seinen Konkurrenten Divini zu einem Fernlesewettkampf mit ihren jeweiligen Instrumenten heraus und gewinnt. (Campanis Fernrohre werfen die Konkurrenz völlig aus dem Rennen: In der zweiten Hälfte des siebzehnten Jahrhunderts wurde praktisch jedes am Himmel registrierte Phänomen mit einem seiner Instrumente beobachtet.) Als Campani 1663 Saturn suchte und gleichzeitig den Schatten des Planeten auf dem Ring und den Schatten des Rings auf dem Planeten erblickte, war ihm der Sieg gewiss.

Wie zur Bekräftigung seines Triumphs hatte unterdessen Cassini in Paris mit einem Campani-Teleskop die winzigen Schatten entdeckt, die die Jupitermonde bei ihrem Vorübergang auf den Planeten werfen. Auch diese Schatten nahm Campani in seine Werbeschrift auf:

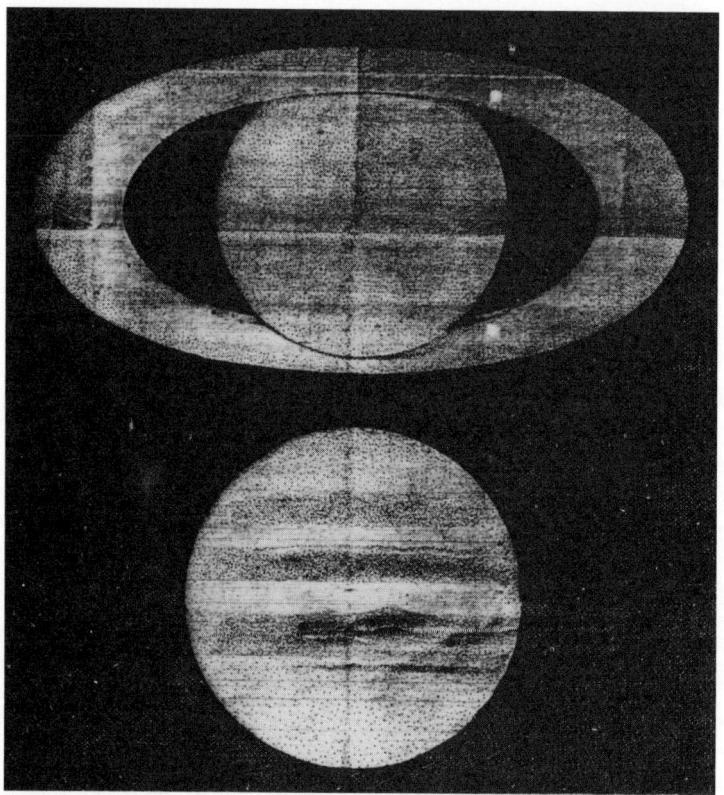

Die Schatten auf den Saturnringen und die schwachen Schatten der Jupitermonde, gezeichnet von Giuseppe Campani. Die wissenschaftliche Illustration spielt eine immer größere Rolle, auch wenn es sich nur um ein Reklameflugblatt handelt.

Sie ist weniger schön als die seines Konkurrenten Divini, doch Campani weiß die Experten zu überzeugen. Voller Bewunderung schreibt Cassini, angesichts ihrer Winzigkeit hätte er nie für möglich gehalten, dass man die Schatten auf dem Jupiter wahrhaftig beobachten könne. Fortan wird die Leistung eines Teleskops an seiner Fähigkeit gemessen, die äußersten Schatten des Sonnensystems sichtbar zu machen: Tatsächlich sind es die fernsten Schatten, die je vom menschlichen Auge erblickt wurden.

Was der Saturnbewohner sieht

Der Saturn ist Huygens' große Leidenschaft. Wir finden ihn in einem posthum veröffentlichten, in Wissenschaftskreisen weit verbreiteten Werk wieder, dem *Kosmotheoros*, in dem sich Huygens ausmalt, wie die Bewohner anderer Planeten die Astronomie aus ihrer Warte schreiben könnten. (Es ist ein Gedankenexperiment mit großartiger didaktischer Tragweite. Kepler hatte einen ähnlichen Versuch mit dem Mond unternommen, um für das kopernikanische System zu werben: Die Bewohner des Mondes wüssten genau, versicherte er, dass die Erde nicht reglos sei, denn sie *sähen* ja, wie sie sich um die eigene Achse drehe.)

Spektakulär ist die Astronomie des Saturn wegen der Monde, die den Planeten umkreisen. Es sind achtzehn, aber schon die fünf zu Huygens' Zeiten bekannten Trabanten waren gewiss sehr eindrucksvoll. Die Glanznummer ist jedoch die eigene Welt, die der Ring bildet, Protagonist atemberaubender Schattenspiele:

»Rund um die Pole liegt eine Zone ... deren Bewohner (sofern die Kälte diese Zone nicht unbewohnbar macht) den Ring niemals sehen können. An jedem anderen Punkt der Oberfläche sieht man ihn ständig während eines halben Saturnjahres, das sind vierzehn Jahre und neun Monate auf Erden, während der anderen Jahreshälfte aber ist der Ring verborgen. Wer in der ausgedehnten Zone zwischen dem Polarkreis ... und dem Äquator lebt, ... welcher unter dem Ring liegt, sieht mitten in der Nacht, solange die Sonne die ihm zugewandte Seite des Rings beleuchtet, ... einen strahlenden Bogen, der zu beiden Seiten des Horizonts emporragt, doch in der Mitte durch den Schatten des Saturn unterbrochen wird, ... häufig bis an den äußeren Rand. Doch nach Mitternacht bewegt sich der Schatten allmählich weiter: nach rechts für den Zuschauer auf der Nordhalbkugel, nach links für jenen auf der südlichen Hemisphäre. Und dieser Schatten verschwindet am Morgen, doch es bleibt die Erscheinung eines Bogens ...«

»Wenn der Schatten des Globus auf die Zone GH des Rings fällt, so bedeckt der Schatten des Rings gegen PF eine Zone des Globus,

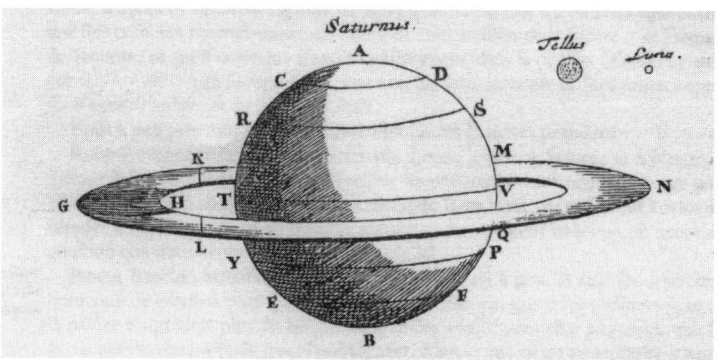

die sonst das Sonnenlicht empfinge. Folglich existiert eine Zone PYEF, manchmal ausgedehnt, manchmal schmal, deren Bewohnern lange Zeit der Anblick ebenso der Sonne wie des Rings verwehrt ist, welcher ihnen zeitweilig einen Teil des Sternenhimmels verbirgt. Und dies muss ihnen notwendig den Eindruck eines Wunders machen, denn sie befinden sich ja in einer tiefen Dunkelheit, ohne deren Ursache zu sehen.«

Das ursprüngliche Bild zeigt den Schatten des Rings, der sich von Punkt F bis Punkt P über den Planeten aufwärts zieht. Bei der Erstellung der englischen Ausgabe des *Kosmotheoros,* die 1698 erschien, griff der Kupferstecher ein und »korrigierte« den vermeintlichen Fehler der Originalausgabe: Er beseitigte den Schatten, den der Ring auf den Saturn wirft (im Bereich zwischen Punkt P und Punkt F).

Gäbe es den Ring nicht, so hätte der Stecher Recht. Der Künstler beherrscht die Regeln des perspektivischen Schattenzeichnens nur mangelhaft: Offensichtlich hat ihn sein Wissen um die Gesetze des Zeichnens in die Irre geleitet, und er fand die Form des Schattens in der ursprünglichen Darstellung widersinnig.

* * *

Dies ist also die vorläufige Bilanz des siebzehnten Jahrhunderts. Das Teleskop, das dem Licht folgt und dem Schatten der Himmelskörper auf der Spur zu bleiben versucht, hat dem Mond den strahlenden Lack abgeschlagen, so dass er fortan ein pockennarbiger

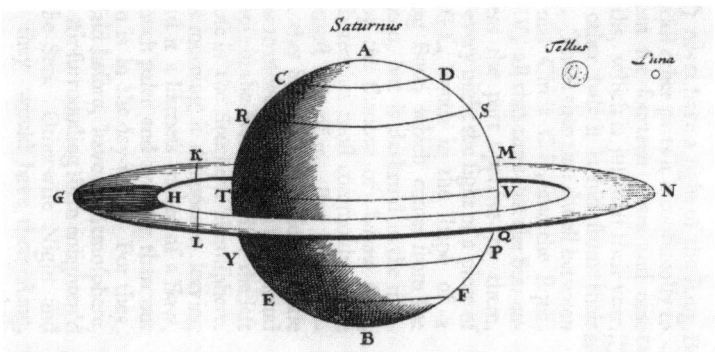

Saturn in Huygens' Kosmotheoros. Man beachte, dass auf dem Bild der englischen Ausgabe von 1698 der Schatten des Rings auf dem Planeten (in der Zone PF) verschwunden ist, vermutlich durch die Hand eines allzu eifrigen Kupferstechers, der die Version in der Originalausgabe für fehlerhaft hielt.

Steinbrocken ist; es hat die Venus in Dunkelheit gehüllt und damit entlarvt. Saturn hingegen verdankt dem Fernrohr seine Rehabilitierung: Der gemächliche Greis der klassischen Mythologie, der grausame Vater, der seine Kinder verschlingt, entpuppt sich als freundliches kosmisches Riesenspielzeug.

14

DIE GESCHWINDIGKEIT DES SCHATTENS

Wenn Saturn ein Spielzeug ist, so ist Jupiter ein wissenschaftliches Instrument. Genauer gesagt, eine Uhr.

Mir gefällt die Vorstellung, ich könnte einen Schatten erzeugen, der größer ist als der Schatten Jupiters. Wenn ich meine Katzentaschenlampe in den nächtlichen Himmel richte, dehnt sich der Schatten der Maus endlos ins Weltall aus, soweit das Licht reicht, und wird dabei immer größer, denn die Glühbirne ist kleiner als der Umriss der Maus. Hingegen sind die von der Sonne erzeugten Schatten zwar riesig, aber doch von endlicher Größe, denn gegenüber den Planeten ist die Sonne eine sehr große Lichtquelle, weshalb die Schatten aller Planeten mit einer Kegelspitze enden.

Es sind allerdings gewaltige Schatten. Von den Schatten werfenden Körpern, die um die Sonne kreisen, hat Saturn den längsten: im Schnitt hundertdreißig Millionen Kilometer (was beinahe der Entfernung zwischen Erde und Sonne entspricht). Hingegen ist der Schatten des Jupiter zwar nicht der größte, doch überragt er den Planeten immerhin noch um läppische neunzig Millionen Kilometer. In seinem dunklen Kegel verbergen sich hintereinander vier Trabanten, in der Größe mit unserem Mond vergleichbar, und kommen nach einem raschen Umlauf wieder zum Vorschein. Galilei erblickte sie als Erster; wie erwähnt, berichtete er im *Sidereus Nuncius* von seiner Entdeckung und widmete die vier Wandelsterne, wie er sie nannte, seinem Schirmherrn, der ihn dafür mit Ehren und dem ersehnten Amt des Ersten Hofmathematikers belohnte. Doch sein Dialog mit den Mediceischen Gestirnen zieht sich über zwei weitere Jahre hin, bis 1612, als es ihm endlich gelingt, ihre Umlaufperioden zu bestimmen und Jupiter in eine Uhr zu verwandeln.

Mit beeindruckender Zähigkeit verbiss sich Galilei in das Problem. Die Notizbücher, in denen er seine Anstrengungen festhielt, berichten von sehr mühseligen Fortschritten, von Ahnungen, die er bald wieder zurücknehmen musste, von widersprüchlichen Beobachtungen. Doch die Herausforderung ist nicht nur intellektueller Natur: Galilei ist fest überzeugt, dass die Bestimmung der Umlaufbahnen seiner neuen »Planeten« den Ruhm, den ihm ihre Entdeckung eintrug, gänzlich in den Schatten stellen wird – denn in den Jupiter-Trabanten erkennt er sofort die lange gesuchte Lösung für alle Probleme bei der Berechnung der geographischen Länge.

Während sich das Problem des Breitengrads (wie weit nördlich oder südlich liegt ein bestimmter Punkt von einem anderen?) relativ leicht lösen lässt, hat die Bestimmung des Längengrads (wie weit westlich oder östlich liegt ein Ort von einem anderen?) der Menschheit seit jeher ziemliches Kopfzerbrechen bereitet.

Der Unterschied zwischen den beiden Problemen wird durch die Rotation der Erde um sich selbst bedingt. Die Erdachse, die den Planeten an den Polen durchbohrt, ist eine feste Bezugsgröße. Wenn wir die Lage eines Ortes mit Hilfe eines himmlischen Anhaltspunktes bestimmen, stellt die Erdrotation kein Problem dar, im Gegenteil, wir nutzen dabei genau den Umstand aus, dass die Erdachse über einen ausreichend langen Zeitraum hinweg reglos bleibt. Wenn wir beispielsweise wissen, dass der Polarstern mehr oder weniger senkrecht über dem Nordpol steht, wissen wir auch, dass er ein fester Bezugspunkt am Himmel ist. Die Entfernung vom Pol, und somit der Stand des Polarsterns über dem Horizont, ist ein Maß für die Breite. (Am Äquator beispielsweise befindet sich der Polarstern direkt am Horizont.) Einen Ost- und einen Westpol, mit deren Hilfe sich der Längengrad ermitteln ließe, gibt es jedoch nicht: Die Richtung, an der die Länge gemessen wird, gleitet uns infolge der Erdrotation ständig aus den Händen.

Betrachten wir das Problem unter einem anderen Aspekt. Um den Winkel zwischen zwei Punkten auf der Erde zu messen, gleichgültig, ob der Länge oder der Breite nach, müssen wir zwischen diesen beiden Punkten *Informationen austauschen*, und zwar über die Neigung des Erdbodens gegen bestimmte Bezugspunkte. Eratosthenes zum Beispiel gewinnt diese Informationen aus der Messung der unterschiedlichen Schatten eines Stabs; dabei bezieht er sich auf die Richtung der Sonnenstrahlen. Sehen wir uns die Breite an. Wir wissen, dass die Schatten mit zunehmender Nähe zum Pol immer länger werden. Allerdings müssen wir darauf achten, dass wir den Schatten zum richtigen Zeitpunkt des Tages messen: Wenn ein Astronom aus Alexandria morgens den Stab betrachtet und einen langen Schatten sieht, ein Astronom aus Rom hingegen den Stab zu Mittag betrachtet und einen kurzen Schatten misst und die beiden dann ihre Ergebnisse vergleichen, gelangen sie zu der irrigen Schlussfolgerung, Rom liege südlich von Alexandria. Sie müssen sich also auf einen bestimmten Zeitpunkt einigen. Indem sie den Schatten zur selben Lokalzeit messen, vermeiden sie jede Abweichung, die durch das Vorrücken des Tages, das heißt die Erdrotation, bedingt ist. Allerdings ist der richtige Zeitpunkt leicht zu bestimmen, denn jeder Punkt auf der Erdoberfläche bewegt sich entlang der Richtung der Breitenkreise, und in einem ganz bestimmten Moment wird die Mittagslinie (der Augenblick, in dem die Sonne ihren Höchststand erreicht und der Schatten am kürzesten ist) auf Alexandria fallen, kurze Zeit später auf Rom. In diesem Fall hilft uns die Erdrotation, denn in der Praxis erlaubt er dem Alexandriner und dem Römer, durch Weitergabe der Information über den Mittag miteinander zu kommunizieren. Es genügt, den kürzesten Schatten in Alexandria mit dem kürzesten Schatten in Rom zu vergleichen.

Bei der Bestimmung der Länge ist das Problem genau umgekehrt, denn der Unterschied zwischen Lokalzeiten *ist* der Längenunterschied, und die beiden Aspekte des Schattens lassen sich nicht wie bei der Breite voneinander trennen: In diesem Fall ist die Erdrotation ein Hindernis. Wie ist das Hindernis zu umgehen?

Könnten wir nur die Botschaft nach Rom übermitteln, dass es in Alexandria *in diesem Augenblick Mittag ist* ... Wenn wir den genauen Zeitpunkt kennen, zu dem es in Alexandria Mittag ist, brauchen wir nur die Ortszeit in Rom zu bestimmen, um auszurechnen, wann es in Rom Mittag sein wird. Die Erde dreht sich in einer Stunde um fünfzehn Grad weiter; folglich ergibt der Unterschied zwischen der römischen und der alexandrinischen Ortszeit, multipliziert mit fünfzehn, den Längenunterschied zwischen Alexandria und Rom (mit einer Justierung von ein paar Minuten).

Wie aber sollen wir es anstellen, diese Information in Echtzeit von Alexandria nach Rom zu übermitteln? Heute würde ein Telefonat genügen; in der Ära vor der Erfindung des elektrischen Stroms war das natürlich keine Lösung. (Die Möglichkeit der schnellen Kommunikation über Telegraf und Telefon war der entscheidende Faktor bei der Einführung eines universellen zeitlichen Bezugssystems. Auch eine nicht ganz so schnelle Informationsübertragung, beispielsweise in einem Brief, der mit dem Zug vom einen zum anderen Ende durch die Vereinigten Staaten geschickt wird, durchkreuzt bereits die Gepflogenheit, die Zeit der lokalen Sonnenuhr in den Provinzbahnhöfen zum Maßstab zu nehmen. Die schnelle Kommunikation löst nicht nur ein für alle Mal das Problem der Längenbestimmung, sondern zwingt auch zur Einführung eines Zeitrasters, das die Welt in einen synkopierten Rhythmus presst. Als man sich zu Fuß und per Schiff von Rom nach Alexandria begab, konnte man die Uhren täglich um ein paar Minuten weiter stellen; auf einer Reise mit dem Flugzeug ist es sehr viel sinnvoller, die Zeit auf einmal um eine ganze Stunde zu verstellen.)

Um in Echtzeit eine Information über die Lokalzeit auszutauschen, müssten der Römer und der Alexandriner *dasselbe Ereignis im selben Augenblick* beobachten können. Dies bedeutet, sie müssten eine Uhr betrachten, die zwar die Zeit misst, aber von der Wirkung der Erdrotation ausgenommen ist. Würde eine auf Alexandriner Zeit eingestellte, ausreichend präzise und zuverlässige Uhr von Alexandria nach Rom geschickt, so hätte der römische Beobachter die Möglichkeit, die Lokalzeit von Alexandria und von Rom gleichzeitig zu sehen. Brauchbar wäre aber auch ein von der Erdrotation unabhängiges astronomisches Ereignis, das gleichzeitig in Rom und in Alexandria zu beobachten ist.

Verabredungen mit dem Schatten

Hier kommen die kosmischen Schatten ins Spiel: Ein für die Zeitbestimmung brauchbares Ereignis sind die Mondeklipsen. Eine Mondfinsternis ist von jedem Punkt der Erde, an dem es Nacht ist, im selben Augenblick und auf dieselbe Weise zu sehen. Es ist, als läse man eine am Himmel befestigte Uhr ab. So braucht man lediglich in Alexandria und in Rom eine Mondfinsternis zu beobachten und den Augenblick der Eklipse mit der Lokalzeit an beiden Punkten zu vergleichen: Daran lässt sich der Längenunterschied ermessen. Genau so war al-Bīrūnī vorgegangen, der schreibt: »Wenn wir im Voraus wissen, dass eine Mondfinsternis eintreten wird, und den Längenunterschied zwischen zwei Städten bestimmen wollen, sprechen wir uns im Voraus mit jemandem in jener anderen Stadt ab, der imstande sei, die [lokale] Zeit mit Instrumenten zu messen, um den Beginn und das Ende der Eklipse möglichst genau zu bestimmen.« Mondfinsternisse sind allerdings zu selten, und um eine Gemeinschaft weit voneinander entfernt lebender Astronomen zur Zusammenarbeit zu bewegen, ist ein gewisser organisatorischer Aufwand erforderlich.

Sehr viel einfacher ist es hingegen, die Jupitermonde einzusetzen, sobald man sie am Himmel sehen kann. Erstens sind es viele. Zweitens umrunden sie ihren Planeten in kürzerer Zeit als der Mond die Erde. Drittens ist die Umlaufebene gegen die Richtung der Sonnenstrahlen nur sehr wenig geneigt. Und vor allem wirft der Jupiter einen großen Schatten. Das Ergebnis ist eine ständige Aufeinanderfolge von Eklipsen. Das Jupitersystem ist eine riesige Sonnenuhr, bei der die Sonne und der Stab (Jupiter) unbewegt bleiben und die Trabanten, die in rascher Folge den Planeten umkreisen, das bewegliche Zifferblatt liefern, auf dem Jupiters Schatten die Stunden markiert. Und selbst wenn es kein gleichmäßiger Takt ist, weil die Perioden einander überlagern und die »Schläge« sich deshalb manchmal zusammendrängen, folgen die Verabredungen mit dem Schatten einer ziemlich genauen Tabelle.

Galilei zerbricht sich also einige Jahre den Kopf über die Perioden der Jupitermonde, wobei ihn der kategorische Kepler sicher nicht unterstützt, sondern ihm sogar abrät, weil er das Unternehmen für undurchführbar hält. Doch am Ende hat Galilei doch Erfolg. Sobald er das angestrebte Ergebnis erreicht hat, scheut er keine Mühe, es in die Praxis umzusetzen und als Methode zur einfachen Bestimmung der geographischen Länge vor allem für die Seefahrt nutzbar zu machen. Zwei Erfindungen zeugen von seinen Anstrengungen – das *Jupiter-Astrolabium* ist ein interessantes Instrument aus Messing, mit dem sich die Positionen der Jupitermonde nach Maßgabe der von der Erde aus sichtbaren Phänomene berechnen lassen: Konjunktion und Trennung vom Planeten, Konjunktion zweier Trabanten, Ein- oder Austritt eines Trabanten aus dem Jupiterschatten. Und das *Zelaton* ist eine unheimlich aussehende metallene Gesichtsmaske, die ein Teleskop birgt; mit dem freien Auge kann man den Planeten anvisieren, um ihn dann durch das vor dem anderen Auge montierte Fernrohr zu beobachten. Beide Instrumente sind nicht besonders leicht zu handhaben, und Galileis Versuche, verschiedenen seefahrenden Nationen seine Methode zur Bestimmung des Längengrads anzutragen und einen Lohn dafür zu erhalten, blieben fruchtlos.

Auch wenn die Methode weder Galilei den angestrebten finanziellen Erfolg einträgt, noch den Seefahrern die Positionsbestimmung auf einem Meer erlaubt, das nicht nur ohne irgendwelche Bezugspunkte, sondern auch in ständiger Bewegung ist, löst das Wechselspiel zwischen dem Jupiterschatten und der Bewegung seiner Monde das Problem der *irdischen* Längenbestimmung und führt zur Erstellung geographischer Karten, die sehr viel exakter sind als alle früheren diesbezüglichen Bemühungen. Es ist eine merkwürdige Ironie des Schicksals: Das Problem des Breitengrads hatte der Schatten auf der Erde schon knapp zweitausend Jahre früher gelöst, doch um auch die Länge bestimmen zu können, musste man erst einen Schatten am Himmel suchen; und wenn die irdischen Schatten klein sind, vergleichbar den menschlichen Artefakten, die sie messen, so ist der Jupiterschatten so riesig, dass er die ganze Erde umfassen könnte.

Zeitreisen, der Schwarze Tag und zwei moderne Schattenentdeckungen

Mit Hilfe der Sonnenfinsternisse lassen sich räumliche Unterschiede sogar noch genauer berechnen als anhand von Mondfinsternissen. In New York musste man am 24. Januar 1925 lediglich die sechsundneunzigste Straße in Richtung Norden überqueren, um von der totalen Finsternis zu einer schmalen Sonnensichel zu wechseln. In größerem Maßstab erlaubt dieses Phänomen, die Abweichung zwischen zwei Orten zu überprüfen, an denen die Eklipse zu sehen ist. (Im siebzehnten Jahrhundert war die Methode von größtem Interesse für die Verwalter der nordamerikanischen Kolonien, die sich verzweifelt bemühten, von diesem riesigen Kontinent Karten anzulegen.)

Vor kurzem fand man heraus, dass sich durch das Studium der Sonnenfinsternisse über einen langen Zeitraum hinweg noch viel feinere Unterschiede, winzige zeitliche Diskrepanzen, ermitteln lassen. Wenn sich der Klub der Sonnenfinsternistouristen mit dem Verein für Zeitreisen zusammentäte, könnte man Ausflüge zu den großen Sonnenfinsternissen der Vergangenheit organisieren. Eine Zeitreise ist zwangsläufig eine Reise in der Raumzeit, und ehe die Zeitmaschine in Gang gesetzt wird, müssen der Zeitpunkt und die Zone der angesteuerten Sonnenfinsternis genau berechnet werden. Zu diesem Zweck brauchen wir lediglich dieselben Rechnungen anzustellen, mit denen wir künftige Eklipsen vorhersagen, allerdings in umgekehrter Richtung. Aber das Leben lässt sich nicht so leicht kalkulieren, und so würde eine Reise in die Vergangenheit zur totalen Sonnenfinsternis vom 15. April 136 v. Chr. auf Mallorca erhebliche Unzufriedenheit auslösen. Kaum auf der Insel gelandet, müssten die Zeittouristen feststellen, dass überhaupt keine Sonnenfinsternis stattfindet, weil sich die Reiseveranstalter nur auf die Astronomen verlassen haben, nicht aber auf die Historiker. Sie haben nicht das im British Museum aufbewahrte babylonische Schrifttäfelchen gelesen, das sich über das betreffende Datum äußert: »Auf vierundzwanzig Grad nach Aufgang – Sonnenfinsternis. Zu Beginn gegen Südwest, auf achtzehn Grad morgens, ist die Finsternis total geworden. Venus, Merkur und die gewohnten Sterne waren sichtbar. Jupiter und Mars, die in der Periode ihrer Unsichtbarkeit waren, wurden ebenfalls sichtbar. Die Sonne warf ihren Schatten von Südwest nach Nordost.« In Wahrheit ereignet sich die Eklipse in Babylon! Es wäre nicht die einzige misslungene Reise. Richard Stephenson und Leslie Morrison haben siebenhundert Berichte über historische Sonnenfinsternisse untersucht und kamen zu dem Ergebnis, dass der Ort, an dem eine Eklipse tatsächlich beobachtet wurde, grundsätzlich weiter östlich liegt, als die modernen Berechnungen angeben. Da sich die Erde von Westen nach Osten dreht, bedeutet »weiter östlich« in Wahrheit »früher als vorgesehen«. Warum dieser Vorsprung? Die Berechnungen stützen sich auf eine konstante Rotationsgeschwindigkeit; die Schlussfolgerung, die Stephenson und Morrison ziehen, lautet, dass sich die Drehung der Erde verlangsamt. Nicht sehr: Der Tag ist heute etwa eine zwanzigstel Sekunde länger als vor zweitausendfünfhundert Jahren – auch wenn noch nicht klar ist, ob die Verzögerung konstant verläuft oder lediglich eine Phase in einem sehr viel größeren Zyklus ist.

Ein weiterer interessanter Umstand, der aus den Berichten über vergangene Sonnenfinsternisse zu Tage tritt, betrifft die Größe der Sonne. Die erste akkurate Vermessung eines Eklipsenverlaufs verdanken wir den propagandistischen Bemühungen Edmund Halleys (1656–1742), des Astronomen, nach dem der berühmte Komet benannt ist. Da er nicht über die Forschungsmittel verfügte, die für eine systematische Datensammlung nötig gewesen wären, verfasste er ein Flugblatt, dessen beunruhigende Überschrift unsere Neugier wecken dürfte: »Der Schwarze Tag oder Der Tag des

Jüngsten Gerichts, veranschaulicht durch die Große und Schreckliche Eklipse, die sich am 22. April 1715 zutragen wird.« Das Blatt, auf dem eine Karte mit der Berechnung des Eklipsenverlaufs prangt, wird von vielen gelesen, und die Briefe, die Halley in den folgenden Monaten erhält, beweisen, dass der Schatten des Mondes in Wahrheit ein wenig südlicher vorübergezogen ist als vorhergesehen. Die Karte mit der Korrektur, die Halley auf Grund der Beobachtungen vornehmen konnte, benutzte im Jahr 1980 David Dunham, der anhand der üblichen Rückrechnungsmethode feststellte, dass der Schatten kleiner war, als man auf Grund der heutigen Daten annehmen konnte – was ihn zu der Vermutung führt, dass die Sonne in der Zwischenzeit leicht geschrumpft ist.

Die Geschwindigkeit des Schattens

Die Eklipsen der Jupitermonde sind das Ticktack der großen Uhr Jupiter: ein Tick, wenn ein Trabant in den Schatten eintritt, ein Tack, wenn er heraustritt (von der Erde aus sehen wir nur das Tick oder nur das Tack, allerdings wissen wir, wie viel Zeit zwischen den beiden Momenten vergeht). Eine stabilere Uhr können wir uns kaum vorstellen. Und doch verkündet im Jahr 1676 Ole Rømer, ein dänischer Astronom, der an der Pariser Sternwarte arbeitet, eine verblüffende Erkenntnis: Die am 9. November erwartete Eklipse des ersten Jupitermondes (heute in Io umbenannt: von den damals bekannten Trabanten ist er derjenige, der dem Planeten am nächsten ist) werde mit einer Verspätung von exakt zehn Minuten gegenüber den Voraussagen der astronomischen Tabellen eintreten. Was passiert da? Ist das Jupitersystem letztlich doch nicht so präzise, wie wir glauben? Und wie kommt Rømer darauf?

Rømer hatte Jupiter mehrere Jahre lang beobachtet und das langsame Ticktack gemessen. Dabei stellte er fest, dass das Ticken bis zu dem Augenblick, in dem Jupiter und die Erde in Bezug auf die Sonne einander gegenüberstehen, langsamer wird und danach wieder beschleunigt, bis sich die Erde auf ihrer Umlaufbahn wieder zwischen die Sonne und Jupiter schiebt. Das heißt, wenn sich die Erde auf ihrer Bahn um die Sonne Jupiter nähert, beschleunigt die Uhr, und wenn sie sich entfernt, tickt die Uhr langsamer. Aber wie kommt es, dass die Bewegung der Erde das Ticktack des Mondes Io rund um Jupiter verlangsamt?

Tatsächlich bewirkt die Erde überhaupt nichts. Die Erklärung des Phänomens lautet: Es ist eine der größten Schattenentdeckungen.

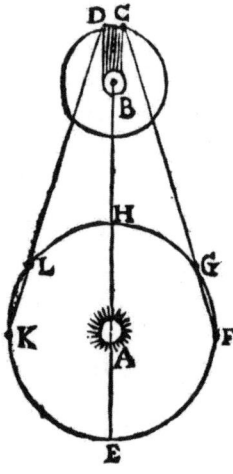

Von L nach K sieht die Erde auf ihrer Bahn um die Sonne den Eklipsenrhythmus des ersten Jupitertrabanten langsamer werden, von F nach G hingegen beschleunigt er.

Wenn Erde und Jupiter in Bezug auf die Sonne einander gegenüberstehen, ist die Entfernung zwischen ihnen am größten; am kleinsten ist der Abstand, wenn sie beide auf derselben Seite der Sonne stehen. Der Unterschied zwischen den beiden Entfernungen entspricht dem Durchmesser der Erdumlaufbahn. *Wir wissen, dass sich eine Io-Finsternis ereignet hat, weil wir sie sehen. Das Licht ist der Bote des Ereignisses. Wenn Jupiter weiter von uns entfernt ist, scheint deshalb das Ticktack des Trabanten langsamer zu werden, weil das Licht länger zu uns unterwegs war, als es braucht, wenn Jupiter uns nahe ist.* Die Eklipsen der Jupitermonde werden nicht langsamer: Es ist das Licht, das sich mit einer Geschwindigkeit fortbewegt, die zwar riesig ist, aber nicht unendlich. Rømers Entdeckung lautet also: *Die Lichtgeschwindigkeit ist endlich.*

Dies ist das letzte Feuerwerk im Krieg zwischen den Astronomen im Jahrhundert des Schattens. Ist es nicht eine merkwürdige Ironie, dass sich die Lichtgeschwindigkeit durch die Verlangsamung eines Schattens offenbart?

Vierter Teil

SCHATTENVISIONEN

Vorhang

PLATON UND SEIN SCHATTEN

In einem Olivenhain nahe Piräus. Skia, Platons Schatten, streckt sich auf der Erde aus und klettert das Mäuerchen empor, das neben dem Pfad entlangführt. Im Vorübergehen streift er eine Eidechse, die fröstelnd die Flucht ergreift.

PLATON: Eine neue Welt. Und doch ...
SKIA: Zweifelst du noch immer? Genügen dir die Taten des Galileo und all der übrigen noch immer nicht?
PLATON: Bemerkenswert sind sie in der Tat. Doch wirst du selbst einsehen, dass der Umgang mit dir nicht einfach ist. Nimm nur den Fall jenes armen Illustrators, der den Schatten des Saturnrings vergaß.
SKIA: Du hast nichts begriffen. Der Fehler ist ihm unterlaufen, weil er gar zu tüchtig war!
PLATON: Wie? Verwickelst du dich nicht in Widersprüche? Wunderlich bist du fürwahr!
SKIA: Lass es mich erklären. Es stimmt, dass der Illustrator – ein unverzeihlicher Fehler – die Ringe nicht berücksichtigt hat. Er lenkte sein Augenmerk allein auf die Kugel. Doch was geschah? In der ursprünglichen Zeichnung erschien ihm der Schatten unglaubwürdig: Das konnte nicht der Schatten einer Kugel sein. Deshalb nahm er eine Korrektur vor.
PLATON: Na und?
SKIA: Er hielt es für selbstverständlich, die Zeichnung zu korrigieren, und dies zeigt, dass zu seiner Zeit jeder Künstler die Sprache des Schattens zu verstehen hatte.

PLATON: Wer hätte das gedacht. Aber warum soll das alles so wichtig sein?

SKIA: Denk an die Wette des Galileo: Gebt mir einen Schatten, und ich rekonstruiere euch die Form. Galileo gewinnt die Wette, weil die Maler die entgegengesetzte Aufgabe für ihn gelöst haben: Gebt uns eine Form, und wir konstruieren ihren Schatten.

PLATON: Wie ist ihnen das gelungen?

SKIA: Das werden wir jetzt sehen.

15

DIE SCHATTENLINIE
UND DIE SCHATTENSTRAHLEN

> Gott liebt nur die Erwählten ... nicht alle werden gerettet:
> Dies beweisen die universale Harmonie der Dinge,
> die Malerei, die von den Schatten,
> der Gleichklang, der vom Missklang lebt.
> *Gottfried Wilhelm Leibniz,*
> Das Bekenntnis des Philosophen

Wenn Sie sich im Profil zeichnen lassen wollten, würden Sie sich eher dem Künstler anvertrauen, der Sie freihändig zeichnet, oder dem, der Ihren Schattenriss anfertigt?

Die Philosophie und die Astronomie sind Töchter des Schattens, Plinius würde gern auch noch die Malerei hinzunehmen. Der Ursprung der Malerei liege im Dunkeln, berichtet er uns; zwar nähmen die Ägypter einen Vorsprung von sechstausend Jahren für sich in Anspruch, doch das seien leere Behauptungen. Die Griechen erzählen eine hübschere Geschichte: Sie lassen die Kunst des Malens in dem Augenblick beginnen, in dem zum ersten Mal der Schatten eines menschlichen Profils an eine Mauer gezeichnet wurde. Dieselbe Legende rankt sich um den Ursprung der Bildhauerei. Drei Personen sind daran beteiligt – Butades, ein Töpfer aus Sikyon, der in Korinth arbeitet, seine Tochter und deren Geliebter. Vor der Abreise des Geliebten in ein fernes Land zeichnet das Mädchen seinen Schattenriss an die Wand. Am folgenden Tag kratzt der Vater aus dem Profil ein Basrelief. Die zeichnende Hand, die einen Schatten an einer Mauer festhält: dies ist der Beginn der Malerei und der Bildhauerei.

Vielleicht versucht der Mythos in der Zeit des Plinius – im ersten Jahrhundert v. Chr. – die Bilder der altägyptischen und griechischen Malerei zu erklären, die schwarzen Umrisse, die Fresken und Keramiken zieren und die in Griechenland als Schattenzeichnen, *skiagraphia*, bezeichnet wurden. Es sind wandernde Gestalten im Profil, und wie Schatten sind sie einfarbig und strukturlos, ohne innere Details. Doch neben der historischen Erklärung der Legende gibt es noch einen weiteren Grund, weshalb die Idee so verlockend ist, die Malerei sei aus der Linie rund um einen Schatten entstanden. Legenden werden weniger als Nachhall eines historischen Ereignisses, sondern dank der Kraft ihrer Bilder überliefert. Was an Plinius' Erzählung die Fantasie beflügelt, ist der Umstand, dass der Maler als Person in den Hintergrund tritt: *Der Schatten macht praktisch alles selbst.* Die Projektion eines Schattens ist ein natürlicher Vorgang, der geometrischen Gesetzen unterliegt, und deshalb ist das Ergebnis zuverlässig. Mit anderen Worten, es führt ein direkter Weg vom Modell zu seinem Abbild, ohne Umweg über den trügerischen Geist und die unsichere Hand eines Malers.

Das Tabu des Schattens

Allerdings gäbe es sehr wohl ein paar Gründe, den Urhebern von Abbildern zu misstrauen. Auch wenn die Geburt der Malerei angeblich dem Schatten zu verdanken ist, war der Kampf mit dem Schatten in keiner anderen geistigen Disziplin dramatischer als auf diesem Gebiet. Das offensichtlichste Zeugnis dieses Kampfes ist das beinahe vollständige Fehlen von Schatten in den Bildern aller Kulturen. In einigen seltenen Darstellungen sind die Schatten selbst Gegenstand des Bildes, so dass der Maler sie nicht ignorieren konnte; in der überwiegenden Mehrzahl der Fälle wich man dem Schatten jedoch lieber aus. In den nichtwestlichen Kulturen erscheint so gut wie kein Schatten im Bild; und in der abendländischen Kunst bis zur Renaissance erfreut er sich wechselnder Beliebtheit. Auch in späterer Zeit ist das Verhältnis zum Schatten zweideutig und nicht vollständig geklärt: In den düsteren Gemälden des Manierismus und des Barock verlieren sich die Schatten von Dingen und Personen in der Dunkelheit schlecht beleuchteter Räume.

Für die Missachtung des Schattens in der Malerei, die sehr nach einem kulturellen Tabu aussieht, können wir mehrere Ursachen annehmen. Ein tieferer Grund könnte metaphysischer Natur sein und mit den merkwürdigen Eigenschaften des Schattens im Zusammenhang stehen. Schatten sind beunruhigende Abbilder, gefährliche Verstecke für lauernde Räuber, sie sind langweilige Verdoppelungen von Gestalten. In einem Gemälde erzeugen sie letztlich nur einen überfüllten Eindruck und lenken die Aufmerksamkeit des Betrachters ab. Eine andere Hypothese lautet, dass wir normalerweise ohnehin nicht auf den Schatten achten und diese Gleichgültigkeit sich eben in der Malerei widerspiegelt.

Vielleicht ist der eigentliche Grund aber viel banaler: Einen Schatten gut zu malen ist keineswegs einfach. In den Zeichentrickfilmen tauchen die Schatten überhaupt erst seit kurzem auf – seitdem ihre maschinelle Erzeugung technisch möglich ist. Architekten und Designer schätzen die Dienste der zahlreichen Grafikprogramme, die Schatten konstruieren können. Dabei stellt sich ein zweifaches Problem: das Licht und die Geometrie. Wie schon der große Psychologe Hermann von Helmholtz (1821–1894) bemerkt hatte, benutzt ein Abbild auf einem opaken Träger – wie ein Gemälde – nur eine sehr beschränkte Anzahl von Helligkeits- und Dunkelheitswerten. Die weißeste Stelle in einem Gemälde (das Bild der Sonne zu Mittag) reflektiert kaum mehr Licht als der schwärzeste Ort (der Grund einer Höhle). Wenn wir mit halb geschlossenen Augen eine gemalte Landschaft betrachten, stellen wir fest, dass das Licht des Gemäldes zu einer erstaunlich dunklen Fläche verschwimmt. In der Realität ist das Verhältnis zwischen dem Licht der Sonne und dem Licht, das von einer beschatteten Region reflektiert wird, sehr viel größer, und es ist erstaunlich, wie viel das Gehirn beim Anblick eines Gemäldes zu rekonstruieren vermag. Ein Schatten in der Umgebung verändert die Menge des von einer bestimmten Region reflektierten Lichts ganz erheblich. Der Maler muss die Gleichung des Schattens lösen, muss ausrechnen, wie dunkel er einen bestimmten Bildausschnitt zu gestalten hat, damit das Verhältnis zwischen verschiedenen Helligkeiten ausreichend ist, um die natürlichen Kontraste anzudeuten. Sehr leicht tut man des Guten zu viel. Ein Neuling schwärzt die Schattenregionen zu stark ein; das Resultat sind schwarze Flächen ohne irgendeine Beziehung zum Licht. Die Darstellung des Schattens muss vom Licht erzählen, das Schatten erzeugt; der geringste Fehler lässt den Schatten erstarren, so dass er nur noch von sich selbst erzählt.

Zur Schwierigkeit der richtigen Dosierung von Helligkeit tritt ein geometrisches Problem. Der Schatten erzählt uns vom Licht, indem er uns dessen Herkunft verrät. Auf dem Gemälde müssen die physikalischen Linien des Lichts so verlaufen, dass sie das besondere Verhältnis zwischen der Lichtquelle, dem Schatten werfenden Gegenstand und der Form des Schattens auf einer Leinwand oder auf dem Boden wiedergeben. Diese Projektionen gehorchen derselben Mathematik, die auch der Perspektive zu Grunde liegt. Wer eine angemessene Lösung für das Problem der Schattenprojektion findet, hat auch das Problem der Perspektive gelöst.

Hilfsmittel

Die Exaktheit der Licht- und der perspektivischen Verhältnisse ist aber nicht alles; man kommt ziemlich weit, ohne sich besonders darum zu kümmern. Jedenfalls war das lange Zeit so üblich. Die Maler, die das Haus des Augustus auf dem römischen Palatin ausschmückten, führen uns vor, wie zur Zeit des Plinius, am Ende des ersten Jahrhunderts v. Chr., die Schatten eingesetzt wurden, um auch ohne Lehre von der Projektion des Schattens die räumliche Illusion zu verstärken. Es ist das kaiserliche Haus, und wir können mit Recht davon ausgehen, dass wir es hier mit einem der herausragendsten Beispiele der damaligen Kunst zu tun haben. Die Wandmalereien im so genannten »Maskenzimmer« stellen eine Architektur dar, die ins Freie führt; eine Säulenflucht begleitet das Auge – immer weiter weichen die Säulen zurück bis zu einem Fenster, hinter dem sich eine Landschaft öffnet. Diese Bilder täuschen den Blick; vielleicht hat sich der Künstler von Theaterkulissen anregen lassen, vielleicht war er selbst Bühnenbildner (die gemalten Masken hier und dort könnten seine Signatur sein). Der Säulenprospekt wird durch die Schatten an der Wand, die eine Fortsetzung des Säulengangs im Raum jenseits des Bildausschnitts andeuten, perspektivisch verstärkt. Wohlgemerkt: die Schatten sind nicht einfach Hell-Dunkel-Kontraste, sondern *geworfene* Schatten.

Beinahe perfekte Schatten: Das Maskenzimmer im Haus des Augustus auf dem Palatin zu Rom.

Trotz der bemerkenswerten dreidimensionalen Wirkung dieses technischen Hilfsmittels sieht es nicht so aus, als hätte der Künstler die Schatten im eigentlichen Sinn konstruiert. Die Schatten der Säulen sind die Anwendung einer – vielleicht aus der Natur abgeleiteten – Formel, die vermutlich auf Grund der guten Dienste, die sie bei verschiedener Gelegenheit leistete, ausgesucht und beibehalten wurde. Aber es passen eben nicht alle Gelegenheiten. Zum Beispiel wird die Formel an einer Stelle des Raumes mechanisch wiederholt, obwohl zwischen den Säulen ein Teil der Platte fehlt: gleichwohl wirft der fehlende Teil einen Schatten. An einer anderen Stelle vollführt der Schatten eines Geländers eine Biegung, die optisch unmöglich ist. Man vermutet fast eine Arbeitsteilung bei der Ausmalung von Räumen: Nachdem der Zeichner das Bild angelegt hat, geht gleichzeitig mit dem Koloristen ein Schattenexperte ans Werk, der Modelle aus einem Musterbuch abkupfert, ohne es damit allzu genau zu nehmen. Und ohne sich über den logischen Zusammenhalt der Szene den Kopf zu zerbrechen: Manchmal deuten die Schatten alle zusammen auf eine gemeinsame Lichtquelle hin (was den Restaurateuren eine große Hilfe war, wenn sie ein Fresko anhand von Bruchstücken wieder zusammensetzen mussten); manchmal aber wird punktuell eine illusionistische Wirkung erzeugt, wobei der Künstler völlig vergisst, dass es nirgends ein Licht gibt, das derart wild verstreute Schatten werfen könnte.

Ich reite deshalb so sehr auf den Fehlern in diesem einen Beispiel herum, weil ich auf einen allgemeinen Aspekt aufmerksam machen möchte. In der Geschichte der Malerei wurden die Schatten durch Versuch und Irrtum immer wieder von neuem entdeckt, und der Dialog mit dem Schatten kann uns dienlich sein, wenn wir versuchen, dem Denken nachzuspüren, das sich dahinter verbirgt – in diesem Fall dem Denken des Malers –, und hoffen, dass uns der eine oder andere Missgriff, die eine oder andere Unaufmerksamkeit im Labyrinth der Erkenntnis einen Weg weist.

Natürlich müssen wir dabei sehr behutsam vorgehen. Die kognitiven Wissenschaften befassen sich mit Individuen und den Vorgängen in deren Gehirn, und die Mehrzahl der Künstler, die wir studieren, können uns schon lange nicht mehr erklären, was sie sich wirklich gedacht haben. Wie die Arbeit einer Generation von Kunsthistorikern und -psychologen nach dem Vorbild von Ernst Gombrich und Rudolf Arnheim gezeigt hat, ist die kognitive Interpretation eines Kunstwerks das Resultat eines prekären Gleichgewichts zwischen unserer Kenntnis von Wahrnehmungsstrukturen und dem überlieferten Wissen über die Kultur, in der das untersuchte Werk entstanden ist. Unter günstigen Bedingungen können wir die kognitiven Mühen des Künstlers direkt aus seinem Werk ablesen. Früher oder später hinterlässt die Arbeit, die der Maler geleistet hat, um ein bestimmtes visuelles Problem zu lösen, eine Spur, einen Irrtum, in dem sich sein Denken offenbart.

Missglückte Schatten

Die Geschichte der abendländischen Malerei wimmelt von systematischen Fehlern; in unserem Fall könnte man geradezu von missglückten Schatten sprechen.

Sehen Sie sich beispielsweise die *Anbetung des Kindes* von Fra Filippo Lippi (1406–1469) im Dom von Spoleto an, ein Spätwerk des Künstlers.

Aus der Wand der Palastruine, in der die Krippe untergebracht ist, ragt ein Balken (unter den drei Engeln links). Der Balken wirft einen kurzen Schatten, der von links oben nach rechts unten fällt. Auch an der anderen Mauer, die im rechten Winkel dazu steht, ragen ein paar kleine Balken hervor und werfen Schatten, die für uns Betrachter von links oben nach rechts unten zu fallen scheinen. Wenn wir die Schatten sowohl nacheinander als auch im Gesamtzusammenhang des Bildes betrachten, würden wir sagen, dass das Licht aus einer einzigen Quelle oben links stammt. Wenn wir uns aber fragen, wo sich diese Lichtquelle befinden könnte, werden wir uns eines subtilen Widerspruchs bewusst. Die Richtung, in der die Schatten an der rechten Mauer fallen, setzt eine Lichtquelle *jenseits* des Hauses voraus (tatsächlich kommen die Schatten *auf uns zu*). Hingegen verlangt der Schatten links an der Mauer eine Lichtquelle *diesseits* des Hauses (andernfalls könnte der Schatten nicht auf die Wand fallen).

Auf den ersten Blick fällt keineswegs auf, dass hier etwas nicht stimmt. Vielleicht ist die Inkohärenz deshalb kaum wahrnehmbar, weil die Schatten weit voneinander entfernt sind? Oder vielleicht weil sie alle von links oben nach rechts unten fallen? Oder vielleicht ist die Inkohärenz der Schatten ganz einfach verzeihlich. Ich

Auf dem Gemälde Anbetung des Kindes *von Fra Filippo Lippi sind die Schatten der Pfähle inkohärent: Eine einheitliche Lichtquelle, die sie erzeugen könnte, gibt es nicht. Dennoch kommt uns die Szene nicht unwahrscheinlich vor: Unsere Wahrnehmung nimmt vieles noch hin, was unser Verstand als falsch erkennt.*

benutze absichtlich einen Begriff aus der Logik, wenn ich von der *Kohärenz* der Schatten spreche. Das Zeichnen und Malen – und in manchen Fällen auch die Interpretation eines Kunstwerks – weist nicht nur einen visuellen, sondern auch einen intellektuellen Aspekt auf. Wie die Wandmalerei im Haus des Augustus zeigen die Fresken im Dom von Spoleto, dass die Maler die Wirkung des Lichts in einer Szene darstellen können, ohne sich allzu sehr um den logischen Zusammenhalt des Ganzen kümmern zu müssen. Der Geist des Betrachters begnügt sich auch mit wenigen Hinweisen, um die dargestellte Szene zu rekonstruieren, und ein eventueller Widerspruch zwischen den Schatten behindert ihn dabei wenig. Um die Inkohärenz aufzuspüren, müssen wir eine Hypothese aufstellen: »*Wenn* der Schatten rechts diese Richtung aufweist, *dann* kann der Schatten links nicht in jene andere Richtung weisen ...« Bei dieser Überlegung stellen sich die Schatten als Objekte dar, die nachdenklich stimmen, weil sie sich nicht nur an das Auge richten, sondern auch an den Verstand. Oder umgekehrt: Der Verstand interessiert nicht, weil nur das Auge zählt!

Verblüffende Schatten

In manchen Darstellungen ist der Schatten selbst der Protagonist, der Maler kann also nicht umhin, ihn wiederzugeben, obwohl wir den Eindruck haben, er hätte liebend gern darauf verzichtet. In den ersten Jahren des sechzehnten Jahrhunderts malt Luca Signorelli im Dom von Orvieto einige Szenen aus Dantes *Göttlicher Komödie*. Im fünften Gesang des *Purgatorium* stellen die Seelen mit

Luca Signorelli, Dantes Schatten, Orvieto, San-Brizio-Kapelle. »Doch wie von meinem Leib das Licht sie prallen / Und meinen Schatten sahn, da, rau geendet, / Verscholl zu langem Oh das Plasmes Hallen« – »Das ließ mich horchend wieder innehalten / Und nach den staunenden Gebärden blicken, / Die mir, die mir und meinem Schatten galten.«

großer Verwunderung fest, dass Dante nicht einer von ihnen ist, denn er wirft einen Schatten.

Die Seelen der Toten sind selbst Schatten und können folglich keinen Schatten werfen. Dante ist fremd unter den Seelen, und sein Schatten entlarvt ihn. Die Szene ist dramatisch: Beinahe mit Abscheu wendet sich Dante um und betrachtet den Verräter.

Doch die Darstellung verblüfft uns.

Auf dem Fresko *werfen auch die Seelen einen Schatten.* Zwar unterscheiden sich die Seelenschatten ein wenig von Dantes lebendigem Schatten, doch in den Gemälden der Romanik und der Renaissance verschwinden die ohnehin nur sporadischen Schatten von Personen oder Gegenständen praktisch von der Bildfläche und werfen sozusagen den Schatten eines Schattens, eine Andeutung zu Füßen der Figur, die den einzigen Zweck erfüllt, das Objekt im Raum zu verankern: Bei der Darstellung einer Person muss man auf den Punkt hinweisen, wo die Person den Boden berührt, andernfalls schwebte sie auf einer nicht näher bezeichneten Höhe im Raum.

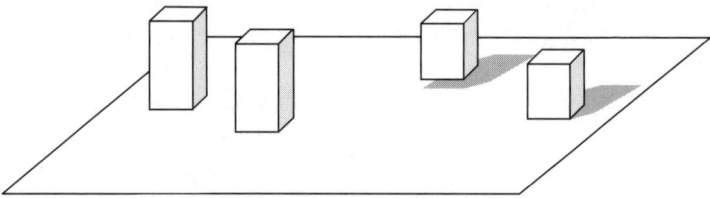

Ohne die Verankerung durch den Schatten stehen die Objekte nicht ordentlich auf dem Boden, sondern schweben irgendwo im Raum. Der Schatten weist auf das Vorhandensein einer Oberfläche und auf den Abstand zwischen Objekt und Fläche hin. Außerdem sagt er etwas über die Neigung der Oberfläche.

Der Punkt, an dem der Schatten den Körper berührt, ist außerdem der Punkt, an dem der Körper mit dem Boden in Verbindung ist. (Das ist keine Erfindung der Malerei: Bei leicht bewölktem Himmel werfen auch Sie einen winzigen, unsicheren Schatten, der wenige Zentimeter vor Ihren Füßen endet.) So einfach und ökonomisch, wie dieser malerische Trick ist, garantiert der Verankerungsschatten eine zuverlässige, universal anwendbare Wirkung. Bei der Darstellung Dantes steht Signorelli offensichtlich vor der Wahl zwischen Texttreue (schattenlose Seelen) und Lesbarkeit des Bildes (Seelen mit beiden Füßen auf dem Boden) und entscheidet sich für die zweite Lösung.

Bei näherer Betrachtung ist auch Dantes Schatten nicht befriedigend, sondern eine seltsame Mischform, und zu Recht beäugt ihn Dante mit Abscheu. Er sieht aus, als bestünde er aus zwei an den Schuhen des Dichters befestigten Verankerungsschatten und einem völlig abstrakten Oval, das gewiss nicht der Projektion von Dantes Körper und Mantel entspricht.

Dantes sonderbarer Umriss, abgeleitet aus seinem Schatten nach Signorelli.

Hier stand Signorelli keine Theorie zur Verfügung, die ihm sagte, wie das Problem der Schattenform zu lösen sei, und er begnügte sich mit einem Minimum. Er verschweißte das Stereotyp des Verankerungsschattens mit einer Innovation, einer Figur, die ein nahezu abstraktes Symbol ist, eine Hieroglyphe.

Magische Schatten und transparente Körper

Die Versuche, die Grenzen des geworfenen Schattens zu überwinden, sind spärlich, und in Ermangelung einer guten Theorie scheitern sie manchmal an Schwierigkeiten, die eher begrifflicher als gestalterischer Natur sind. Ein Beispiel ist der Schatten des hl. Petrus, der auf dem Fresko (1425) von Masaccio in der Brancacci-Kapelle von Santa Maria del Carmine in Florenz die Krüppel heilt. Die Legende verweist uns auf die merkwürdigen Kräfte des Schattens. Der hl. Petrus geht an drei ziemlich leidgeprüften Gestalten vorüber; zwei von ihnen, die sein therapeutischer Schatten bereits gestreift hat, sind geheilt und haben sich erhoben. Der Dritte ist genau in dem Moment festgehalten, in dem der Schatten seine heilige und heilende Wirkung zu entfalten beginnt.

In Masaccios Gemälde Der hl. Petrus heilt mit seinem Schatten *fällt der Schatten des Heiligen auf den durch das Wunder Geheilten, ohne ihn zu beschatten.*

Die Magie des Schattens ist das Thema des Gemäldes, und Masaccio kann sie den Betrachtern nicht verweigern. Aber er weiß nicht recht, wie er den Schatten im Raum unterbringen soll. Der dritte Krüppel kauert direkt in seiner Bahn, doch der Schatten des Heiligen gleitet – wahrhaft magisch – unter ihm hinweg, ohne ihn zu verdüstern. Licht und Schatten schlagen verschiedene Wege ein, und das Licht scheint weiter unbeirrbar auf den Bettler. Vielleicht sollen wir auch den Leib des Bettlers ebenso wie den Leib des hl. Petrus für magisch halten: Der eine ist für den Schatten transparent, der andere wirft einen Schatten, obwohl er vom Licht durchdrungen wird. An einer anderen Wand der Kapelle wiederholt sich das merkwürdige Spiel. Hier verlangt die erzählte Geschichte gar keinen Schatten, der folglich ein Geschenk Masaccios an den Betrachter ist. (Im Übrigen malt Masaccio in manchen seiner Bilder die Schatten von Menschen, nicht aber die der Bäume und Häuser, die doch ebenfalls einen nötig hätten.) Dort sind die Schatten zwar nicht von therapeutischem Wert wie bei Petri Wunderheilung, doch verhalten sie sich ebenso magisch. Es sind nur zweidimensionale Spuren auf dem Boden, die über die Menschen hinweggleiten, ohne den Lichteinfall zu beeinträchtigen, und werden von Körpern getreten, die einen Schatten haben, diesen aber

Im Tribut *von Masaccio durchqueren die Schatten Körper, ohne sie in irgendeiner Weise zu verdunkeln, und fallen auf die Erde.*

nicht auf ihre Mitmenschen werfen. Die Verdunkelungen, die am Boden haften und sich demütig unter Personen und Gegenstände schieben, sind die abstraktere und destillierte Version der Schatten. Es sind schwarze Flächen.

Die Verdinglichung des Schattens: schwarze Flächen

Kehren wir noch einmal kurz zu Plinius und seiner Legende vom Ursprung der Malerei zurück und sehen wir uns den Ablauf im Detail an.

Erstens: Der Schatten des abzubildenden Subjekts (das sich der Lichtquelle im Profil darstellt) fällt an eine Wand. So weit ist daran nichts Seltsames, Schatten und Subjekt leben friedlich zusammen, der Schatten wird als Schatten gesehen, als Ergebnis einer Projektion.

Zweitens: Mit Kohle oder schwarzem Filzstift zeichnet der Porträtist den Umriss des Schattens mit einer dicken Linie nach.

Drittens: Das Subjekt tritt zur Seite, sein Schatten folgt ihm, an der Mauer bleibt das Profil zurück.

Ungefähr so stellen wir uns die Sache vor. Doch ein Schlüsselelement ist unserer Aufmerksamkeit entgangen.

Wir müssen *versuchen*, den Ablauf zu wiederholen, um uns eines Phänomens bewusst zu werden, das man sich nicht vorstellen kann und das auch Plinius und vielen anderen Kunsthistorikern und Kommentatoren dieses Abschnitts entgangen ist (anscheinend spricht überhaupt niemand davon). Die entscheidende Phase ist die zweite, sie hat eine enorme visuelle Auswirkung. Durch das Zeichnen einer Linie um einen Schatten *verwandelt sich der Schatten*. Mit einem Mal gehört der Schatten nicht mehr dem beleuchteten Subjekt, sondern wird *eine farbige Fläche* an der Wand und führt fortan ein Eigenleben.

Ich kann nur empfehlen, das Experiment zu wiederholen. Stellen Sie einen undurchsichtigen Gegenstand, beispielsweise eine kleine Figur, auf ein weißes Blatt Papier und lassen Sie das Licht einer Lampe oder der Sonne so darauf scheinen, dass der Schatten zur Gänze auf das Papier fällt. Nun zeichnen Sie mit einem dicken schwarzen Filzstift den Umriss des Schattens nach und sehen sich das Ergebnis an. *Sie sehen keinen Schatten mehr*, sondern eine graue Fläche. Wenn Sie die Figur ein Stück zur Seite schieben, verschwindet die Fläche, und der Schatten taucht wieder auf. Was hat sich verändert? Der Bereich innerhalb der Linie hat *eine Eigenfarbe angenommen*, ein Grau, das sich von der Farbe des Schattenbereichs vor der Zeichnung der Umrisslinie deutlich unterscheidet – man nimmt es auf einmal als Farbe wahr. Hätte Sie jemand nach der Farbe des im Schatten liegenden Bereichs gefragt, bevor es die Linie gab, hätten Sie geantwortet: Weiß. (Wohlgemerkt: des Bereichs,

Der Schatten der Figur auf dem Blatt färbt das Blatt nicht grau: Wir sehen nach wie vor ein weißes Blatt, auf das ein Schatten fällt. Aber wenn wir den Umriss des Schattens nachzeichnen, verwandelt sich der Schattenbereich in eine graue Fläche. (Das Foto schwächt den Effekt zwangsläufig ab.)

nicht des Schattens selbst.) Es reicht nicht, ein Blatt in den Schatten zu legen, um seine Farbe zu verändern. Unser visuelles System ist bis zu einem gewissen Grad in der Lage, Beleuchtungseffekte zu berechnen und zu »annullieren«. Wenn sich aber ein Schatten in eine Farbfläche verwandelt, ist er nicht länger ein Schatten.

Das Zeichnen von Umrisslinien um einen Schatten, um ihn zu verwandeln, ist ein Trick, mit dem sich die Wahrnehmungspsychologen an der Schwelle zum zwanzigsten Jahrhundert viel beschäftigt haben. Die Maler jedoch kannten dasselbe Vorgehen als Fehler, den es zu vermeiden galt. Schon Leonardo da Vinci hatte beobachtet, dass die Umrisslinie den Schatten zerstört, indem es ihm ein »hölzernes« Aussehen gibt. Edwald Hering (1834–1918), einer der Pioniere bei der Erforschung des Sehens am Ende des neunzehnten Jahrhunderts, entdeckt den Leonardo-Effekt im Labor noch einmal neu und erklärt ihn damit, dass die Linie *den Halbschatten auslöscht* und dem Schatten seine Eigenschaft als Begleiterscheinung des Lichts raubt.

Das Merkwürdige ist, dass der Umriss uns auch allein, getrennt von der Schattenfläche, über die Anwesenheit eines Schattens informieren kann. 1969 hat J. M. Kennedy zehntausend Zeichnungen aus verschiedenen künstlerischen Richtungen untersucht und bemerkte dabei, dass sich keine bei der Darstellung eines geworfenen Schattens mit den Umrisslinien begnügte. Ist das eine künstlerische Übereinkunft, oder handelt es sich um eine Schwierigkeit der visuellen Wahrnehmung? Kennedy führte nun ein Experiment durch und zeigte den Teilnehmern verschiedene Zeichnungen mit konturierten Schatten. Bestimmte grafische Methoden, die sich aus der Fotografie entwickelten, wobei durch sehr starke Kontraste oder Solarisation die Gestalten auf ihre Umrisse reduziert werden, waren damals noch nicht üblich, so dass die Versuchsteilnehmer noch nie Bilder von Schatten gesehen hatten, die lediglich aus Umrissen bestanden. Es fiel ihnen aber nicht schwer, die Umrisse als Schatten zu erkennen. Wurden die Umrisse hingegen mit Formen ausgefüllt, beispielsweise einem Tapetenmuster, so waren die Versuchsteilnehmer verwirrt und konnten den Schatten nicht mehr erkennen. Kennedy leitet daraus drei typische Merkmale des Schattens ab: Fehlen einer inneren Struktur, Lokalisierung auf einer Oberfläche und Zweidimensionalität.

Wenn es also wahr ist, dass der Schatten die Malerei erfunden hat, dann war die eigentliche Ursache die Linie, die ihn vom Licht trennt und daraufhin ein eigenes Leben zu führen begann.

Die Erkenntnis von Schatten und Farbflecken

Die Maler haben große Mühe, Schatten darzustellen, und erzeugen stattdessen die von Leonardo gefürchteten hölzernen Gebilde. Doch obwohl die Schatten *keine* grauen Flächen sind, müssen die Maler merkwürdigerweise lernen, sie als graue Flächen zu sehen, denn im Bild werden die Schatten (und mit ihnen sämtliche Gegenstände) letztlich als Flächen wiedergegeben. Die Maler wenden dabei einen einfachen Trick an. Sehen Sie sich durch ein Rohr aus Karton eine einheitlich weiße Keramiktasse an, auf die ein Teilschatten fällt: Sie können sie zweifarbig oder gefleckt sehen. Die Grenze zwischen dem Bereich im Schatten und dem Bereich im Licht ist jetzt eine Grenze zwischen zwei Farbflächen, Sie haben nicht mehr den Eindruck eines Schattens. Dies bedeutet, dass unter bestimmten Umständen ein Schatten als solcher nicht ausreicht, um ihn auch als Schatten zu identifizieren. Warum sehen wir dann normalerweise keine grauen Flecken an Stelle des Schattens, nachdem das Auge doch *auf jeden Fall* eine graue Fläche registriert? Offensichtlich »löscht« das Gehirn die grauen Bereiche des Schattens aus dem Bild. Darüber hinaus strengt es sich sehr an, um die Schatten zu rekonstruieren, die den gelöschten Flächen entsprechen, und an den richtigen Platz zu setzen – als Schatten.

Warum wendet das Gehirn so viel Energie auf, um visuelle Eindrücke zu zerlegen und neu zusammenzusetzen?

Da es sich dabei um einen blitzschnellen Vorgang handelt, können wir annehmen, dass das gesamte Verfahren ein atavistischer Überrest ist, eine Eigenschaft, die uns seit Urzeiten begleitet und zum kognitiven Erbe unserer stammesgeschichtlichen Vorfahren gehört. Für das Gehirn ist es vorteilhaft, zwischen vorübergehenden und dauerhaften Zuständen unterscheiden zu können, um die Veränderungen der Umwelt ständig im Auge behalten zu können. Ein weißer Gegenstand mit einem grauen Bereich ist ein zweifarbiges Objekt. Ein weißer Gegenstand, auf den ein Schatten fällt, ist ein einfarbiges Objekt, das auch als einfarbig zu gelten hat. Ein Fleck, eine farbige Fläche, ist eine (halb) dauerhafte Eigenschaft eines Objekts, ein Schatten hingegen eine absolut vorübergehende Eigenschaft. Ist mit dem Boden, auf dem ich gehe, etwas passiert, oder ist die Veränderung nur flüchtig und infolge meines Schattens eingetreten? Wenn wir zwischen den beiden Fällen automatisch unterscheiden können, müssen wir uns nicht bei jedem Schritt Gedanken machen und dadurch wertvolle Zeit verlieren.

Wenn die endgültige Bildfolge erzeugt wird, der Film der Realität, wie wir sie sehen, füllt das Gehirn den Bereich, aus dem es den grauen Fleck gelöscht hat, mit *drei* Informationen wieder an: mit der Farbe (ohne Schatten) des Objekts im Bereich des Flecks, der Anwesenheit eines Schattens und mit einer beruhigenden Botschaft: »Der Zustand ist nur vorübergehend, gib dich nicht weiter mit ihm ab.«

Der Inhalt des verlorenen Buches

Dennoch müssen die Maler den Schatten studieren, wenn sie ihn überzeugend wiedergeben wollen.

Jahrhundertelang fällt es ihnen schwer, Schatten darzustellen; sie führen einen Kampf, dessen Spuren sich in den Abhandlungen über die Malerei der Renaissance wiederfinden. Leonardo da Vinci kämpft in der ersten Reihe. Anscheinend verfügt er über sämtliche Elemente, die er braucht, um in einem Gemälde auch die Schatten wiederzugeben, ist jedoch nicht imstande, sie zu einer geordneten Theorie zusammenzufassen. Folgendes hat sich ereignet: Leonardo übernimmt von seinen Vorgängern ein Schema, das den Eigenschatten und den Hell-Dunkel-Kontrast (und in geringerem Maß den geworfenen Schatten) in der so genannten Dreierregel kanonisiert: *Verwende drei Helligkeitsabstufungen, um sämtliche Lichteffekte zu erreichen – hell für den beleuchteten Teil, mittel für den Übergang, dunkel für den Bereich im Schatten.* Diese ganz einfache Regel befriedigt das Auge, ohne dem Maler allzu viel Kopfzerbrechen zu bereiten; mit einem Minimum an Aufwand erzielt man ein Maximum an optischer Wirkung. Um 1490 beschließt Leonardo, dem Problem auf den Grund zu gehen und herauszufinden, was es mit dem Schatten wirklich auf sich hat. Das Ergebnis ist eine Theorie, die den Schatten dem Licht gegenüberstellt, doch die beiden Phänomene bedingen einander gegenseitig und verweisen aufeinander. Der merkwürdigste Teil an Leonardos Theorie ist Folgender: Der Eigenschatten ist aktiv und sendet Strahlen aus, die *Schattenstrahlen*. Lassen wir Leonardo selbst zu Wort kommen:

»Der Schatten ist Entzug des Lichts. Da mir die Schatten bei der Perspektive unverzichtbar erscheinen und da ohne sie die Form undurchsichtiger und dunkler Körper und auch das, was im Inneren des Schattens ist, sowie seine Grenzen kaum zu verstehen sind ... aus allen diesen Gründen verkünde ich im ersten Satz des Schattens, dass jeder menschliche Körper an der Oberfläche von Schatten und Lichtern umhüllt und eingefasst ist, und darauf gründe ich das erste Buch. Ferner sind die Schatten von unterschiedlicher Beschaffenheit und Dunkelheit, weil sie von unterschiedlich viel Licht verlassen werden. Diese nenne ich die Ursprungsschatten, weil es die Ersten sind, die den Körper, an welchem sie haften, umhüllen, und darauf werde ich das zweite Buch errichten. Diese Ursprungsschatten versenden Schattenstrahlen, die sich in der Luft ausbreiten und von so großer Mannigfaltigkeit sind wie die vielfältigen Ursprungsschatten, von welchen sie herstammen; deshalb nenne ich sie Ableitungsschatten, weil sie von anderen Schatten abstammen, und darüber wird das dritte Buch entstehen. Die Ableitungsschatten zeigen je nach dem Ort, auf den sie fallen, unterschiedliche Wirkung, und darüber will ich das vierte Buch schreiben. Und da das Auftreffen des Ableitungsschattens stets vom Auftreffen von Lichtstrahlen umringt ist und, da er reflektiert wird und zu seinem Ursprung zurückkehrt, auf den Ursprungsschatten trifft, werde ich darauf das fünfte Buch errichten. Ferner soll noch ein sechstes Buch folgen, in welchem die verschiedenen Änderungen der sich daraus ergebenden reflektierten Strahlen erforscht werden ...«

Von Leonardos *Buch der Schatten* ist nur der um 1490 verfasste Entwurf übrig, hier in einer Version wiedergegeben, die weniger blumig ist als das Original. Ob Leonardo je dazu kam, das eine oder andere Kapitel auszuarbeiten, ist nicht bekannt; es sind uns einige Spuren seiner theoretischen Untersuchungen über den Schatten erhalten, die jedoch nicht auf ein organisches Werk schließen lassen. Das Projekt aber ist nichts Geringeres als eine Naturgeschichte des Schattens von dem Moment, in dem das Licht den Körper beleuchtet, bis zur Projektion des Schattens auf einem Schirm und darüber hinaus. Wir können Leonardos Hypothese mit einer Schemazeichnung veranschaulichen, die unter dem harmlosen Aussehen eine bizarre Idee verbirgt.

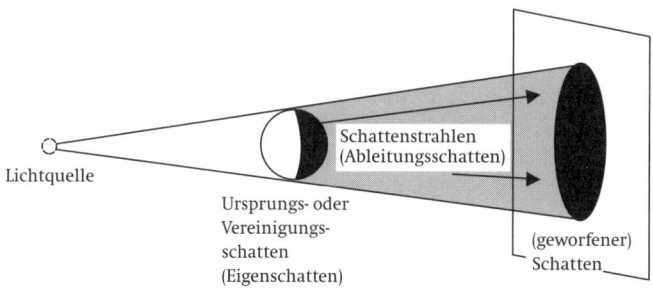

Der Ursprungsschatten (auch *Vereinigungs*schatten genannt) ist derjenige, der sich nicht vom Körper löst. Er ist kein passives Phänomen, denn er lenkt die Lichtstrahlen von sich ab und versendet Schattenstrahlen (*Ableitungs*schatten), die dann auf einem Schirm auftreffen und den geworfenen Schatten erzeugen (auch der *getrennte* genannt: in der malerischen Sprache jener Zeit nennt ihn Leonardo *lo sbattimento*, »das Schlagen«). Die Schattenstrahlen als solche sind unsichtbar. Wenn wir eine Kugel von unten beleuchten, sagt Leonardo, erzeugen wir ein Bündel von Schattenstrahlen, die ebenso unsichtbar sind und sich am Himmel verlieren wie die Schatten, die der Mond und die Erde in den nächtlichen Himmel werfen.

Schattenstrahlen: Der Schatten ist ein schwarzes Licht

Diese Schattenstrahlen machen uns neugierig. Natürlich ist die Theorie falsch, und darüber ist sich auch Leonardo im Klaren, wenn er sagt, Schatten sei Entzug von Licht. Aber auch eine falsche Theorie kann durchaus überzeugend sein. Tatsächlich erklärt das Pseudokonzept der Schattenstrahlen eine *geometrische* Eigenschaft des Schattens, indem sie ihm eine besondere *physikalische Natur* zuschreibt. Der Begriff wendet sich an den Physiker, damit der Geometer versteht. Die Zweideutigkeit liegt in der Vorstellung von Projektion. Das Licht breitet sich physikalisch aus und beschreibt damit eine geometrische Projektion; der Schatten hingegen ist *nur* eine geometrische Projektion, keine Ausbreitung. Abwegig ist diese Verwechslung allerdings nicht – wir brauchen bloß an das *farbige Licht* zu denken. Wenn wir sagen könnten, der Schatten sei ein farbiges Licht, erhielten wir eine hübsche Vereinigung zweier optischer Phänomene. Die Gleichsetzung von farbigem Licht und Schatten regt unsere Fantasie an und erlaubt uns, den Schatten als Grenzfall des Lichts anzusehen. Diese Interpretation rekonstruiert eine mögliche Überlegung Leonardos, wie mehrere Textpassagen bekräftigen: zum Beispiel auf Blatt 658 Rekto des *Codex Atlanticus*, wo Leonardo die Überlagerung von Schatten und die Überlagerung farbiger Lichter nebeneinander stellt. Es wurde darauf hingewiesen, dass diese Studien Leonardos nicht das Ergebnis empirischer Beobachtungen sind, sondern auf *a-priori*-Überlegungen basieren; Leonardo ist sehr viel weniger experimentell orientiert, als man gemeinhin annimmt. Tatsächlich erfasst er einen Aspekt der naiven Vorstellung vom Schatten, weshalb ich der Versuchung, an dieser Stelle ein weiteres Schattenrätsel einzufügen, nicht widerstehen kann.

Zwickmühle Nummer acht: Der grüne Strahl

Ich halte eine Scheibe aus grünem Glas (einen Flaschenboden) zehn Zentimeter über dem Tisch unter eine Lampe; auf dem Tisch entsteht ein grüner Bereich.

Wirft das Glas *einen grünen Schattenkegel oder einen grünen Lichtkegel*?

Sagen wir, es ist ein grüner Schatten. Dabei stellt sich allerdings ein Problem: Wenn ich das Glas anhebe, bis die Lampe völlig abgeschirmt ist, wird das ganze Zimmer von einem grünen Licht erfüllt – aber ich kann eigentlich nicht sagen, dass ein grüner Schatten auf dem Zimmer liegt. Fangen wir also von vorn an und sagen, dass auch der Fleck auf dem Tisch ein grüner *Licht*fleck ist. Gut. Nehmen wir ein graues Glas. Können wir sagen, dass es einen grauen Lichtkegel wirft? Und wenn wir ein noch graueres Glas nehmen, erhalten wir dann ein dunkelgraues Licht? Und wenn das Glas undurchsichtig ist, wirft es ein schwarzes Licht? Oder wirft es einfach einen Schatten? *Welcher Unterschied besteht dann zwischen Licht und Schatten?* Vielleicht hat Leonardo letztlich doch Recht?

Die Zwickmühle funktioniert folgendermaßen: Wenn wir sagen, dass das grüne Glas einen grünen *Schatten* wirft, müssen wir daraus den Schluss ziehen, dass eine von dem Glas abgeschirmte Lampe einen grünen Schatten über das ganze Zimmer legt – während wir lieber von einem grünen Licht sprächen. Wenn wir hingegen sagen, das grüne Glas wirft ein grünes *Licht*, müssen wir den Schluss ziehen, dass ein graues Glas ein graues Licht wirft (und ein immer graueres, je mehr wir das Glas einschwärzen) und nicht einen grauen Schatten. Keine der Beschreibungen, von denen wir ausgegangen sind, trifft jetzt noch zu. Mit seinen Schattenstrahlen ist Leonardo der Zweideutigkeit aufgesessen, die dem Begriff des Schattens von Natur aus anhaftet.

Es gibt eine Lösung für das Dilemma, die den Gesetzen der Physik Rechnung trägt und über die allgemeine Auffassung vom Schatten hinausgeht. Das grüne Glas filtert sämtliche Wellenlängen aus, bis auf jene, die der Farbe grün entsprechen. Deshalb blendet es alle anderen als die grünen Bestandteile des Lichts als Schatten aus. Das graue Glas hingegen filtert das Licht in mehr oder weniger allen Wellenlängen. Da es keine bestimmte Art von Licht auswählt, können wir sagen, dass es bezüglich des weißen Lichts einen Teilschatten wirft. Sowohl das graue wie das grüne Glas wirft also einen Schatten, und die Behauptung, das grüne Glas erzeuge ein grünes Licht, ist falsch. Aber was passiert, wenn das grüne Glas die Lampe komplett abschirmt? Auch dann müssten wir von einem Schatten sprechen, nicht von einem grünen Licht. Ich glaube, in diesem Fall fällt es uns deshalb so schwer, von einem Schatten zu sprechen, weil die Vorstellung von Schatten normalerweise eine Schattenlinie voraussetzt, eine Abgrenzung gegen das Licht; diese jedoch fehlt, wenn die Lampe komplett abgeschirmt wird.

Ein Experiment kann uns eine indirekte Bestätigung dafür liefern, dass Schatten und farbige Lichter falsche Freunde sind. Nehmen wir an, in der Mitte einer Theaterbühne steht eine Säule. Links der Bühne hängt ein Scheinwerfer, der die Säule mit rotem Licht beleuchtet, von rechts beleuchtet ein Scheinwerfer die Säule mit blauem Licht. Die Säule wirft zwei Schatten in entgegengesetzte Richtungen, deren Umrisse in der folgenden Zeichnung wiedergegeben sind. Die Aufgabe besteht nun darin, dass Sie sich einen roten und einen blauen Stift besorgen und die Schatten entsprechend einfärben.

Wenn Sie den linken Schatten blau und den rechten rot eingefärbt haben, heißt dies, dass Sie den Schatten als farbiges Licht betrachten. In Wahrheit ist der linke Schatten rot, denn er ist die einzige Stelle auf der Bühne, die kein blaues Licht empfängt und

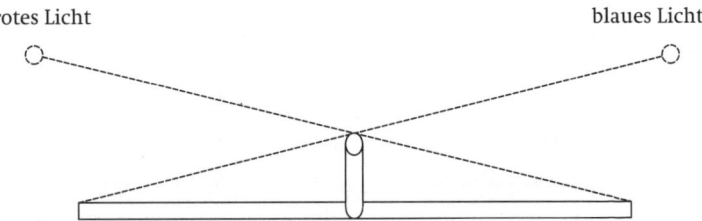

folglich nur von der roten Lampe beleuchtet wird! (Entsprechend ist der Schatten auf der rechten Seite blau.)

Es bleibt uns eine letzte kognitive Kuriosität. Warum sagen und denken wir, Schatten würden *geworfen*? Warum denken wir an eine *Bewegung* vom Objekt zum Schatten? Nehmen wir vielleicht das Licht als Modell des Schattens? Nein. Die Analogie mit dem Licht ist unbrauchbar: Zwischen der Lichtquelle und einem Lichtfleck findet tatsächlich eine Energieübertragung in eine bestimmte Richtung statt. Zwischen *dem Schatten werfenden Objekt und der beschatteten Fläche hingegen bewegt sich nichts*, und folglich gibt es auch keine bevorzugte Richtung (es sei denn, wir nehmen die Idee von der Geschwindigkeit des Schattens ernst!). Warum erfindet dann unser Verstand eine Richtung und spricht von *Projektion*? Der Sprachwissenschaftler Len Talmy hat dieses und andere Bewegungsbilder untersucht, die sich in den sprachlichen Wendungen eingenistet haben; er meint, wir stellen uns deshalb eine Richtung vom Schatten werfenden Körper zur beschatteten Fläche vor, weil damit die Abhängigkeit des Schattens vom Körper angedeutet wird. Die Asymmetrie der Bewegung dient dazu, eine Asymmetrie der Abhängigkeit zu beschreiben. Diese Theorie erscheint mir zutreffend. Im Übrigen enthält sie ein nettes Detail, das ich Ihnen nicht vorenthalten möchte: Zur Widerlegung der Vorstellung von einer konkreten Projektion des Schattens sagt Talmy im Scherz, die Projektion von Schatten könne schon deshalb keine physikalische Tatsache sein, weil es keine schattenhaften Entsprechungen zu den Photonen gebe – er nennt sie *shadowons*, wörtlich »Schattonen« (eine andere mögliche Bezeichnung wäre »Skionen«). Kurioserweise hat Talmy damit – in der modernen Version – den Pseudobegriff der Leonardoschen Schattenstrahlen nacherfunden.

Was die Lampe (nicht) sieht

An Einfällen mangelt es Leonardo da Vinci gewiss nicht, eher fehlt ihm das Interesse, an Stelle der unangemessenen physikalischen Theorie eine mathematische Theorie über die Projektion von

Schatten zu entwickeln. Dieses Desinteresse ist bedauerlich, denn Leonardo ist sich durchaus bewusst, dass die Projektion des Schattens und die perspektivische Projektion zwei Aspekte ein und derselben Sache sind. So schreibt er: »Im Dienst der Perspektive unterscheidet sich das Licht in keiner Weise vom Auge. Der Grund, weshalb sich das Licht nicht vom Auge unterscheidet, insofern es das Ding hinter dem ersten Gegenstand verliert, ist der Folgende: Du weißt, dass der Sehstrahl in der Geschwindigkeit und im Zusammenfall der Linien dem Schattenstrahl ähnlich ist.« Und er fertigt eine Zeichnung an, die aufschlussreicher nicht sein könnte:

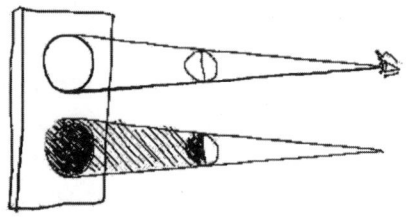

Zeichnung von Leonardo: Das Auge ist wie eine Lichtquelle.

Die Analogie ist einleuchtend: *Schatten ist dort, wohin das Licht nicht sieht.* Tatsächlich ist der Schatten genau das, was die Lichtquelle *nicht* sieht. Die Lampe sieht nur, was sie beleuchtet; die beschatteten Dinge befinden sich hinter den beleuchteten Objekten, die den Schatten vor der Sicht der Lampe abschirmen. Aus demselben Grund erkennen wir, wenn wir den Schatten betrachten, den Umriss aller Gegenstände aus der Sicht der Lampe. Falls Sie einmal gezwungen sein sollten, an einer langweiligen Konferenz teilzunehmen, kann ich Ihnen eine nette Ablenkung empfehlen: Während Sie die Worte lesen, die der Overheadprojektor an die Wand wirft, stellen Sie sich vor, Sie stünden dort, wo sich die Lampe des Projektors befindet. Wenn der Vortragende seine Folien bewegt, sehen Sie seine Hände, als befänden Sie sich unmittelbar darüber. Der Schatten hilft uns, einen Standpunkt zu begreifen, der nicht unser eigener ist. Wenn ein Objekt und sein Schatten im selben Bildausschnitt sichtbar sind, so ist das, als hätten wir zwei verschiedene Standpunkte. Das ist *beinahe* eine Form von

Binokularsehen – »beinahe« deshalb, weil der Schatten und das Objekt nicht zu einem einzigen Bild zusammengesetzt werden, wie es bei der normalen binokularen Wahrnehmung der Fall ist, sondern die Synthese ist hier das Ergebnis eines Denkprozesses: sozusagen das binokulare Sehen des geistigen Auges.

Nun fehlt uns nur noch ein Schritt, um das geistige Verständnis des Schattens und seine bildnerische Darstellung zusammenzufügen: Man zeigt einem Versuchsteilnehmer eine (gelöschte) Lichtquelle und fordert ihn auf, den Umriss des Schattens zu zeichnen, der sich ergäbe, wenn das Licht eingeschaltet würde. Das ist keine leichte Aufgabe. Die Psychologen Piaget, Inhelder und Ascoli haben daraus ein Experiment entwickelt, um festzustellen, wie sich beim Kind die Fähigkeit herausbildet, die Form eines Schattens in Abhängigkeit von der Position der Lichtquelle zu erfassen. In einem ersten Stadium zeigen die Zeichnungen den Umriss des Gegenstands aus der Perspektive des Kindes, nicht der Lampe; erst später wird auch die »Sicht« der Lampe berücksichtigt.

Diese Zeichenaufgabe veranschaulicht die enge Verwandtschaft zwischen der Projektion des Schattens und der Perspektive. Für die Künstler und Meister der Perspektive war der Schatten als Projektionsobjekt *par excellence* zwangsläufig von Interesse.

16

SCHATTENVERFLECHTUNGEN

> Über einen Schatten lässt sich schwerlich urteilen.
>
> *Cyrano de Bergerac*

Nach der Legende, die uns Plinius erzählt, zeugte der Schatten eine edle Tochter, die Malerei. In der Renaissance will der Schatten die Legende offensichtlich bekräftigen, ja sogar noch über sie hinausgreifen: Vielleicht gab der Schatten den Ausschlag zur Erfindung der Perspektive in der Malerei.

Für die perspektivische Darstellung beispielsweise einer Anzahl von Personen, die in einer Reihe auf den Betrachter zukommen, muss ein Teil der Figuren näher, ein anderer Teil weiter entfernt erscheinen. Die einfachste Methode besteht darin, die Personen, die entfernt wirken sollen, kleiner zu zeichnen als jene, die uns näher erscheinen. Allerdings erzielt die Verkleinerung (oder »Verkürzung«) häufig nicht den gewünschten perspektivischen Effekt. Hat man erst einmal zu verkürzen begonnen, kann man nicht mehr damit aufhören, sondern muss alle weiteren Objekte der Szene verkürzen und die Wirkung berechnen, die durch die Verkleinerung jedes einzelnen Objekts entsteht. Ein winziger Fehler reicht aus, um den angestrebten Effekt zu vereiteln.

Deshalb wäre eine Methode hilfreich, die das Problem der Verkürzung ein für alle Mal löst und erlaubt, jedes Objekt im Bild zu *konstruieren*. Die gelungensten Konstruktionen versuchen die Art und Weise wiederzugeben, wie die Gegenstände in der Realität aneinander gefügt sind, oder jedenfalls den Eindruck einer plausiblen Fluchtlinie hervorzurufen (die graue Figur in der folgenden Zeichnung, die auf der linken Seite wie ein Kind und rechts wie ein Erwachsener wirkt, weil ihr Kopf nicht mit der Fluchtlinie übereinstimmt). Wenn Sie Bilder aus der Vorrenaissance betrachten, werden Sie häufig den Eindruck haben, dass *manche* Fluchtlinien eingehalten wurden, aber nicht alle. Die Perspektive der Renaissance ermöglicht die Wahrung sämtlicher Fluchtlinien, zumindest gaukelt sie dem Betrachter vor, dass alle Fluchtlinien eingehalten würden. Das Geheimnis des Erfolgs liegt darin, dass die Perspektive der Renaissance als eine *Projektion* von der Wirklichkeit zum Auge des Betrachters quer durch das Bild wirkt. Die Mathematik, die Projektionen verschiedener Art beschreibt, nennt diese die Zentralprojektion (es gibt ein »Zentrum«, den zentralen Fluchtpunkt, von dem die Projektionsstrahlen ausgehen). Die Zentralprojektion verkürzt die Objekte und behält die Fluchtlinien bei.

Doch auch die von einer Lampe erzeugten Schatten sind das Ergebnis einer Zentralprojektion. Es ist durchaus möglich, aus der Erforschung der Schatten die Gesetze der Perspektive abzuleiten. Handelt es sich hier lediglich um eine Möglichkeit?

Ein Kind vor einer Schlange von Erwachsenen und ein Erwachsener vor einer Schlange Kinder. In Wirklichkeit haben sowohl die grauen als auch die weißen Figuren in beiden Abbildungen die gleiche Größe.

Was den Ablauf der Ereignisse betrifft, der in der Renaissance zur Entdeckung der Methoden perspektivischer Konstruktion führte, herrschen einige Unklarheiten, und an Hypothesen mangelt es nicht. Zum Beispiel wurden häufig die *Fenster* oder die Spiegel als Hilfsmittel genannt, die zur Entdeckung der für die Bildkonstruktion erforderlichen Geometrie geführt hätten. Die Idee ist einfach: Studiere aufmerksam, was auf dem Fenster- oder Spiegelglas erscheint, und du wirst lernen, perspektivisch korrekte Bilder zu konstruieren.

Der Kunsthistoriker George Bauer trat hingegen für den Schatten ein. Auch hier steht ein einfacher Gedanke dahinter. Die Maler hätten für die Szenen und Figuren, die sie malen wollten, Modelle eingesetzt, deren Schatten auf eine Leinwand projiziert und das Gitterwerk der Fluchtlinien erblickt. Durch das Studium der Schatten, die ja nichts anderes sind als Projektionen, hätten die Künstler die Grundregeln der Perspektive begriffen.

Ich will versuchen, beide Hypothesen zu würdigen. Mein Vergleich ist lediglich eine Vermutung und nur beiläufig historisch. Er betrifft das, was Fenster oder Schatten bewirken *können*, nicht das, was sie nach Ansicht mancher tatsächlich bewirkt haben.

Natürlich, es ist eine Sache, mit Hilfe der Schatten die Gesetze der Perspektive zu entdecken; etwas ganz anderes ist es, in der Praxis der Malerei Schatten werfende Modelle einzusetzen, um sich die Bildkonstruktion zu erleichtern. Diesen Unterschied müssen wir bei den folgenden Ausführungen im Auge behalten.

Das Fenster und der Spiegel

Ehe wir uns mit den historischen Anhaltspunkten zu Gunsten der Schatten befassen, sehen wir uns die Logik von Bauers Theorie an. Was braucht es denn schon, könnte man sich fragen, um die Regeln der Perspektive zu entdecken? Wir brauchen doch nur ein Glas oder einen Spiegel zwischen die Szene und uns zu schieben, die Umrisse der Objekte zu zeichnen, wie sie uns durch das Glas erscheinen, und dann die Eigenschaften der Formen und Gestalten zu untersuchen, die wir gezeichnet haben – dann entdecken wir die perspektivische Verkürzung, entdecken wir die Fluchtlinien.

Das Bild wird häufig als Fenster zur Welt bezeichnet. Albrecht Dürer (1471–1528) hat in einer berühmten Zeichnung sogar die Anweisungen zum malerischen Gebrauch des Fensters geliefert.

Erforderlich sind ein Maler und ein Gehilfe. Stellen Sie sich die beiden bei der Arbeit vor. Der Maler heftet den Blick auf einen Punkt; tatsächlich hat er sogar einen Nagel in die Wand geschlagen. Vor ihm auf dem Arbeitstisch steht ein Rahmen mit einem Fensterflügel, der sich öffnet und schließt und in den das Zeichenpapier eingespannt ist. Der Gehilfe spannt eine Schnur vom Nagel bis zu dem ausgewählten Punkt des darzustellenden Objekts, einer Laute jenseits des Fensters. Der Maler fixiert nun mit sicherer Hand die Position, in der die Schnur den Rahmen durchquert. Dann wird das Fenster geschlossen, und auf dem Blatt erscheint der vom Maler festgehaltene Punkt. Nach vielfachen Handgriffen des Gehilfen erscheint auf dem Blatt eine Anordnung von Punkten, in der wir die Gestalt einer Laute erkennen. Eine mühselige Arbeit.

Wir müssen uns klarmachen, warum diese Analogie trügerisch ist.

Die unbequeme Konstruktion der Perspektive in Albrecht Dürers Underweysung der Messung, *Nürnberg 1525.*

Bei der Fenstermethode liegt die Projektionsfläche *zwischen dem Maler und dem Bildobjekt*. Genau wie das Fenster öffnet sich auch das Bild auf die Szene. Die Analogie will unserer Vorstellungskraft als frappierend erscheinen, in Wahrheit ist die Ähnlichkeit jedoch nur sehr oberflächlich. *Wegen der optischen Parallaxe* sind der Spiegel und das Fenster vom Bild völlig verschieden. Wenn Sie vor einem Fenster oder einem Spiegel stehen und einen Schritt nach links oder rechts gehen, verändert sich Ihre Beziehung zu den verschiedenen Elementen, die Sie vor sich sehen; die Blume, die zuvor rechts neben dem Schwert zu liegen schien, erscheint jetzt links. Stehen Sie hingegen vor einem Bild, ändert sich an diesen Beziehungen nichts (allenfalls ändern sich die Sichtverhältnisse – allzu weit können Sie nicht zur Seite treten). Und Dürers Maler muss in der Tat den Blick »festnageln« und eine sichere Hand haben.

In dieser Hinsicht bietet die Methode der Schatten als Erzeuger von Bildern einen Vorteil: Wir haben eine Projektionsfläche *jenseits der Szene*. Der Maler muss nicht reglos in ein und demselben Blickwinkel ausharren: Die Reglosigkeit ist die Aufgabe der Lampe. Stattdessen kann der Maler das Geflecht der Schatten aus der Nähe betrachten, kann die Konstruktionslinien zeichnen und sie studieren, während er sich frei bewegt, und dies in aller Muße: Da die Schatten nicht von seinem Blickwinkel abhängen, unterliegen sie, wenn er sich bewegt, nicht der Auswirkung der Parallaxe, wie es beim Spiegel oder dem Fenster der Fall wäre. Der Maler gibt nicht seinen eigenen Blickwinkel wieder, sondern den der Lampe und braucht also den armen Gehilfen nicht, oder anders: Sein Gehilfe ist der Schatten.

> Aber wie kann sich die Entdeckung
> wirklich zugetragen haben?

Mit Hilfe einer Kerze habe ich versucht, ein Bühnenbild aus Schatten einzurichten, ungefähr so, wie ein Detektiv sich ein Modell für den Schauplatz des Verbrechens zurechtlegt. Die Kerze steht auf dem Boden, einen Meter von einer weißen Wand entfernt. Zwischen der Kerze und der Wand reihen sich einander gegenüber, wie ein Spalier, mehrere Bücherstapel aneinander. Ein Dutzend Bleistifte balancieren in prekärem Stand zu beiden Seiten der Straße und bilden die Laternen. Ich zünde die Kerze an, und an der Wand erscheint das schlichte, aber überzeugende perspektivische Bild einer städtischen Straße.

Es lohnt sich, die Szene zu Hause nachzubauen. Verblüffend ist die Wirkung, wenn Sie ein kurzes Wachslicht verwenden, das über den Boden gleiten kann: Das dynamische Schauspiel an der Wand ähnelt der Animation eines Fahrsimulators. Den Bewegungen des Lichts auf dem Fußboden folgen beeindruckende Änderungen der Perspektive an der Wand. Es ist, als wären wir mitten in der Szene.

Nun lege ich über zwei Bücherstapel, die einander gegenüberstehen, einen Fahrradkorb, einen von der Sorte aus quadratischem Maschengeflecht. *An der Wand erscheint eine perspektivische Kassettendecke.*

Es ist durchaus vorstellbar, dass ein Verfahren dieser Art zufällig entdeckt wurde; schließlich können wir annehmen, dass die Ateliers der Maler von Geräten aller Art überquollen und sich des Öfteren eine Lichtquelle in günstiger Position fand. Einmal wird ein an die Wand projiziertes Bild besonders schön oder verlockend erschienen sein. Der Maler zeichnete den Umriss der Schatten und fand die Verkürzung interessant. Wenn er ein Netz mit quadratischen Maschen benutzte, hatte er das geometrische Modell jener endlosen Fußböden und regelmäßigen Decken vor Augen, die in der Malerei der Renaissance als Inneneinrichtung so beliebt sind. Und er hatte ein überaus informatives Modell. Wenn er das Muster auf die Wand übertrug, konnte er sämtliche Eigenschaften des Gitters studieren und wusste nun, wie es sich konstruieren ließ. Die gewonnenen Erkenntnisse machen es überflüssig, den Kunstgriff des Schattens jedes Mal von neuem anzuwenden; die Konstruktionsregeln sind einfach und allgemein gültig.

Diese Hypothese gilt allerdings nur für die *Entdeckung* der Perspektivgesetze; es ist nicht gesagt, dass der Schatten in der *Praxis* der Perspektivkonstruktion tatsächlich leichter zu handhaben ist.

Wenn es dem Maler auf die Darstellung einer realen Szene ankommt, ist die Erzeugung eines maßstabgetreuen Modells, dessen Schatten dann an eine Wand oder auf eine Leinwand projiziert wird, bestimmt kein bequemes oder ökonomisches Vorgehen. Unter diesem Aspekt betrachtet scheint das perspektivische Fenster doch den größeren Vorteil zu bieten, schon allein deshalb, weil es tragbar ist und sich vor der abzubildenden Szene aufstellen lässt. Doch auch die Rolle und Realität von Dürers Fenster sind zweifelhaft – und ebenso mühsam wie die Methode der Schattenmodelle. Die Anwendung ist keineswegs einfach. Der Gehilfe, der die herausragenden Punkte der darzustellenden Objekte auswählt, muss von jedem Punkt aus eine Schnur spannen; die Spannung aber lässt schon nach wenigen Metern nach, so dass die Schnur sich nicht länger wie ein Lichtstrahl verhält; auf keinen Fall kann man den Gehilfen zwingen, auf den Dächern der Häuser herumzukriechen; für den Maler ist es nicht leicht, den Fluchtpunkt zu fixieren; und schließlich ist die Zahl der Punkte in der Szene, die nach diesem System registriert werden müssten, viel zu groß. Trotz ihrer Zuverlässigkeit und ihres mechanischen Charakters ist die Methode viel zu unbequem, um brauchbar zu sein. Tatsächlich will Dürer seinen Leser allein auf den mechanischen und universalen Aspekt der Gitterfenster-Methode aufmerksam machen. Die Zeichnung zur Veranschaulichung des Vorgehens dient nicht als Gebrauchsanweisung für die perspektivische Darstellung, sondern will die Regeln der perspektivischen Konstruktion durch die Gleichsetzung von Sehstrahlen und Schnüren, die das Auge des Malers mit den Objekten verbindet, erklären. Wenn ihr die Sehstrahlen nicht versteht, scheint uns Dürer zu sagen, werdet ihr wenigstens eine gespannte Schnur verstehen.

In der Theorie wie in der Praxis sind die Schatten und das perspektivische Fenster einander ebenbürtig. Wenn es um das *Verständnis* der Perspektive geht, bietet die Schattenprojektion einige Vorteile gegenüber ihren Konkurrenten. Der Maler kann direkt am Bild arbeiten, die Schatten stehen still an der Wand und lassen sich mit Muße studieren.

Die Malerei und der Schatten der Bildhauerei

So weit, so gut. Doch aus der Tatsache, dass das experimentelle Studium des Schattens den Ursprung einer Praxis erklären *kann*, folgt noch nicht, dass die Praxis *tatsächlich* so entstanden ist. Wir müssen die spärlichen Quellen befragen. George Bauer meint eine verlässliche Spur zu besitzen, die zu Leon Battista Alberti (1404-1472) führt, dem Verfasser der *Drei Bücher über die Malerei* (aus dem Jahr 1435: einer der Gründungstexte der Perspektive, von dem sich Leonardo inspirieren ließ). In seinem Buch *Über die Statue* empfiehlt Alberti dem Maler, sich im Zeichnen der Körperabschnitte zu üben, und bemerkt dazu, »der Umriss, in dem die Oberfläche, die wir aus einem bestimmten Blickwinkel sehen, endet und der sie von der trennt, die wir nicht sehen, ergäbe, würde er korrekt an eine Wand gezeichnet, eine Form, die in allem der Figur ähnlich wäre, die, beleuchtet, einen Schatten würfe, wenn sich die Lichtquelle an demselben Punkt im Raum befände wie zuvor das Auge des Betrachters«. Hier geht es nicht darum, sich den Schatten vorzustellen, den ein bestimmter Körper werfen könnte, sondern das perspektivische Aussehen eines Körpers durch Beobachtung seines Schattens zu erforschen. In Albertis Worten: *Die Malerei ist der Schatten der Bildhauerei.*

Alberti ist sich bewusst, dass sowohl die Schatten wie auch die perspektivische Sicht zwei Beispiele derselben Form von Projektion sind, bei der drei Elemente zusammenwirken: das Licht (das Auge), das Objekt und der Schatten (das Abbild). Der Gedanke war bereits dem Philosophen und Forscher Biagio Pelacani gekommen, der um die Wende des dreizehnten zum vierzehnten Jahrhundert lebte.

Bauer hält alle Hypothesen über den Ursprung der Perspektive lediglich für Hinweise, doch alles in allem, meint er, sprächen viele Elemente für die Schatten: »Erstens gingen der Erfindung der Perspektive Experimente verschiedener Art voraus; zweitens war die praktische und die experimentelle Anwendung der Schatten zu jener Zeit allgemein bekannt und verbreitet; drittens wusste

Pelacani vor den perspektivischen Demonstrationen Brunelleschis und Albertis – und hat dies auch bestätigt –, dass der geworfene Schatten ein perspektivisches Abbild ist; und viertens wurde die von Pelacani vorgeschlagene Möglichkeit, perspektivische Abbilder mit Hilfe von Schatten zu erzeugen, zuerst von Alberti anerkannt.«

Der Schattenklub

Der Schattenklub zählt derzeit nur zwei Mitglieder, Alberti und Pelacani; das ist zu wenig. Der Kunsthistoriker Samuel Edgerton hat versucht, die Bedeutung eines im Übrigen nicht sehr spektakulären Abenteuers in der Geschichte der Renaissance zu demonstrieren, nämlich der Reise des päpstlichen Sekretärs Jacopo d'Angiolo und des in seinem Dienst stehenden byzantinischen Gelehrten Manuel Chrysoloras nach Konstantinopel. Im Jahr 1400 nach Florenz zurückgekehrt, haben die beiden jahrelange Irrfahrten und sogar einen Schiffbruch vor der neapolitanischen Küste hinter sich, doch sie bringen ihren Florentiner Freunden den bibliographischen Schatz, dessentwegen sie in die Fremde geschickt wurden. In den Truhen der Reisenden befinden sich griechische Abschriften klassischer Texte, die alle Sammelleidenschaft und vor allem den Bildungshunger der Gruppe von Humanisten, der auch sie angehören, befriedigen dürfte. Der Schatz der Schätze sind die acht Bände, die sechsundzwanzig Teillandkarten und die große Weltkarte der *Geographie* des Ptolemäus. Das Werk war der arabischen und byzantinischen Welt vertraut, doch unbekannt in Europa; die nach Florenz gelangte Abschrift hat durchaus keine marginale Bedeutung, denn anhand der Weltkarte wird der Humanist Paolo dal Pozzo Toscanelli (1397–1482) eine Landkarte zeichnen, die nach etlichen Wechselfällen am Ende des Jahrhunderts in die Hände von Christoph Kolumbus gerät: Mit dieser Karte überredet Kolumbus seine Geldgeber zur Finanzierung einer Reise nach Westen, um einen Seeweg nach Indien zu suchen. (Die Karte irrte sich hinsichtlich der Dauer der Reise, die sie um rund zehntausend Kilometer abkürzte; sie wusste freilich nichts von der

Existenz Amerikas, dem Kolumbus genau dort begegnete, wo er Indien vermutet hatte. Was beweist, dass zwei Irrtümer merkwürdigerweise manchmal besser sind als einer.) Das Interesse der *Geographie* des Ptolemäus ist jedenfalls nicht nur anekdotischer Natur. Der ptolemäische Atlas beschränkt sich nicht darauf, geographische Fakten zu registrieren, sondern versucht sie in einen geometrisch konstruierten Raum einzugliedern und diesen Raum in einem Bild darzustellen. Dieses letzte, nicht-triviale Problem ist die Krux der Geographen, zumindest seitdem man Meridiane und Parallelkreise zu zeichnen begann. Die Erde ist eine (praktisch) kugelförmige Oberfläche, aber eine kugelförmige geographische Karte ist nicht sehr bequem zu handhaben – schon allein die Faltung ist problematisch. Eine ebene Karte ist bei weitem vorzuziehen. Jedenfalls deformieren die Projektionen von einer Kugel auf eine ebene Fläche zwangsläufig die Zeichnung der geographischen Formen (aus demselben Grund, weshalb sich eine Kugelkarte nicht falten lässt). Um die Weltkugel auf eine Ebene zu projizieren, bietet Ptolemäus drei Methoden an, die das Raster für die Zeichnung der bekannten Länder liefern. Eine davon weckte Edgertons besonderes Interesse, weil er darin einen Vorgriff auf die perspektivischen Konstruktionen der Renaissance sieht. Aber wie kommt es zum Übergang? Toscanelli, der ebenfalls Kartograf ist, war ein enger Freund von Filippo Brunelleschi, der vielen als der geometrische Kopf hinter der Theorie der Perspektive galt und zu Toscanellis geometrischer Bildung beigetragen hatte. So schreibt Giorgio Vasari in der *Vita* des Brunelleschi: »Es geschah, dass M. Paulo del Pozzo Toscanelli vom Studium zurückkehrte, und da er sich eines Abends in einem Garten mit etlichen Freunden zum Essen eingefunden hatte, luden sie ihm zu Ehren Filippo ein, welcher, nachdem er ihn über die mathematischen Künste hatte sprechen hören, solche Vertrautheit zu ihm fasste, dass er von ihm die Geometrie erlernte. Und wiewohl Filippo keine Bildung besaß, erklärte er sich die Sache durch die Natürlichkeit der Praxis und der Erfahrung so gut, dass er ihn viele Male in Verlegenheit brachte.« Außerdem pflegt auch Alberti – von Vasari als »vorzüglicher Arithmetiker und Geometriker« beschrieben, der nicht nur über die Malerei und die Bildhauerei schreibt, sondern auch über die Architektur und im Übrigen die Schrift Vitruvs wiederherstellt, in der unter anderem von Sonnenuhren und von Geographie die Rede ist – eine Zusammenarbeit mit Brunelleschi und Toscanelli.

Auch wenn wir weiterhin im Bereich der Indizienbeweise bleiben, scheint es doch einen verborgenen Pfad zu geben, der von den Projektionen des Ptolemäus zu Brunelleschis Perspektive führt. Außerdem sieht es so aus, als hätten bei der Übertragung die Schatten eine wichtige Rolle gespielt.

Flüchtiger als ein Schatten

Toscanelli ist eine Gestalt mit verwischten Zügen – so sehr, dass der Historiker Eugenio Garin ihn »flüchtiger als ein Schatten« nennt. Man weiß wenig über ihn, wie es sich gehört für einen großen Regisseur, der hinter den Kulissen wirkt, und das Wenige, das man weiß, lässt ihn als weiteren großen Zweitlegisten hervortreten, ähnlich wie Eratosthenes. Die Karte, die in Kolumbus' Hände fiel, ist nur einer seiner ausschweifenden Beiträge zur Wissenschaft. Im Jahr 1456 beobachtet und beschreibt er einen Kometen, der sich später als derselbe erweist, der heute den Namen von Edmond Halley trägt. Um 1467 nimmt er den Bau der Kuppel über der Kirche Santa Maria del Fiore in Florenz zum Anlass, um in der Laterne, in neunzig Metern Höhe, eine Bronzeplatte mit einem Loch einfügen zu lassen; damit konstruiert er die größte Sonnenuhr aller Zeiten. (Auf dem Fußboden der Kathedrale ist eine runde Marmorplatte zu sehen, die das Abbild der Sonne bei der Sommersonnenwende zeigt. Heute dienen die Linien der Sonnenuhr als Kontrolle für die Stabilität des Gebäudes, denn die Kirchenkuppel senkt sich allmählich. Die dünnen geometrischen Linien, an denen entlang sich die Sterne bewegen, sind solider als jedes Bauwerk von Menschenhand.)

Es wurde noch eine ganz andere Spur vorgeschlagen, die Brunelleschi mit Ptolemäus, dem Geographen, verbindet, wiederum mit Toscanelli als Kreuzungspunkt. Einer der seit einiger Zeit aus dem lateinischen Abendland bekannten Texte war die *Planisphäre* des Ptolemäus. Wie ein anderer Historiker, Alessandro Parronchi, schreibt, soll Toscanelli im Jahr 1424 aus Padua eine Abschrift des Buches *Fragen der Perspektive* von Biagio Pelacani, genannt Biagio da Parma und daneben *Doctor diabolicus* (gest. 1416), nach Florenz gebracht haben: ein interessantes Buch, weil es ausdrücklich die Optik, die Perspektive und die Projektion von Schatten miteinander in Verbindung setzt und die Erforschung des Schattens von der Astronomie zur Optik verschiebt. In diesem Werk beschreibt Pelacani eine Methode zur bildlichen Darstellung einer Kugel mit Hilfe des Schattens, den die Kugel wirft, und diese Projektion beruft sich auf die so genannte »stereographische« Projektion, die Ptolemäus in der *Planisphäre* beschreibt und die auch dem Funktionsprinzip der Astrolabien zu Grunde liegt. (Die Methode unterscheidet sich von den oben erwähnten Methoden, die Ptolemäus in seiner *Geographie* darstellt.) Pelacani bezieht sich explizit auf eine Abhandlung des Ptolemäus »über die Projektion von Körpern auf eine Fläche«, und bemerkt dazu, sie enthalte »eine Theorie, die er auf Grund seiner Kenntnis des Schattens aufgestellt hat«. Weiter schreibt er: »Wenn man die Illusion einer Kugel auf einer Ebene erzeugen will, muss man sie in der Mitte des Zimmers an einem Faden rund um einen Äquinoktialkreis aufhängen. Wenn man nun mit einer brennenden Kerze an den Südpol tritt, sieht man an der gegenüberliegenden Wand die Kerze, die Kugel und ihre ›Konstruktion‹ auf einer Ebene.« Die Idee ist dieselbe, die auch Alberti und Leonardo hatten: Ersetze das Licht durch dein Auge und die Projektionsfläche durch das Bild, und du erhältst den Schatten beziehungsweise die Perspektive.

Der Schritt ist von einer gewissen Bedeutung, wenn wir zeigen wollen, dass die Entdeckung der Perspektive in der Renaissance auf das Verständnis der Projektionen geographischer Natur zurückgeht und dass der Schatten das Vehikel dieser Entdeckung war. Ich habe also versucht, das von Pelacani vorgeschlagene Experiment zu wiederholen. Zunächst war das Resultat nicht besonders befriedigend. Vor allem wenn man eine Lichtquelle an den Südpol einer hängenden Kugel hält, wie Pelacani verlangt, sieht man keineswegs das Abbild der Lichtquelle an der Wand. Außerdem ist der Schatten der Kugel selbstverständlich ein großer schwarzer Kreis, der praktisch die gesamte Zimmerdecke ausfüllt, und von zweifellos geringem Interesse für einen Maler – ganz gewiss ruft sie nicht den Eindruck einer Kugel hervor. Wenn wir uns aber noch einmal den Text vornehmen, bemerken wir bald, dass Pelacani von der »Konstruktion« der Kugel auf der Ebene spricht. Und er verwendet Begriffe (wie »Äquinoktialkreis«, »Südpol«), die nicht an eine opake Kugel denken lassen, sondern an eine Armillarsphäre, ein aus mehreren kreisförmigen Ringen (*armilla* ist das »Armband«) zusammengesetztes astronomisches Instrument, dessen Ringe die wichtigsten Kreise der Himmelskugel darstellen – Äquator, Wendekreise, Ekliptik. Also baute ich mir eine kleine Armillarsphäre aus Papier, hielt das Licht an den Südpol, und in der Tat erschienen an der Decke schöne Konstruktionslinien, die flachen Schatten der kosmischen Kreise.

Gut. Aber was beweist uns das alles?

Nicht sehr viel. Diese Projektion ist *nicht* dieselbe, die Ptolemäus beschreibt, auch wenn sie mathematisch gleichwertig ist. Zwar wird in beiden Fällen eine Kugel projiziert, beide Male vom Südpol aus. Doch Pelacani lässt bei seinem Experiment die Projektion an eine Wand fallen, die sich *jenseits des Kugelnordpols* befindet. Die stereographische Projektion, die Ptolemäus in seiner *Planisphäre* beschreibt, funktioniert hingegen anders: Dabei befindet sich die Projektionsebene am *Äquator* der Kugel, so dass nur die eine Hälfte der Kugel, nämlich zwischen der Lichtquelle und der Äquatorebene, als Schatten projiziert wird; die andere Hälfte jenseits der Äquatorebene wird sozusagen »rückwärts« zur Äquatorebene hin projiziert. Die ptolemäische Projektion ist vom Typ »Schatten«, was die Objekte zwischen dem Südpol (dem Projektionszentrum) und der Äquatorebene (der Projektionspunkt ist eine Kerze) betrifft, und vom Typ »Abbild«, was die Objekte zwischen dem Äquator und dem Nordpol betrifft (der Projektionspunkt ist ein betrachtendes Auge).

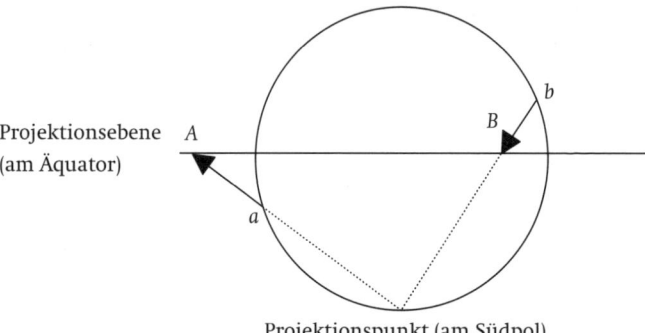

Die stereographische Projektion aus der Planisphäre: Punkt b der Kugel wird »rückwärts« auf den Äquator zu seinem Abbild B und zum Pol hin projiziert; Punkt a hingegen wird »vorwärts« zum Äquator zu seinem Schatten A hin projiziert.

Dies bedeutet, dass Pelacanis Experiment nicht ausreicht, um Toscanelli (und über diesen auch Brunelleschi) von der Brauchbarkeit einer ptolemäischen Methode zur Konstruktion von Bildern zu überzeugen. Obwohl Schatten, Projektionen und Bilder in manchen Texten, die den ersten großen Meistern der Renaissance bekannt waren, ausdrücklich in Verbindung gesetzt werden, können wir letztlich nicht mit Sicherheit sagen, ob tatsächlich das Studium der ptolemäischen Projektionsmethoden den Renaissancekünstlern die Türen zur Perspektive geöffnet hat. (Schließlich waren die Astrolabien, die mit stereographischer Projektion arbeiten, seit langem bekannt; stereographische Projektionen waren durchaus üblich, und man musste nicht erst auf Pelacani warten.) Wenn Toscanelli und Brunelleschi aus dem Schatten von Pelacanis Kugel irgendetwas gelernt haben, so geschah dies jedenfalls unabhängig von der Geometrie des Ptolemäus.

Zusammenfassend können wir sagen: Wenn die Schatten bei der Wiederentdeckung der Perspektive tatsächlich eine Rolle spielten, so dürfen wir mit Recht annehmen, dass nicht komplizierte theoretische Überlegungen über die Projektionsmethoden dabei ausschlaggebend waren, sondern dass die Schatten sich lediglich als Beispiel für perspektivische Bilder anboten. Die Praxis des Schattens ist leichter als seine Theorie. Trotzdem ist die Achse, um die sich alle diese Geschichten drehen, die Tatsache, dass sowohl die Bilder als auch die Schatten *Projektionen* sind. Das ist ein interessanter Ansatzpunkt, um die mathematische Struktur des Schattens zu verstehen, unabhängig von der historischen Hypothese seiner Beteiligung an der Entwicklung der Malerei. Wir müssen uns noch einmal auf die Suche nach einem verlorenen Buch machen.

17

LEKTIONEN DER FINSTERNIS

> Wie kann der Schatten gerade sein,
> wenn der Stab krumm ist?
> *Abū al-Faradsch*

Um 1675 ist der Philosoph Gottfried Wilhelm Leibniz (1646–1716) einem zirka 1641 veröffentlichten Werk mit dem schönen und geheimnisvollen Titel »Lektionen der Finsternis« auf der Spur, von dem lediglich bekannt ist, dass es einen Beitrag zur Geometrie und zur Perspektive des französischen Mathematikers und Ingenieurs Girard Desargues (1591–1661) enthält. Der Titel ist ein Wortspiel und verweist auf einen Brauch, der damals während der religiösen Feierlichkeiten der Karwoche üblich war. Von Lektionen der Finsternis sprach man, weil Abend für Abend eine Lesung und eine Meditation in der Dunkelheit nach dem Verlöschen einer Kerze zu Ende gingen. Das eigentliche Thema des Buches ist jedoch das Verhältnis zwischen der Perspektive und der Wissenschaft der Schattenprojektion. Endlich kann von einer Wissenschaft die Rede sein. Die Zusammenführung von Schatten- und Perspektivlehre erfolgte einige Jahre früher, 1636, als Desargues seine *Abhandlung über den Perspektivschnitt* in Druck gab. Darin taucht ein eleganter Lehrsatz auf, der heute seinen Namen trägt. Um den Schattenkreis zu schließen: Desargues ist auch der Verfasser eines Traktats über Sonnenuhren.

Die Schatten in Reih und Glied: Desargues' Satz

Auf der Spitze des Stabs einer Sonnenuhr treffen und kreuzen sich bei Desargues die Strahlen des Wissens, die von der mathematischen Tradition und den Meistern der Perspektive in der Renaissance ausgesandt wurden, später aber wieder auseinander liefen und in erhabenen akademischen Disziplinen erstarrten wie der beschreibenden Geometrie, der Perspektivzeichnung und der projektiven Geometrie. Desargues macht aus der Perspektive und der Zeichnung der Schatten eine *Theorie*, weil er den Lehrsatz formuliert, der die Grundlage jeder perspektivischen *Konstruktion* darstellt. Desargues' Satz ist einfach und überraschend. Wenn wir ein Dreieck und seinen Schatten betrachten und die Seiten des Dreiecks verlängern, bis sie auf die Verlängerung der Seiten des Schattens stoßen, so liegen die Schnittpunkte der Verlängerungen auf derselben Linie. Wenn wir ein Beispiel dieses Satzes zeichnen oder versuchen, ihn anhand eines Schattens zu überprüfen, haben wir immer den Eindruck, dass er auf wundersame Weise gilt. Tatsächlich ist Desargues' Satz einer der wenigen interessanten Theoreme der Mathematik, die auch die Geometer der Antike hätten beweisen können, die ihnen aber nicht auffielen!

Eine interessante Konsequenz des Theorems lautet: Wenn das Dreieck mit einer Seite auf dem Boden steht, sind alle seine Schat-

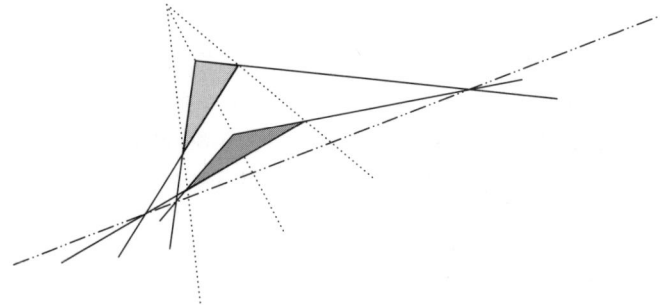

Desargues' Satz. Die Punkte, an denen sich die Verlängerungen der Seiten eines Dreiecks und die Verlängerungen der Seiten seines Schattens berühren, liegen auf einer geraden Linie.

ten gleichermaßen »brauchbar«: sämtliche Schnittpunkte von Verlängerungen fallen auf die Seite, wo sich das Dreieck und sein Schatten berühren, und zum Ausgleich für diese Randbedingung werden sämtliche Punkte ringsum »befreit«: Jeder Einzelne ist befugt, die Lichtquelle zu sein, das Projektionszentrum.

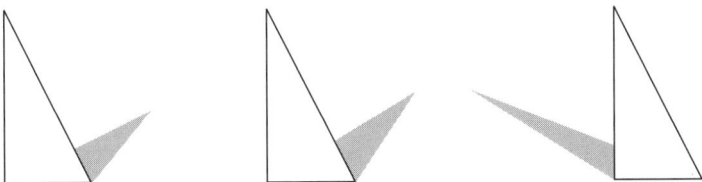

Eine leichte Zeichenlektion. Beim Schatten eines Dreiecks, das mit einer Seite auf der Projektionsebene steht, kann man sich unmöglich irren.

Natürlich ist die Tatsache, dass ein Schatten möglich ist, keine Garantie dafür, dass der Schatten auch zu einer gegebenen Lichtquelle passt. Ist der Schatten möglich, bedeutet dies lediglich, dass bei seiner Konstruktion die Projektionsregeln nicht verletzt wurden. Ist der Schatten hingegen unmöglich, dann passt er zu keiner Lichtquelle, so dass man genauso gut damit erst einmal mögliche Schatten konstruieren kann. Hier ein Beispiel für einen unmöglichen Schatten:

Wenn Sie die beiden oberen Ecken des Quadrats mit ihren Schatten verbinden, gerät der Schnittpunkt der Linien, der auch der Punkt ist, an dem sich die Lichtquelle befinden müsste, *zwischen*

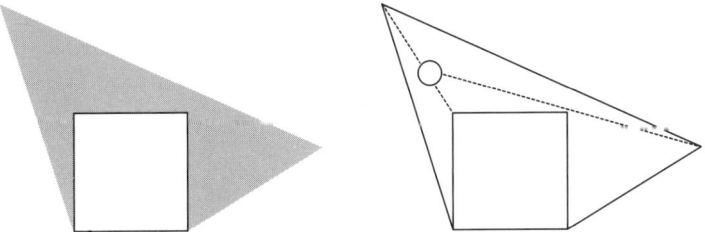

Die perspektivischen Konstruktionen der Renaissance erweisen sich als Sonderfall des Desarguesschen Satzes; zum Beispiel genügt es, eine Reihe von Dreiecken aneinander zu reihen, um perspektivische Bodenfliesen anzudeuten.

das Quadrat und den Schatten und kann folglich keinen Teil des Schattens projizieren.

Der Satz von Desargues erklärt, weshalb der Schatten *geometrisch konstruiert* werden kann. In der Praxis erleichtert das Wissen, dass die Art der Aneinanderreihung dieser Figuren Einschränkungen unterliegt, dem Maler die Arbeit, weil er damit Anhaltspunkte für die Bildkonstruktion hat. In derselben Weise gilt der Satz für perspektivische Bilder von Objekten.

Das Schattenzeichnen wird zur intellektuellen Aktivität: Man vertraut der Geometrie und *berechnet* den Schatten.

Die Schatten sind perspektivisch

Der Desarguessche Satz gilt ebenso für die Schatten wie für die perspektivisch gemalten Bilder, denn die Schatten *sind* perspektivische Abbilder. Wir erinnern uns an das von Leonardo gezeichnete Schema, das eine Verwandtschaft zwischen Schatten und Bild nahe legte.

Werden Auge und Kerze, Sehstrahl und Lichtstrahl, Position der Kugel und Position des perspektivischen Kegelschnitts vertauscht, so haben wir *zwei Beispiele ein und desselben Phänomens*. Die bild-

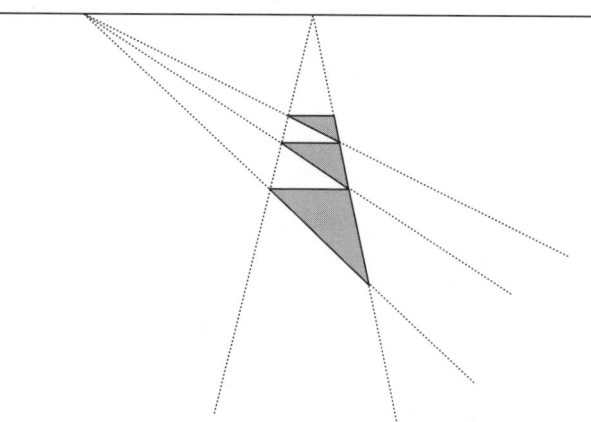

Der Schatten befindet sich im Verhältnis zum Licht jenseits der Kugel. Das Bild befindet sich zwischen der Kugel und dem Auge.

liche Perspektive und die Projektion des Schattens sind theoretisch *ein und dasselbe*. Der Unterschied besteht lediglich in der Position der Projektionsebene.

Leibniz gelingt es nicht, den Text der Desarguesschen Lektionen der Finsternis aufzutreiben, doch er gibt die Idee vollkommen wieder, wenn er schreibt, die Lehre der Schatten sei nichts anderes als eine umgekehrte Perspektive und ergebe sich unmittelbar aus dieser, wenn die Lichtquelle an die Stelle des Auges, der opake Körper an die Stelle des Objekts und der Schatten an die Stelle der Projektion gesetzt würden, und die gesamte Lehre der Sonnenuhren sei nichts anderes als ein Korollarium einer Zusammenstellung von Astronomie und Perspektive.

Wenn wir ins Detail einer *Schattenlehre* gehen und versuchen, deren Regeln aufzustellen, so tritt die Ähnlichkeit zwischen Schatten und perspektivischen Bildern noch stärker zu Tage. Stellen wir uns vor, es gäbe eine Projektion von einer punktförmigen Lichtquelle, die sich in endlichem Abstand vom Schirm und dem Schatten werfenden Objekt befindet. Nach der Schattenlehre ist der Schatten eines Punkts ein Punkt, enthält der Schatten einer Geraden den Schatten sämtlicher Punkte auf der Linie und ist der Schatten einer Geraden eine gerade Linie (mit einer Ausnahme: Wenn die Linie durch die Lichtquelle verläuft, ist ihr Schatten ein Punkt). Um diese Schattengesetze aufzustellen, genügt es, die Regeln der klassischen Perspektivlehre umzuformulieren und »Perspektive« durch »Schatten« und »Auge« durch »Lichtquelle« zu ersetzen. Tatsächlich ist das perspektivische Bild eines Punkts ein Punkt, enthält die Perspektive einer Geraden die Perspektive sämtlicher Punkte auf der Geraden, ist die Perspektive einer Geraden eine Gerade (ausgenommen die Gerade, die durch das Auge verläuft) und so weiter.

Dies führt uns zur Malerei und ihrer Geschichte zurück. Der Schatten ist das einfachste Beispiel einer Projektion. Man findet ihn überall, und die Präzision seiner Konstruktion ist durch die Art und Weise garantiert, wie die Welt funktioniert. Wenn wir einen Schatten werfen, kann uns kein Irrtum unterlaufen. Die perspektivischen Bilder unterliegen denselben Projektionsgesetzen, doch müssen sie erst entsprechend den Regeln konstruiert werden: Nichts ist leichter, als sich bei einer bildlichen Darstellung zu irren. (Die Camera obscura wird das Problem teilweise lösen.) Aus diesem Grund – mehr als dank einer impliziten Kenntnis der Projektionsgesetze – scheint die Annahme plausibel, dass der Schatten ein Modell für die Entdeckung der Perspektive geliefert hat.

Mögliche und unmögliche Schatten

Nun haben wir den Schatten und das perspektivische Bild endlich auf ein und dieselbe mathematische Struktur reduziert. Was bedeutet, dass wir die Mathematik des Schattens als Sonderfall eines allgemeineren Phänomens untersuchen können. Kehren wir zur Wahrnehmung zurück und sehen wir uns an, worum es sich handelt.

Die Schatten *ähneln* ihren Besitzern. Es gibt Augenblicke oder Situationen, in denen der Schatten dem Gegenstand, der ihn wirft, ganz besonders ähnlich ist. Lustig ist das Spiel mit den Schatten am späten Nachmittag oder am Morgen, wenn die Sonne nicht sehr hoch am Himmel steht und der Schatten nicht zusammengedrückt wird, keine Tintenpfütze ist und die besonderen Merkmale seines Besitzers nicht aufhebt. Aber auch wenn der Schatten erheblich verzerrt wird, sind wir in der Lage, die Form des Schatten werfenden Dings zu erkennen. Vor allem können wir uns kaum

Ein Kaninchen, das uns das Leben schwer macht.

irren, wenn wir jemandem einen Schatten anhand seiner Form zuweisen sollen: Es genügt ein kurzer Blick, um zu entscheiden, welcher von zwei Schatten von einem Kaninchen und welcher von einer Hand stammt – es sei denn natürlich, die Hand gaukelt uns absichtlich ein Kaninchen vor.

Die Fähigkeit, ein Objekt anhand seines Schattens zu identifizieren, ergibt sich aus unserer Fähigkeit, formale Ähnlichkeiten zu erkennen. Wenn wir aufgefordert werden, die folgenden beiden Schatten je einer Form zuzuordnen, zweifeln wir keinen Moment:

Welche der beiden Figuren links gehört zu welcher der beiden Formen rechts? Kann es etwa einen Zweifel geben?

Gleichwohl – und das ist eine interessante Tatsache – zweifeln wir auch dann nicht, wenn die jeweiligen Schatten sehr verzerrt sind, das heißt, wir erkennen, dass der Kreis mehr der Ellipse ähnelt als das Parallelogramm dem Quadrat. Aber in welchem Sinn ähnelt eine Ellipse einem Kreis oder ein Parallelogramm einem Quadrat? In welchem Sinn ähnelt eine Ellipse *mehr* einem Kreis als einem Dreieck? (Die Mathematiker würden sogar sagen, dass ein Kreis eine Ellipse *ist*.)

Um diese Frage zu beantworten, müssen wir unsere Aufmerksamkeit wieder auf die möglichen und unmöglichen Schatten richten, allerdings aus einem noch allgemeineren Blickwinkel (indem wir Schatten und Objekt, außerhalb des üblichen räumlichen Umfelds, einfach als geometrische Formen betrachten). Das Gesichtssystem ist für Verzerrungen empfänglich, doch versucht es stets, gemeinsame Elemente zwischen der materiellen Form und ihrem Schatten aufzuspüren. Es sind diese gemeinsamen Elemente, anhand deren die Wahrnehmung das Parallelogramm in der oben stehenden Abbildung als den Schatten eines Quadrats erkennt. Das Gesichtssystem interpretiert diesen Schatten weniger als Parallelogramm, sondern als *verzerrtes Quadrat*.

Wenn wir es recht bedenken, wissen wir noch viel mehr über die abstrakte Geometrie der Schatten. Wir wissen, dass der Schatten eines Quadrats weder ein Dreieck noch ein Fünfeck sein kann, sondern nur eine Figur mit vier Seiten; dass der Schatten eines Kreises eine Ellipse sein kann, aber niemals ein Dreieck oder ein Quadrat. Noch banaler: Wir wissen, dass der Schatten eines Quadrats nicht aus *zwei* voneinander getrennten Quadraten bestehen kann. Das ist nicht nur eine Frage der Anzahl der Seiten. Der Schatten einer Figur, die keine Einbuchtungen hat, kann ebenfalls keine Einbuchtungen haben (der Schatten eines Zehnecks kann kein Stern sein).

Woher wissen wir das?

Dieses Wissen heißt, die abstraktesten Eigenschaften der geometrischen Figuren »sehen« zu können, und vor allem zu sehen, wie diese in der Projektion gewahrt bleiben (oder nicht erhalten werden). Es ist eine höchst komplexe Fähigkeit, die zeigt, wie die kognitiven Systeme auf sehr subtile Weise die Mathematik der Projektionen integriert haben.

Wie lässt sich ein schiefer Schatten gerade rücken?

Halten Sie eine Visitenkarte über einer horizontalen Tischplatte unter das Licht einer Lampe: Der Schatten wird so gut wie immer leicht schief sein (jedenfalls wird ein Paar gegenüberliegender Seiten des Schattens konvergieren). Auch dies ist eine Denkaufgabe: *Wie lässt sich ein schiefer Schatten gerade rücken*, oder: Wie erhalten wir einen Schatten, dessen Seiten parallel sind? Es gibt zwei einfache Lösungen. Die eine besteht darin, die Visitenkarte horizontal (oder jedenfalls mit einer Seite parallel zur Tischplatte) zu halten. Die andere setzt voraus, dass wir Tisch und Visitenkarte ins Sonnenlicht hinaustragen (ohne uns um die Ausrichtung der jeweiligen Ebenen zu kümmern). Probieren Sie es aus, wenn Sie mir nicht glauben. Im ersten Fall beeinflussen wir die Neigung der Karte gegen den Tisch, im zweiten greifen wir hinsichtlich der Projektionsstrahlen ein (unter der Annahme, dass die Sonnenstrahlen

SCHATTENVISIONEN 269

praktisch parallel sind). In beiden Fällen haben wir die *Projektionsmethode verändert*. Eine weitere Lösung ist schließlich eine Kombination der beiden vorigen: Wir stehen in der Sonne und halten die Tischplatte und die Neigungsebene der Karte horizontal. Der Schatten ist nun die perfekte Kopie des Originals.

Der Fall der schiefen Schatten erlaubt uns, die Projektionsmethoden auf sehr einfache Weise zu klassifizieren. Dabei sind zwei Faktoren zu berücksichtigen. Erstens müssen wir uns vergewissern, ob die Ebene, auf der sich das Objekt befindet, und diejenige, auf die ihr Schatten fällt, parallel sind (Beispiel: horizontale Karte

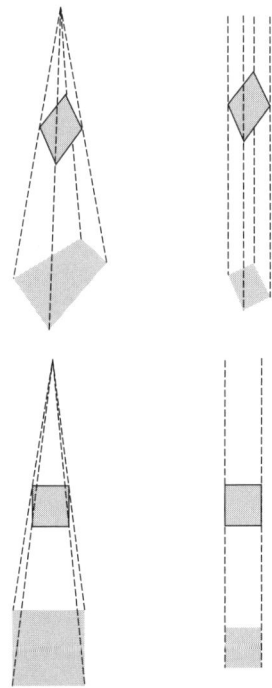

Oben links ein schiefer Schatten. Auf zweierlei Weise lässt er sich gerade rücken: Tragen Sie Karte und Tisch in die Sonne hinaus oder halten Sie die Karte so, dass zumindest eine ihrer Seiten parallel zum Tisch ist. Die zweite Methode, den Schatten mit der Karte in Übereinstimmung zu bringen, wie unten rechts dargestellt: Tragen Sie beide in die Sonne hinaus und halten Sie die Karte parallel zum Tisch.

über horizontalem Tisch). Zweitens ist zu überprüfen, ob die Projektionsstrahlen parallel sind oder konvergieren (das heißt, ob die Lichtquelle von derselben Art ist wie die Sonne, also praktisch unendlich, oder von der Art einer Lampe).

Der Wechsel von einer Projektionsmethode zur anderen bestimmt, welche Eigenschaften die Visitenkarte auf ihren Schatten überträgt. Dies ist offensichtlich, wenn wir den Weg der Karte und des Tisches in umgekehrter Richtung zurücklegen. Wenn die Strahlen parallel sind und die Ebenen parallel, werden *sämtliche* Eigenschaften der Kartenform auf den Schatten übertragen: Der Schatten *kopiert* die Länge der Seiten, den rechten Winkel, in dem sie zueinander stehen, die parallele Ausrichtung der Kanten und so weiter. Diese Art der Projektion wird *metrische Projektion* genannt, weil sie alle Entfernungen zwischen zwei beliebigen Punkten des Originals beibehält. Es tritt keinerlei Verzerrung auf. Wenn wir, ebenfalls im Sonnenlicht, die Karte gegen den Tisch neigen, erhalten wir einen Schatten, der einige, aber nicht alle Eigenschaften kopiert. Das Rechteck wird als Parallelogramm abgebildet. Die Seiten sind nach wie vor parallel, doch können ihre Länge und der Winkel, in dem sie zueinander stehen, nicht die Seitenlänge und die Winkelöffnung der Kartenlänge wiedergeben. Dies nennen wir eine *analoge* Projektion.

Wenn wir ins Haus zurückkehren und die Lampe einschalten, betreten wir das Reich der Zentralprojektion (in das auch die Perspektive gehört). Wenn wir nun wieder eine Karte in horizontaler Position parallel zum Tisch halten, erzeugen wir einen Schatten, der die Winkel der Karte abbildet und die Parallelität der Seiten beibehält, die Seitenlänge jedoch vergrößert (umso mehr, je näher die Karte der Lichtquelle ist). Diese Projektion ist eine *Ähnlichkeit*. Der Schatten ist in jeder Hinsicht der Visitenkarte ähnlich, nur größer.

Die am wenigsten originalgetreue Projektionsmethode ist die, von der wir ausgegangen sind, bei der die Visitenkarte geneigt unter die Lampe gehalten wird. Dabei ist die Verzerrung am größten. Dieser Fall kommt allerdings auch am häufigsten vor, weshalb die betreffende Projektion pleonastisch *projektiv* genannt wird. Sie ist die Mutter aller Projektionen. Alle anderen können als von ihr abgeleitete Sonderfälle betrachtet werden.

Der Gesichtssinn ist für diese mathematischen Eigenschaften empfänglich: Wir sind durchaus fähig zu erkennen, was der Schatten von dem Schatten werfenden Objekt wiedergibt. Natürlich lässt sich kaum behaupten, es gebe eine derart spezialisierte kognitive Fähigkeit, die allein zum Wiedererkennen der geometrischen Eigenschaften diene, weshalb mir die Hypothese vernünftig erscheint, dass Denken und Identifizieren von Schatten parasitär von anderen Wahrnehmungsfähigkeiten zehren. Zum Beispiel muss das Gehirn das Problem, bestimmte zweidimensionale Konfigurationen (die Erregungsmuster auf der Retina, die ja flach wie ein Blatt ist) als *Aspekte* von Strukturen zu behandeln, die in Wahrheit dreidimensional sind, schon längst gelöst haben. Nehmen Sie irgendein Foto, das in Ihrer Wohnung entstanden ist, und schneiden Sie den Bereich aus, der dem Teppich entspricht. So gut wie immer handelt es sich dabei um eine leicht schiefe trapezförmige Figur. Aber wenn Sie den Teppich oder das Foto betrachten, meinen Sie ein Rechteck zu sehen. Das Gehirn rückt schiefe Strukturen von allein gerade, und mit Hilfe der Funktion »Geraderücken von schiefen Formen« begreift es auch die Struktur der Schatten – auch wenn es sie nicht im buchstäblichen Sinn für Ihre Augen geraderücken kann.

Schatten erkennen wir also dank den geometrischen Fähigkeiten des Gehirns. Und ab einem bestimmten Zeitpunkt ist auch in der Geschichte der abendländischen Malerei die bildliche Darstellung des Schattens zur simplen mathematischen Routine geworden.

Was außerhalb ist, existiert nicht

Von nun an durchläuft der Schatten in der Malerei eine rasante Entwicklung, bis er als festes Regelwerk in den Kanon aufgenommen und Unterrichtsgegenstand an den Akademien der Schönen

In dem Gemälde Hofansicht der kaiserlichen Sommerresidenz Schönbrunn *von Bernardo Bellotto ist der Schatten im Vordergrund unvollständig. Vielleicht fehlt der Schatten einer Vase außerhalb des Bildausschnitts?*

Künste ist – weshalb die Schatten aber noch lange nicht aufgehört haben, unbequeme Gäste in den Bildern zu sein. Auch wenn man nun Schatten zu konstruieren versteht, sie sehr gern zeichnet und sogar ein Instrument wie die Camera obscura zur Verfügung hat, kann es noch vorkommen, dass hin und wieder ein Schatten auf der Strecke bleibt. Vielleicht ist das der Fehler, der Bernardo Bellotto (1721–1780), genannt Canaletto (Neffe und Schüler von Antonio Canal, der denselben Beinamen trug), bei einem seiner großen Genrebilder unterlief, der *Hofansicht der kaiserlichen Sommerresidenz Schönbrunn*. Das Bild ist nichts anderes als die journalistische Dokumentation eines historischen Ereignisses. Es ist der 16. August 1758, und Maria Theresia von Österreich erwartet den Grafen Konsky, der ihr die Nachricht von der Niederlage Friedrichs des Großen von Preußen überbringt. Ein großer Augenblick der Geschichte, doch uns interessieren hier nur die technischen Details.

Links auf dem Boden scheint der Schatten einer Ziervase zu fehlen. Zwar erscheint auch die Vase selbst nicht im Bild, doch die Symmetrie der Architektur verlangt ihre Existenz unmittelbar außerhalb des Bildausschnitts. Dies lässt uns vermuten, dass die Schatten an anderer Stelle eingefügt wurden, und Bellotto oder ein Gehilfe sich in der peinlichen Lage fand, entscheiden zu müssen, ob er lieber einen Schatten zu viel (falls die Vase doch nicht existiert) oder einen Schatten zu wenig (falls die Vase sehr wohl zur Architektur gehört) malen soll. Er entschied sich für die konservative Lösung und ließ den Schatten weg. Doch damit beseitigte er auch den Beweis des Objekts, der ihn wirft. Mehr als wegen der Wechselfälle der dargestellten Persönlichkeiten bleibt uns das Gemälde wegen seiner erstaunlichen Botschaft in Erinnerung: Es teilt uns mit, dass ein Objekt außerhalb der wiedergegebenen Szene nicht existiert.

18

ERINNERUNGEN VON JENSEITS DES GRABES

> Eines Schattens Traum ist der Mensch.
> *Pindar*

Eine Geschichte zum Abschluss

»Ich hätte dieses rein mathematische Werk *Erinnerungen von jenseits des Grabes* nennen können, denn es handelt sich in der Tat um die Frucht der Überlegungen eines jungen Ingenieurleutnants, der auf dem Schlachtfeld von Krasnyj nahe Smolensk für tot gehalten und aufgegeben wurde und aus den Büchern des französischen Heeres lange Zeit ausradiert blieb. Während des verheerenden Rückzugs aus Moskau versuchten dort am 18. November 1812, dem russischen Michaelistag, siebentausend von Hunger, Kälte und Erschöpfung ausgezehrte Franzosen unter Feldmarschall Ney ohne Artillerie einen letzten Sturmangriff gegen die fünfundzwanzigtausend ausgeruhten und wohlgerüsteten, mit vierzig Geschützen bewaffneten Soldaten des Generals Miloradowitsch, der etliche Jahre später einer militärischen Verschwörung zum Opfer fallen sollte ...«

Wenig Mathematikbücher können sich eines solchen Anfangs rühmen. Und es ist erst der Anfang. Der Erzähler ist ein alter Professor, Jean-Victor Poncelet, verbittert nach einem Leben voller Entdeckungen, die ihm nicht zuerkannt wurden, verbittert auch durch den Neid der Kollegen und lästige Ämter, die ihn von seiner

Forschung abhielten. Seine Erinnerungen erstrecken sich über fünfzig Jahre und reichen zurück bis zu den Ereignissen des Rückzugs aus Russland. Poncelet hatte an der École Polytechnique studiert und war Ingenieuroffizier geworden. Zum Russlandfeldzug einberufen, ist er in der Garnison Smolensk stationiert, während die napoleonische Armee nach Moskau weiterzieht. Am 9. November 1812 ist Napoleon vernichtend geschlagen und auf dem Rückweg nach Smolensk, wo er sich gerade lange genug aufhält, um zu erkennen, dass er hier kein Winterquartier beziehen kann. Feldmarschall Ney bildet die Nachhut, mit der er die Stadt am 17. verlässt; schlecht informiert, hofft er, am 18. in Krasnyj mit dem Kaiser zusammenzutreffen, und findet stattdessen Miloradowitsch vor. Die Überraschung ist wechselseitig, die Schlacht kurz und heftig. Ney ist gezwungen, nach Smolensk zurückzuweichen; von seinem Bataillon können ihm nur dreitausend Mann folgen; der Oberleutnant Poncelet ist unter den Gefangenen vom 18. Dezember, einem der schwärzesten Tage des Rückzugs. Nun beginnt seine Odyssee. Von Krasnyj wird der vierundzwanzigjährige Oberleutnant nach Saratow an der Wolga geschickt. Während die *Grande Armée* besiegt und dezimiert nach Frankreich zurückkehrt, machen sich die Gefangenen in östlicher Richtung auf den Weg und legen in einem dreimonatigen Gewaltmarsch durch den russischen Winter mehr als dreitausend Kilometer zurück.

Für das Vaterland, die Wissenschaften und den Ruhm ist das napoleonische Motto, das noch heute die Fassade der einstigen École Polytechnique im Zentrum von Paris ziert. Als Jean-Victor Poncelet die Schwelle der Festung von Saratow überschreitet, könnten seine Träume von Ruhm und Vaterland nicht ferner sein. Die Erschöpfung des Marsches macht sich endlich bemerkbar, er erkrankt schwer. Erst seine langsame Genesung versöhnt ihn mit der Welt. Da die Gefangenschaft lang zu werden droht, beschließt Poncelet, seine Zeit der Wissenschaft zu widmen – eine schwierige Aufgabe in dem abgelegenen und primitiven Saratow. Überdies sind nach zwei Jahren Krieg alle Erinnerungen an seine Studentenzeit verblasst. Poncelet wappnet sich mit Geduld und versucht die Entwicklung der Mathematik von ihren Ursprüngen an zu verfolgen. In solchen Fällen geschieht es häufig, dass man wesentliche Grundprinzipien und Lehrsätze der Mathematik neu entdeckt und, wenn das Glück einem hold ist, auf neue stößt. Poncelet ergeht es in der sonderbaren geistigen Freiheit des Kerkers noch besser: In zweijähriger Gefangenschaft legt er das Fundament der projektiven Geometrie und hebt sie auf ein Niveau der Verallgemeinerung, das seine doch berühmten Vorgänger nur vage geahnt hatten und das heute die Grundlage der modernen Geometrie bildet. Zum Beispiel entdeckt er das Prinzip der Dualität. (Sehen Sie sich folgenden Satz an: *Zwei Linien treffen sich in einem Punkt*. Nun vertauschen Sie die Wörter »Punkt« und »Linie«, ersetzen das Verb durch »bestimmen« und erhalten den Satz: *Zwei Punkte bestimmen eine Linie*. Auf einer tieferen Ebene sind Punkte und Linien Beispiele ein und derselben Realität.) Es ist ein Grundprinzip, anhand dessen sich die bekannten Sätze durch einfache Umformulierung wie durch Zauberhand multiplizieren lassen.

Nach Aussage eines Biografen hatte Poncelet, dem in seinem Kerker ja keine Quellentexte zur Verfügung standen, die zündende Idee, die allgemeineren Eigenschaften zu studieren, die alle Formen mit ihren Schatten gemeinsam haben. Ich konnte für diese Anekdote keine Bestätigung finden. Doch auch wenn ich in diesem Buch mehr als eine Seite der Widerlegung zweifelhafter Anekdoten gewidmet habe, füge ich die Geschichte gern hier ein, weil sie auf elegante Weise den bedeutenden wissenschaftlichen Beitrag Poncelets zusammenfasst.

Seine Neuerung bestand darin, ein geometrisches System zu schaffen, in dem die Formen auf Grund ihrer projektiven Eigenschaften klassifiziert werden. In Poncelets Geometrie ist eine projektive Eigenschaft einer Figur eine in Bezug auf eine Zentralprojektion *invariante* Eigenschaft. Wir haben gesehen, dass der Schatten eines Quadrats ein Parallelogramm sein kann; die Entfernungen zwischen den Eckpunkten und den Winkeln sind also keine projektiven Eigenschaften des Quadrats. Eine projektive Eigenschaft ist hingegen die Anzahl der Eckpunkte: vier hat das

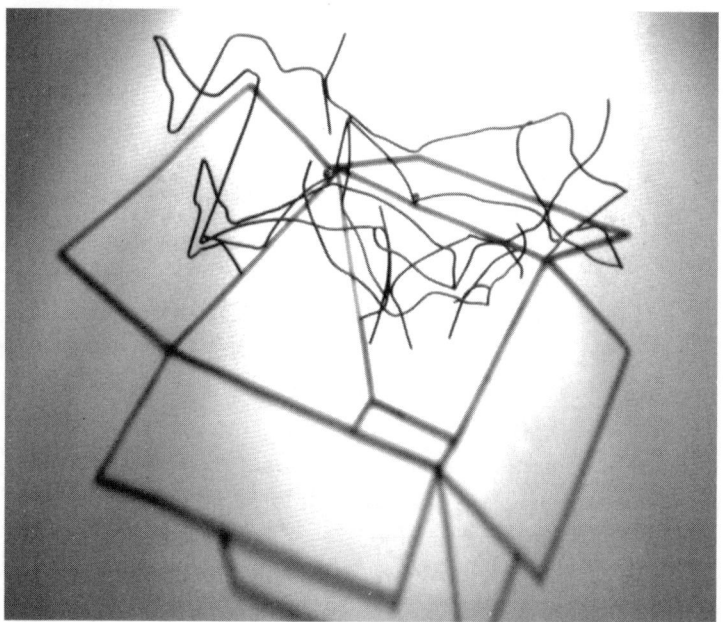

Die Projektion enthüllt die verborgenen Eigenschaften der Figuren. Der Eisendraht scheint völlig verworren, und sein klarer Schatten überrascht uns. Implausible container, *ein Objekt von Larry Kagan.*

Quadrat und vier hat sein Schatten. Aus dem Aspekt der Projektion sind ein Quadrat und ein Parallelogramm dasselbe. Wenn Sie die Position der Lampe einnehmen, können Sie keinen Unterschied zwischen einem Quadrat und seinem Schatten machen, gleichgültig, welche Form der Schatten bei der Begegnung mit Flächen unterschiedlicher Neigung annimmt.

Die Schatten bringen uns noch einmal auf Desargues zurück, dessen Mathematik Poncelet als seiner eigenen ähnlich darstellt. Es gibt einen Spezialfall, in dem der Desarguessche Satz anscheinend nicht zutrifft. Wenn das Dreieck und sein Schatten parallele Seiten haben, finden sich die Schnittpunkte der Verlängerungen der Seiten nicht auf der Ebene.

Um den Satz von Desargues zu retten, postuliert Poncelet die Existenz von *Punkten im Unendlichen*, die völlig abwegig sind, aber inzwischen praktisch ins Standardrepertoire der Geometrie Ein-

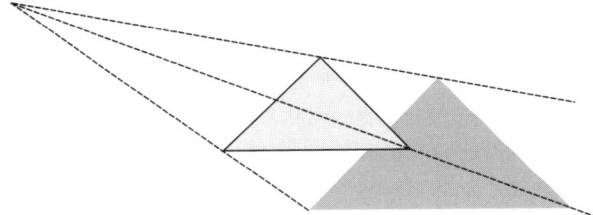

Der Satz von Desargues in einem Sonderfall: Wenn die Seiten zweier Dreiecke paarweise parallel sind, kann das eine Dreieck der Schatten des anderen sein. Doch die Verlängerungen der Seiten begegnen einander im Unendlichen.

zug gehalten haben (viele Leser werden sich an die merkwürdige Aussage erinnern, dass zwei parallele Linien sich im Unendlichen treffen).

Die Biografie von Poncelet scheint sämtliche Gemeinplätze des wissenschaftlichen Mythos zu wiederholen, angefangen mit den üblichen Vorboten: Als Kind soll er sich in der Dunkelheit eines aufgelassenen Bergwerks dank einer Landkarte zurechtgefunden haben, die er unterwegs anfertigte, womit er den Mitgliedern einer Erkundungsgruppe das Leben rettete. Es fehlen auch nicht die schwache Gesundheit, der Rückstand in der Schule, das Eintauchen in die Welt der Klassiker (als er noch kaum lesen kann), das nächtelange Studieren, der Eintritt in ein ehrenwertes Gymnasium und schließlich die Anwerbung durch die École Polytechnique. Auch der Bericht über seine Gefangenschaft, der Mangel an Studienmaterial und nicht zuletzt das komplette Fehlen jeglicher Erinnerung an seine Studentenzeit – Waffen, die Poncelet in der Polemik mit den Kollegen einsetzt, als er die Priorität bestimmter Entdeckungen für sich beansprucht, unter anderem des Dualitätsprinzips – scheinen eigens dazu angetan, die Erfindung der neuen Geometrie mit einer mythischen Aura zu umgeben.

Aber vielleicht ist das ja richtig so, zumindest soweit es unsere Geschichte betrifft. Im Kerker von Saratow legt Poncelet ein für alle Mal die mathematische Struktur der Schatten fest und gewährt ihnen damit die seit Jahrhunderten angestrebte Legitimität. Dank den kriegerischen Entwicklungen in Europa wird er 1814 aus der Gefangenschaft entlassen. Er kehrt nach Frankreich zurück, im Gepäck die Hefte, in denen er die Grundlagen des *Traktats über die projektiven Eigenschaften der Figuren* niedergeschrieben hat. Mit diesem Werk treten die Schatten endlich mit erhobenem Haupt aus dem Dunkel hervor. Aber sie zahlen einen Preis für die Freilassung aus Platons Gefängnis – die endgültige Reduzierung auf eine abstrakte, geometrische Gestalt.

FINALE

Vorhang

PLATON UND SEIN SCHATTEN

Am Meeresstrand. Platon sieht zu, wie Skia, sein Schatten, nun riesenhaft über die Mauern der Häuser gleitet. Das Licht schwindet, während die Sonne sich aufs Meer herabsenkt.

SKIA: Nehmen wir Abschied voneinander, ehe die Nacht hereinbricht.
PLATON: Und was wird aus dir?
SKIA: Du bist mich endlich los! Bald verschmelze ich mit dem Schatten der Erde. Offen gestanden, ist mir das alles ja gleichgültig.
PLATON: Du bist derart ungreifbar, dass ich dir nichts antun kann, wenn ich dich berühre. Bist du wirklich so gefühllos? Mir tut dieser Abschied fast Leid.
SKIA: Lieber Platon, ich kenne keine Trauer, weil ich keine Erinnerung habe. Ich bin so. Obwohl *skia*, mein Name, auch »Spur« bedeutet, wirst du an mir keinerlei Zeichen entdecken wie die Narbe, die deinen Arm furcht und an die Wunde erinnert, die du als Kind davongetragen hast. Ich habe keine Geschichte zu erzählen, weil die Vergangenheit keinen Abdruck auf mir hinterlassen hat. Aber bedenke, das ist auch mein Privileg. Ich bin in jedem Augenblick anders, aber in *jedem* Augenblick bin ich gezwungen, ein getreues Abbild dessen zu geben, dem ich als Schatten beigesellt bin. Aus ebendiesem Grund haben sich Geometer, Astronomen, Maler auf mich verlassen. Ohne Gedächtnis kann ich niemanden hinters Licht führen, wenn ich die mir anvertraute Botschaft überbringe. Was ich sage, ist über jeden Verdacht erhaben.

PLATON: Ich glaube, ich habe die Bedeutung der Schatten nun verstanden. Ihr seid wahrhaft ungewöhnliche Erscheinungen.

SKIA: Wir sind ungewöhnliche Erscheinungen, weil wir uns auf halbem Weg zwischen Wahrnehmung und Denken aufhalten.

PLATON: Was meinst du damit?

SKIA: Jeder Schatten enthält eine Botschaft, die er in seiner dunklen Hülle gut verwahrt. Wir Schatten sind voller Gedanken. Doch diese Gedanken sind für jedermann sichtbar.

PLATON: Ungefähr so wie das Wort, wenn man die Sprache spricht, in der es geschrieben ist. Das ist der Grund, weshalb die Gelehrten mit dem Schatten zu sprechen verstanden.

SKIA: Ich sage dir noch mehr. Die Gelehrten verstehen mit den Schatten zu sprechen, weil jeder Schatten *selbst* ein Gelehrter ist. Zum Beispiel konstruieren wir ein zweidimensionales Modell einer plastischen Wirklichkeit. Und dies tun wir ununterbrochen, unermüdlich.

PLATON: Und wozu soll das gut sein?

SKIA: Hast du Eratosthenes vergessen? Er befragte einen winzigen Schatten auf dem Grund einer Schüssel und erfuhr daraus den Umfang der Erde!

PLATON: Ich habe die Lektion gelernt. Hätte ich noch ein Buch über die Erkenntnis zu schreiben, behandelte ich dich mit größerem Respekt.

SKIA: Die Sonne ist beinahe verschwunden. Was wir getan haben, können wir nicht rückgängig machen, aber genießen wir doch dies schöne Abendrot, ehe ich in den großen Schatten der Nacht eingehe.

Die Sonne versinkt im Meer. Skia löst sich von Platons Körper und fliegt stumm davon. Er gleitet über die Häuser hinweg und streckt sich über die Berge hinter Athen.

DIE ENTDECKUNG DES SCHATTENS

> O Schatten, Bilder, die in Luft zerfließen.
>
> *Dante*, Der Läuterungsberg, II, 79

Wer hat das letzte Wort, Platon oder sein Schatten?
Der menschliche Geist hat ein schwieriges Verhältnis zum Schatten. Das Gehirn benutzt ihn ständig auf sehr raffinierte Weise, um sich über die Beschaffenheit der Objekte und ihre Lage in der Umgebung zu informieren, und doch gelingt es ihm kaum, den Schatten ins rechte Licht zu rücken: Schatten sind fremdartige Erscheinungen, die uns ratlos machen. Woher kommt diese Zwiespältigkeit in der Erkenntnis des Schattens?

Wir müssen unterscheiden zwischen dem mechanischen, unbewussten Umgang mit dem Schatten und seinem bewussten Gebrauch, der gewisse Kenntnisse voraussetzt. Vielleicht lässt sich folgende Analogie anwenden: Ich kann mit einem Tennisschläger umgehen, aber wenn Sie mich auffordern, seine verschiedenen Positionen in der Luft während des Aufschlags zu beschreiben, wüsste ich nicht, wo ich anfangen soll. Und auf jeden Fall ist es besser, wenn ich beim Aufschlag gar nicht erst an den Schläger denke. Wenn ich spiele, weiß ich kaum, dass ich einen Schläger in der Hand halte, ich denke nur an den Ball und an die Richtung, in die ich ihn schlagen möchte.

In einer Hinsicht ist der Schatten dem Tennisschläger ähnlich: *Normalerweise nehmen wir den Schatten überhaupt nicht zur Kenntnis*. Wenn wir unser Gesichtssystem im Normalbetrieb benutzen, sehen wir Bäume, Stühle, laufende Tiere; deren Schatten aber fallen uns gar nicht auf. Wir wissen zwar, dass die Informationen über den Schatten in irgendeinem Bereich des Gehirns registriert werden, denn ohne Schatten erschienen uns alle Gegenstände auf halber Höhe im Raum schwebend und ohne jegliche Konsistenz. Dennoch müssen wir bewusst auf den Schatten achten, um seine Gegenwart wahrzunehmen. Das ist ein interessanter Umstand, denn an sich ist der Schatten durchaus sichtbar: Von Licht zu Schatten findet im Gesichtsfeld ein jäher Wechsel der Helligkeit statt. Die Schatten tun alles, um unsere Aufmerksamkeit auf sich zu lenken. Und trotzdem spielen sie letztlich nur eine winzige Nebenrolle, sind beinahe nur Statisten auf der Bühne der Wahrnehmung, auf die wir schon eigens achten müssen, damit wir sie überhaupt sehen.

Diese Beobachtung tritt zu unserem Wissen über das Denken der Kleinkinder hinzu: Der Mensch wird nicht mit einer ausgereiften Vorstellung vom Schatten geboren. Der Begriff des Schattens ist kein Bestandteil des kleinen Repertoires an grundlegenden Konzepten, das die frühkindliche Welt beschreibt und unser geistiges Bankkonto darstellt, des kleinen Schatzes, den wir auf biologischem Weg von unseren stammesgeschichtlichen Vorfahren geerbt haben. Konzepte wie der Begriff vom materiellen Objekt (der Steine, Hindernisse aller Art beschreibt, die sich nicht von allein bewegen können) und der vom belebten Ding (der alles beschreibt, was willkürlicher Bewegungen fähig ist) scheinen zum biologischen Erbe zu gehören. Aus evolutionärer Sicht ist das ziemlich vernünftig: Nicht erst *lernen* zu müssen (weil wir es bereits wissen), dass man Hindernisse umrunden muss und dass es Wesen gibt, die uns erbeuten können, erhöht unsere Überlebenschancen beträchtlich. Demgegenüber scheint der Schatten nicht so wichtig zu sein, dass er eine von Natur aus angelegte Theorie oder Vorstellung zu seiner Beschreibung verdient.

Eine einfache Hypothese lautet, dass man als Kind den Schatten *entdeckt*, dass man ihn *überraschend* findet und sich dann eine Theorie zurechtbastelt, die ein bisschen unzusammenhängend ist (und die bekannten Probleme nach sich zieht, wenn wir auch als Erwachsene über Schatten nachdenken).

Die Metaphysik der Kinder und die Metaphysik, die vielen Intuitionen der Erwachsenen zu Grunde liegen, gehen von drei Grundprinzipien aus. Ein Objekt kann nicht an zwei verschiedenen Orten zugleich sein; zwei verschiedene Objekte können nicht zugleich an ein und demselben Ort sein; und wenn ein Objekt sich bewegt, folgt es einer Bahn, die keine Unterbrechungen aufweist: Es kann nicht an einer Stelle verschwinden, um an einer anderen wieder aufzutauchen. Das nutzen die Comiczeichner aus, um uns, Kinder und Erwachsene, mit Figuren zu foppen, die sich verdoppeln, überlagern, verschwinden und wieder auftauchen. Auch einige Phänomene des Alltags verstoßen gegen diese Prinzipien: Ein Objekt im Spiegel erscheint wie eine Verdoppelung. Der Lichtstrahl einer Taschenlampe kann für einen Augenblick von einem Gegenstand unterbrochen sein und sich kurz darauf fortsetzen. Die Schatten kreuzen sich und überlagern einander im Raum; sie sind magische Objekte.

Die Experimente von van de Walle, Rubenstein und Spelke zeigen, dass Kleinkinder sich vom Schatten verwirren lassen und versuchen, bestimmte, für materielle Objekte maßgeschneiderte Prinzipien auch auf den Schatten anzuwenden. Zum Beispiel sind sie keineswegs überrascht, wenn ein Schatten sich gemeinsam mit einer Schachtel bewegt (was er nicht tun dürfte), vielleicht weil der Schatten mit der Schachtel verbunden ist und zwei miteinander verbundene Gegenstände sich gemeinsam bewegen müssen. Die Neugeborenen haben noch keinen Begriff vom Schatten.

Sind die Kinder ein bisschen größer, zieht der Schatten sie gerade deshalb an, weil sie nicht recht wissen, wie er einzuordnen ist, und er ihnen als metaphysischer Pirat vorkommt, der gegen sämtliche bekannten Gesetze der physikalischen Welt verstößt. Die merkwürdige, aber nicht vollkommen irrationale Architektur des Begriffs an sich entsteht vermutlich durch die Überraschung, die der Schatten auslöst, und durch den Versuch, zu reagieren, um eine Erklärung zu finden.

Wenn wir uns das Konzept ansehen, das der Erwachsene vom Schatten hat, entdecken wir bestimmte Merkmale, die wie kognitive Fossilien sind. Wir können sie ausgraben, um zu erkunden, wie bestimmte Intuitionen bei Begegnungen mit dem Schatten ihren Platz in einer kleinen Theorie gefunden haben.

Der Begriff des Schattens ist eine *räumliche* Vorstellung, der Schatten eine (dunkle) Fläche. Doch der Raum kommt nur auf sehr subtile Weise ins Spiel. Seine Rolle ist eine ganz besondere, weil die Vorstellung vom Schatten teils *figürlich* und teils *kausal* ist. Häufig versuchen wir, einen Schatten als einen Bereich zu definieren, von dem das Licht ausgeblendet ist; wir haben jedoch gesehen, dass die Nacht, die ebenfalls dieser Definition entspräche, niemals als Schatten betrachtet wird. Wir haben außerdem gesehen, dass ein Objekt seinen Schatten nicht *durch* einen anderen werfen kann, was daran liegt, dass der Schatten des zweiten Gegenstands den des ersten verschlingt. Von Schatten reden wir nur, wenn wir eine scharfe Grenze zwischen Licht und Dunkelheit erkennen; darin ist der Begriff figürlich. Der Schatten muss einen Umriss haben, den wir sehen oder uns wenigstens vorstellen können. Die Form eines Schattens ist etwas Besonderes, weil sonst alles, was eine Form hat, materiell ist. Eine Ausnahme sind die Löcher, die jedoch ebenfalls greifbare Objekte sind; die Schatten hingegen sind lediglich visuell: Sie sind reine Form.

Außerdem pflegen wir uns den Schatten als etwas *Projiziertes* zu denken und wehren uns deshalb gegen die Vorstellung, ein Schatten könnte Objekte durchdringen: Ein Schirm, auf den der Schatten fällt, gebietet ihm Einhalt. Die kausale Komponente des Begriffs Schatten, auf Grund deren wir den Schatten als etwas sehen können, das wir gegen ein Hindernis werfen können, bewirkt außerdem, dass wir den Schatten mit der typischen Undurchdringlichkeit der Dinge ausstatten, die man werfen kann. Die Schatten können sich vielleicht gegenseitig durchdringen, aber wir wissen nie genau, was passiert, wenn sie mit materiellen Objekten interagieren.

Wir erkennen, dass die Schatten *erzeugt* werden, nicht zuletzt deshalb, weil wir lernen, sie zu erzeugen. Die Kausalität des Begriffs Schatten ist verknüpft mit der Vorstellung von uns selbst als aktive Wesen, die fähig sind, ihre Umwelt zu verändern. Wir können den Schatten durch unsere Bewegung steuern, nicht anders, als wir einen Tennisschläger steuern. Jedoch – und dies ist eine interessante Entdeckung in der Kindheit – lässt er sich nur bis zu einem gewissen Punkt steuern: Zum Beispiel sind wir nicht in der Lage, ihn rund um uns rotieren zu lassen. Dies könnte erklären, weshalb der Schatten leicht zum Vehikel großartiger psychologischer Bilder wird. Er ist unser Sklave, doch er gehorcht uns nicht blindlings; zuweilen lehnt er sich auf und hat also doch einen autonomen Willen, eine Seele.

Es ist keine besondere Vorstellung vom Schatten erforderlich, um ihn in der Wahrnehmung einzusetzen; Voraussetzung ist ein Konzept dann, wenn wir über den Schatten *nachdenken* wollen. Dieses Konzept wird geschaffen und eingesetzt, indem Ressourcen aus verschiedenen Teilen des Gehirns zusammengerufen werden, das heißt, es ist ein regelrechter geistiger Parasit. Aber letztlich gibt es doch eine Gerechtigkeit, denn die Schatten sind metaphysische Piraten. Die Wissenschaft hat eine besondere Faszinationskraft – die den von Platon unterworfenen normativen Geistern entgeht –, weil auch Piraten und Parasiten durchaus ihren Platz haben, wenn sie ihre Arbeit gut machen.

AUSKÜNFTE ÜBER DEN SCHATTEN

DIE NAMEN DES SCHATTENS

Beim Begriff des Schattens denken wir vor allem an den Umriss, der auf eine Fläche projiziert wird, die dunkle Form, die das Schatten werfende Objekt nachzuahmen scheint. In diesem Buch verwende ich das Wort »Schatten« häufig nicht nur für diese Sorte von Schatten, sondern auch für andere Schattenphänomene, und wenn der Kontext nicht klar ist, erweist sich eine eher technische Terminologie, die zum Teil aus der Malerei und aus der Architekturzeichnung stammt, manchmal als hilfreich. Der Schatten im eigentlichen Sinn – der Umriss – ist der *geworfene* Schatten. Der nicht beleuchtete Teil eines Gegenstands ist der *Eigen*schatten (für die Maler die *Schattierung*). *Schattenlinie* wird die Trennlinie zwischen Licht und Schatten genannt. Der gesamte *Schattenbereich* ist der dunkle Raum hinter einem von einer Lichtquelle beleuchteten undurchsichtigen Körper. Eine *Silhouette* ist das, was wir von einem Körper sehen, der sich zwischen uns und die Lichtquelle schiebt. Wie in der folgenden Zeichnung, bei der eine (idealerweise punktförmige) Lichtquelle in *a* eine Kugel beleuchtet, die einen Schatten auf einen Schirm wirft:

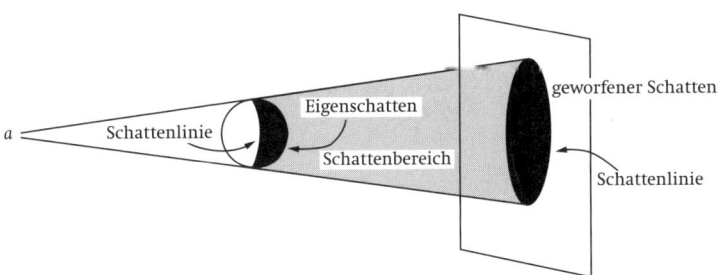

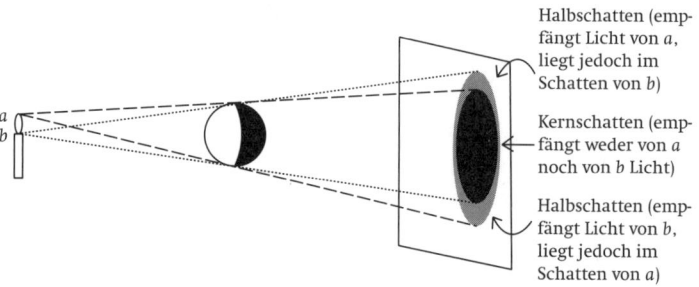

Halbschatten (empfängt Licht von a, liegt jedoch im Schatten von b)

Kernschatten (empfängt weder von a noch von b Licht)

Halbschatten (empfängt Licht von b, liegt jedoch im Schatten von a)

Die »Schattierungen«, die wir rings um einen Kernschatten sehen, sind in Wahrheit ein Halbschatten.

Ein Beobachter, der sich in der Schattenzone befindet, sieht die Kugel als schwarzen Kreis – die Silhouette der Kugel. (Bei einer Röntgenaufnahme erscheint die Silhouette der Knochen und inneren Organe.)

Dieses Schema stellt eine ideale, nämlich punktförmige Lichtquelle dar. Die Wirklichkeit ist komplizierter, denn die Mehrzahl der Lichtquellen ist nicht punktförmig. Eine nicht punktförmige Lichtquelle – wie die Sonne, eine Kerzenflamme oder der Faden einer Glühbirne – können wir uns jedoch als eine Summe punktförmiger Lichtquellen vorstellen, deren jede einen in Bezug auf die übrigen leicht verschobenen Schatten wirft. Der *Halbschatten*

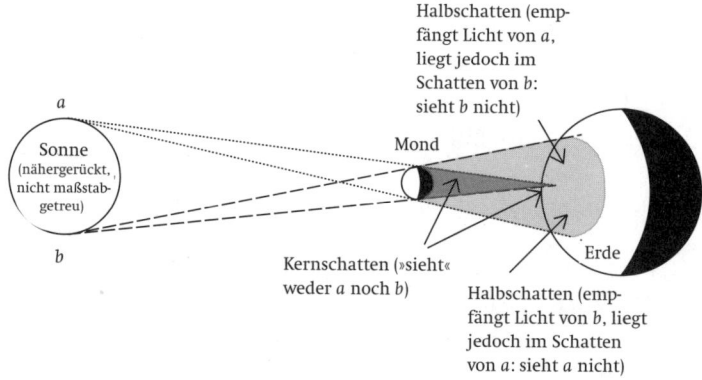

Die Bezeichnungen der Bestandteile einer Sonnenfinsternis (der Mond verdeckt die Sonne – die hier nähergerückt und nicht maßstabgetreu dargestellt ist – und wirft seinen Schatten auf die Erde).

ist der Bereich, in den das Licht mancher, aber nicht aller punktförmiger Lichtquellen fällt, während der *Kernschatten* die Region ist, die keinerlei Licht empfängt.

DIE WICHTIGSTEN ENTDECKUNGEN UND WISSENSCHAFTLICHEN MESSUNGEN ZUM SCHATTEN ODER MIT DEM SCHATTEN ALS HILFSMITTEL

> Alle Himmelsbeobachtungen erfolgen
> mit Hilfe von Licht und Schatten.
> *Kepler*, Paralipomena

- (unbekanntes Datum) Die Nacht ist der Schatten der Erde.
- (unbekanntes Datum) Der Mond hat einen zyklischen Phasenverlauf.
- (unbekanntes Datum) Der Mond ist eine Kugel, wie die geometrische Entwicklung seiner Phasen zeigt.
- (unbekanntes Datum) Die Mondfinsternisse werden durch den Schatten der Erde verursacht; eine Sonnenfinsternis entsteht, wenn sich der Mond zwischen Erde und Sonne schiebt. Bei der Sonnenfinsternis ist die Korona der Sonne zu sehen.
- (unbekanntes Datum) Die Erde ist nicht flach, wie die unterschiedliche Länge der Schatten am Mittag ein und desselben Tages auf verschiedenen Breitengraden zeigt.
- (unbekanntes Datum) Die Tatsache, dass die Schatten von einer Sonnenwende zur nächsten kürzer beziehungsweise länger werden, beweist, dass die scheinbare Bahn der Sonne am Himmel gegen die Umlaufbahn der Sterne geneigt ist; dies erklärt die Jahreszeiten.
- (unbekanntes Datum, traditionell erstmals Parmenides zugeschrieben, um 500 v. Chr.) Der Mond nimmt nicht wirklich ab und zu, sondern wird von der Sonne beleuchtet. Der Mond scheint die Sonne »anzusehen«.

- (unbekanntes Datum, traditionell erstmals Anaxagoras zugeschrieben, um 500 v. Chr.) Der Mond wird von der Sonne beleuchtet.
- Aristoteles (384–322 v. Chr.). Der Schatten der Erde auf dem Mond während der Eklipse beweist, dass die Erde kugelförmig und größer als der Mond ist.
- Aristarch von Samos (drittes Jahrhundert v. Chr.). Die Entfernung zwischen Erde und Sonne ist sehr viel größer als zwischen Erde und Mond. Er erfindet zwei Methoden, die den Schatten zu Hilfe nehmen, um die Größe und die Entfernung zwischen Erde und Mond beziehungsweise Erde und Sonne zu messen: die Dichotomie-Methode und das Diagramm der Eklipsen. Es handelt sich dabei um streng geometrische Methoden, die allerdings von sehr approximativen Daten abhängen; dennoch werden sie, mit wechselndem Erfolg, zweitausend Jahre lang angewendet.
- Aristarch. Die Verkürzung und Verlängerung des Schattens lässt sich mit der Annahme erklären, dass die Rotationsachse der Erde gegen ihre Umlaufebene um die Sonne geneigt ist. Die Jahreszeiten sind ein Schattenphänomen, das mit der Kugelform der Erde und der Achsenneigung zu tun hat.
- Eratosthenes (ca. 273–192 v. Chr.). Der Vergleich zwischen den Schatten an zwei Punkten auf demselben Breitengrad ermöglicht die Bestimmung des Erdumfangs: Er beträgt 250.000 Stadien.
- Hipparch (zweite Hälfte des zweiten Jahrhunderts v. Chr.). Der Mond ist im Schnitt 67? Erdradien von der Erde entfernt.
- Hipparch. Die Sonne ist im Schnitt mindestens 490 Erdradien von der Erde entfernt.
- Theon von Alexandria (um 380 n. Chr.). Die Geometrie der Schatten müsste beweisen, dass das Licht sich geradlinig ausbreitet.
- Galilei, 1610. Die Schatten der aufgehenden Sonne auf dem Mond zeigen eine unebene Oberfläche. Seiner Beschaffenheit nach unterscheidet sich der Mond also nicht (sehr) von der Erde.

DIE WICHTIGSTEN ENTDECKUNGEN UND MESSUNGEN 299

- Galilei, 1610. Die Berge auf dem Mond sind bis zu achttausend Meter hoch.
- Galilei, 1610. Die Venus leuchtet nicht aus eigener Kraft.
- Galilei, 1610. Die Venus durchläuft einen Phasenzyklus, der mit den Voraussagen des ptolemäischen Weltsystems nicht vereinbar ist. Die Venus muss sich um die Sonne drehen und wird damit, zusammen mit der Erde und Jupiter (dessen Monde Galilei entdeckt), eines der drei Rotationszentren des Universums.
- Galilei, 1612. Die Eklipsen der Jupitermonde stellen eine gewaltige kosmische Uhr dar, die sich zur Längenbestimmung auf Erden einsetzen lässt.
- Gassendi, 1631. Die Silhouette des Merkur, beobachtet während des Planetendurchgangs vor der Sonne, zeigt, dass Merkur nur ein Sechstel der bisher vermuteten Größe aufweist.
- Horrocks, 1639. Beobachtung des Venusdurchgangs, mit ähnlichen Ergebnissen, wie Gassendi sie für Merkur erhielt.
- Campani, 1664 (und andere Astronomen im selben Jahrzehnt). Die Schatten zeigen, dass die bizarre Form des Saturn auf die Ringe zurückzuführen ist, die ihn umgeben, wie Huygens 1656 vermutet hatte.
- Grimaldi, 1665. Die Schatten zeigen, dass das Licht sich nicht nur direkt, durch Reflexion und Refraktion, sondern auch durch Brechung ausbreitet.
- Rømer, 1676. Die Verzögerungen bei den Eklipsen der Jupitermonde, beobachtet zu verschiedenen Zeiten des Jahres, zeigen, dass das Licht sich mit endlicher Geschwindigkeit ausbreitet, und erlauben die Berechnung der Lichtgeschwindigkeit.
- Halley, 1715. Erste präzise Beobachtung des Verlaufs einer Eklipse, ermöglicht durch die vorherige Veröffentlichung einer Voraussage Halleys.
- 1761. Der Venusdurchgang (der erste nach 1639) erlaubt die erste exakte Messung der Sonnenparallaxe.
- Eddington, 1919. Die Sonnenfinsternis vom 29. Mai ermöglicht die Beobachtung, dass ein Stern im Sternbild Stier, durch das die Sonne hindurchgeht, leicht verschoben erscheint. Die Ab-

lenkung des Lichts durch die Sonnenmasse stimmt mit den Vorhersagen der Einsteinschen Relativitätstheorie überein. Frühere Sonnenfinsternisse erlaubten verschiedene andere Beobachtungen und Entdeckungen, zum Beispiel entdeckt Lockyer durch die Spektrogrammanalyse (18. August 1868) das Helium, das auf der Erde erst 1895 isoliert wird.

- Dunham, 1980. Eine Diskrepanz zwischen dem tatsächlichen und dem theoretischen Verlauf der Sonnenfinsternis vom 22. April 1715 (registriert von Halley) führt zu der Annahme, dass der Sonnenradius in drei Jahrhunderten um zirka eine drittel Bogensekunde geschrumpft ist.
- Stephenson und Morrison, 1984. Die Diskrepanz zwischen dem tatsächlichen und dem theoretischen Verlauf von zirka siebenhundert historischen Eklipsen führt zu der Annahme, dass die Erdrotation sich in zweitausendfünfhundert Jahren um zirka eine zwanzigstel Sekunde verlangsamt hat.

WEITERFÜHRENDE LITERATUR

1. Kapitel: Im Anfang war der Schatten

Das Höhlengleichnis: Platon, *Der Staat*, Buch 7, beispielsweise in Kröners Taschenbuch-Ausgabe, Bd. 111, Stuttgart 1973. Eine philosophische Neubewertung der Schatten nimmt S. Todes vor: »Shadows in Knowledge: Plato's Misunderstanding of Shadows and of Knowledge as Shadow-Free«, in *Selected Studies in Phenomenology and Existential Philosophy*, hg. von D. Ihde und R. M. Zaner, Den Haag 1975, S. 94–113.

Die Sonne, die den Schatten nicht sieht: Goethe, *Faust*, Teil 2, dritter Akt, in *Goethes Sämmtliche Werke*, Bd. 2, Stuttgart/Leipzig 1873, S. 414.

Die geschwärzte Statue erwähnt Galilei in einem Brief an den Maler Cigoli vom 26. Juni 1612.

Schatten und Kosmetik: B. Horn, »Obtaining Shape from Shading Information«, in P. H. Winston, (Hg.), *The Psychology of Computer Vision*, New York 1975, S. 115–155; es handelt sich dabei um eine klassische Studie über die Ableitung des Neigungswinkels von Oberflächen anhand der Schattierung. Im selben Band liefert D. Waltz in »Understanding Line Drawings of Scenes with Shadows«, S. 19–91, eine Analyse vereinfachter Szenen, in denen die Schatten beim Verständnis der Form von Objekten helfen.

Experimente mit Schatten und Gebilden aus Eisendraht: H. Wallach und C. O'Connell, »The Kinetic Depth Effect«, in *Journal of Experimental Psychology* (1953), 45, S. 205–217.

Eine Geschichte des Lichts, die mit einem unvermuteten Loblied des Schattens endet, stellt David Park vor: *The Fire Within the Eye*, Princeton 1999.

2. Kapitel: Alte und neue Schatten

Schatten über Tokio: Lester Thurow, »Asia: The Collapse and the Cure«, in *New York Review of Books*, 5. Februar 1998, S. 23.

Schatten in japanischen Häusern: Junichiro Tanizaki, *Lob des Schattens*, Stuttgart 1993.

Zum Schattenspiel eine Auswahl aus zahlreichen Werken: P. Kahle, »The Arabic Shadow Play in Egypt«, in *Journal of the Royal Asiatic Society* (1940), S. 21–34; L. K. Myrsiades, *The Karagiozis Heroic Performance in Greek Shadow Theater*, Hanover und London, o. J.; J. Cuisinier, *Le théâtre d'ombres à Kelantan*, Paris 1957; G. Jacob, *Geschichte des Schattentheaters im Morgen- und Abendland*, Hannover 1925; ders., *Das Schattentheater*, Berlin 1901.

Die Faszination des Abendlands für das nahöstliche Schattentheater dokumentierten 1848 Gustave Flaubert in *Voyage en Orient*, Paris 1948, und 1850 Gérard de Nerval in seinem Reisebericht mit demselben Titel: *Voyage en Orient*, Paris 1927, in dem Kapitel über »Theater und Feste« (*Reise in den Orient*, in *Werke*, Bd. 1, hg. von N. Miller und F. Kemp, 3 Bde., München 1986–1989).

3. Kapitel: Schattenverkäufer

Eine Untersuchung über Schatten-Metaphern im Sprachgebrauch und in der Literatur: J. Nováková, *Umbra*, Berlin 1964. Eine weitere Quelle ist L. Röhrich, *Das große Lexikon der sprichwörtlichen Redensarten*, Bd. 3, Freiburg i. Br. 1992.

J. Frazer, *The Golden Bough*, London 1922 (*Der goldene Zweig. Das Geheimnis von Glauben und Sitten der Völker*, TB, Reinbek 1989), Kap. 18. Der Text greift Angaben aus einem Artikel von J. von Negelein auf: »Bild, Spiegel und Schatten im Volksglauben«, in *Archiv für Religionswissenschaft* (1902), 5, S. 1–37, der die Widersprüche innerhalb der Metaphysik des Schattens erwähnt. Mit dem Thema Schatten als Seele befasst sich auch L. Lévy-Bruhl in *L'âme primitive*, Paris 1927, S. 161 ff. (dt. *Die Seele der Primitiven*, Darmstadt 1956), der darauf hinweist, die Begriffe »Schatten« und »Seele« seien an sich schon missverständliche Wörter und potenzielle »Fehlerquellen«.

Die im Text zitierten Berichte über die zentralafrikanischen Völker finden sich in *La notion de personne en Afrique noire*, Paris 1973. Eine monografische Publikation über die Ethnografie des Schattens existiert anscheinend nicht.

Die Versicherung, dass das klassische Altertum dieselben Schattenbilder verwendete, die auch in den zentralafrikanischen Geschichten aufscheinen, findet sich bei P. W. van der Horst, »Der Schatten im hellenistischen Volksglauben«, in M. J. Vermaseren (Hg.), *Studies in Hellenistic Religion*, Leiden 1979, S. 27-36.

Zur ägyptischen Welt: B. George, *Zu den Altägyptischen Vorstellungen vom Schatten als Seele*, Bonn 1970 (worin man unter anderem erfährt, dass die Hieroglyphe für den Schatten ein Schirm ist: ☂).

Die Schattenverkäufer in Transsylvanien: Frazer, a. a. O., S. 223.

Zu den absurden Überzeugungen: Dan Sperber, *La contagion des idées*, Paris 1997.

4. Kapitel: Der Schatten im Geist

Eine klar strukturierte Abhandlung über die Begriffswelt der Kinder bietet S. Carey, *Conceptual Change in Childhood*, Cambridge, MA, 1986.

Piaget hat sich mehrfach über den Schatten geäußert, beispielsweise in *The Child's Conception of Physical Causality*, London 1951 (*Der Aufbau der Wirklichkeit beim Kinde*, in *Gesammelte Werke*, Bd. 2, Stuttgart 1975), und zusammen mit B. Inhelder in *The Child's Conception of Space*, New York 1973 (*Die Entwicklung des räumlichen Denkens beim Kinde*, in *Gesammelte Werke*, Bd. 6, Stuttgart 1993).

Neue Experimente im Geist Piagets: R. DeVries, »Children's conceptions of shadow phenomena«, *Genetic Psychology Monographs*, (1986), 112, (vgl. z. B.) S. 479-530.

Zur Unterscheidung materiell/immateriell: S. Carey, »Knowledge Acquisition: Enrichment or Conceptual Change?«, in S. Carey und R. Gelman, Hg., *The Epigenesis of Mind*, Hillsdale 1988, S. 279

Die Methode der Gewöhnung: R. L. Fantz, »The Origins of Form Perception«, *Scientific American* (1961), 204, S. 66-72.

Die Arithmetik der Neugeborenen: K. Winn, »Addition and Subtraction in infants«, *Nature* (1998), 358, S. 749 f.; S. Dehaene, *La bosse de maths*, Paris 1997 (*Der Zahlensinn oder Warum wir rechnen können*, Biel-Benken 1999).

Die Neugeborenen in einer Welt der Objekte: E. S. Spelke und G. A. van de Walle, »Perceiving and reasoning about objects: Insights from infants«, in N. Eilan, R. McCarthy und B. Brewer, (Hg.), *Spatial Representation*, Oxford 1993, S. 132-161; E. S. Spelke, »Principles of object perception«, in *Cognitive Science* (1990), 14, S. 29-56.

Neugeborene und Schatten: G. A. van de Walle, J. Rubenstein und E. S. Spelke, »Infant Sensitivity to Shadow Motions«, in *Cognitive Development* (1998), 13, S. 387-419.

5. Kapitel: Der Schatten des Zweifels

Schatten als bestes Beispiel für zweidimensionale Objekte: E. A. Abbott, *Flatland*, London 1882 (*Flächenland*, Laxenburg 1999).

Schatten und Quantenphysik: Im Kapitel »Shadows« in *The Fabric of Reality*, London 1996 (*Die Physik der Welterkenntnis. Auf dem Weg zum universellen Verstehen*, Biel-Benken 1996), erklärt David Deutsch, wie aus dem seltsamen Verhalten mancher Schatten nichts Geringeres als die Existenz von Paralleluniversen ableitbar ist.

Zur Großen Zwickmühle des Schattens: S. Todes und C. Daniels, »Beyond the Doubt of a Shadow: A Phenomenological and Linguistic Analysis of Shadows«, in D. Ihde und R. M. Zaner, (Hg.), *Selected Studies in Phenomenology and Existential Philosophy*, Den Haag 1975, S. 203-216. Der Logiker Bas van Fraassen hat das Rätsel im Rahmen einer Untersuchung der Struktur von wissenschaftlichen Theorien (*Laws and Symmetry*, Oxford 1989, Kapitel 9) noch einmal neu gestellt.

R. Sorensen, »Seeing Intersecting Eclipses«, in *The Journal of Philosophy* (1999), S. 25-49, hat das Problem doppelter Schatten in die Astronomie und die Wahrnehmungsphilosophie verlagert. Stellen Sie sich zwei Planeten vor, die sich zwischen Erde und Sonne schieben und am Himmel anscheinend perfekt zusammenpassen. Können wir sehen, welcher näher und welcher ferner ist?

Schneller als Licht: M. A. Rothman, »Things That Go Faster Than Light«, in *Scientific American* (1960), 203, S. 142-152; E. Sober, »A Plea for Pseudo-Processes«, in *Pacific Philosophical Quarterly* (1985), 66, S. 303-309.

Zu den Löchern: R. Casati und A. Varzi, *Buchi e altre superficialità*, Mailand 1996.

Zur intuitiven Physik: P. Bozzi, *Fisica ingenua*, Mailand 1991.

6. Kapitel: Spezialeffekte

Eine Sammlung von Schriften und Fragmenten, die sich auf die Astronomie der griechischen Antike beziehen, stammt von T. Heath, *Greek Astronomy* (Nachdruck), New York 1969. Zwei Standardwerke über die Astronomie des Altertums stammen von O. Neugebauer, *The Exact Sciences in Antiquity*, New York 1969, und von C. Walker, (Hg.), *Astronomy Before the Telescope*, London 1996.

Karl Popper zum Mond des Parmenides: *The World of Parmenides*, London 1998.

Aristoteles meint, der Mond drehe sich nicht um die eigene Achse: *De Caelo*, in *Werke*, Ausgabe der Preußischen Akademie der Wissenschaften, 5 Bde., Berlin 1831–1872.

Zur Archäoastronomie: A. Aveni, *Stairways to the Stars: Skywatching in Three Great Ancient Cultures*, New York 1999; E. C. Krupp, *Echoes of the Ancient Skies: The Astronomy of Lost Civilizations*, Oxford 1994. Die kognitiven Kosmogonien: S. Vosniadou und W. F. Brewer, »Mental Models of the Earth: A Study of Conceptual Change in Childhood«, in *Cognitive Psychology* (1992), 24, S. 535–585.

Der Knochenkalender: A. Marshack, »The Taï Plaque and the Calendrical Notation in the Upper Paleolithic«, *Cambridge Archeological Journal* (1991), 1, S. 25–61.

Die Uneindeutigkeit von konkav und konvex, untersucht in den dreißiger Jahren von dem Psychologen Kai von Fieandt, ist einer von zahlreichen Fällen, mit denen sich die Wahrnehmungspsychologie befasst hat, als sie die Art und Weise studierte, wie der Gesichtssinn die Form eines Objekts anhand der Schattierung rekonstruiert. K. v. Fieandt, »Über Sehen von Tiefengebilden bei wechselnder Beleuchtungsrichtung«, Helsinki 1938. V. Fieandt verfasste außerdem einen interessanten Artikel über die Wahrnehmung des Schattens: »Das phänomenologische Problem von Licht und Schatten«, in *Acta Psychologica* (1949), 6, S. 337–357.

Zu Aristarch: T. Heath, *Aristarchus of Samos: The Ancient Copernicus* (Nachdruck), Dover 1981; das Werk befasst sich vor allem mit Aristarchs heliozentrischer Theorie. In einem Abschnitt (S. 305) wird der Wechsel der Jahreszeiten als ein Schattenphänomen erklärt.

Die Vermessung des Kosmos: A. van Helden, *Measuring the Universe*, Chicago und London 1985.

7. Kapitel: Ellipsen, Schattenkegel und Pyramiden

Die wichtigsten Quellen für die griechische Astronomie und die Planetenmessung sind die im vorigen Kapitel genannten Werke von Heath und van Helden.

Über die Mechanismen der Mond- und Sonnenfinsternisse liegt eine vielfältige und leicht zugängliche Literatur vor. Eine Sammlung von Zitaten über frühere Eklipsen gibt F. R. Stephenson, *Historical Eclipses and Earth's Rotation*, Cambridge 1996. Die alttestamentliche Erwähnung einer Sonnenfinsternis steht in Joël 3,4. Zu den Tacana: K. Hissink, A. Hahn, *Die Tacana*, Stuttgart 1961.

Spärlich sind hingegen die Untersuchungen über die Auswirkungen von Eklipsen auf Tiere und Menschen. Das von G. Francillon und P. Menget herausgegebene Werk *Le Soleil est mort*, Laboratoire d'ethnologie et de sociologie comparative, Nanterre 1979, dokumentiert die Ergebnisse einer Expedition nach Afrika zur Untersuchung der Ökologie während der Sonnenfinsternis vom 30. Juni 1973. In Großbritannien haben während der Sonnenfinsternis vom 11. August 1999 offensichtlich sehr viele Brieftauben die Orientierung verloren.

Aristoteles, der die Mondfinsternis benutzt, um die Form der Erde zu bestimmen: *De Caelo*, II, 14, 272b.

Zu Thales: Herodot, *Historien*, Stuttgart 1971. Ein 1987 veröffentlichtes Fragment rückt Thales' Position wieder zurecht: Es zitiert eine Ansicht von Aristarch – also eines Astronomen –, wonach Thales als Erster begriffen habe, dass die Sonne nur vom Neumond verdeckt werden kann. Thales habe keine Sonnenfinsternis vorhergesagt, sondern lediglich den Zeitraum genannt, in dem eine Eklipse möglich wäre. Das neue Fragment über Thales wird besprochen in A. V. Lebedev, »Aristarchus of Samos on Thales' Theory of Eclipses«, *Apeiron* (1990), 23, S. 77–85.

Die Sonnenfinsternis während der Kreuzigung: Mk 15,33, Mt 27,45 und Lk 23,44.

Quintilian und die Eklipsen: *Istituzione Oratoria*, Buch I, 10, S. 46–49, Mailand 1999 (*Quintilian oder Die Kunst des Redens und Schweigens*, hg. von O. Seel, Stuttgart 1977).

Eklipsen und Aberglaube: I. Draelants, *Eclipses, comètes, autres phénomènes célestes et tremblements de terre au Moyen Age*, Louvain-la-Neuve 1995; Plutarch, *Leben des Nikias*. Nikias ist ein prädestiniertes Schattenopfer:

In der gegen die Böoter verlorenen Schlacht hatten seine Soldaten den Mond im Rücken, wurden von ihren eigenen Schatten umhüllt und erschienen dem Feind weniger zahlreich, als sie waren.

Diogenes Laertios über Thales: zum Beispiel in G. Colli, *La sapienza greca*, Mailand 1992, Bd. 2, S. 125, Fragment 10 B 1 27. Thales opfert ein Rind: ebd., S. 123, Fragment 10 B 1 24.

Zur Mathematik der Ägypter: O. Neugebauer, *The Exact Sciences in Antiquity*, a. a. O.; Kapitel 6 ist eine kritische Würdigung der angeblichen Entdeckungen des Thales.

8. Kapitel: Der Raub der Sonnenuhr

Plinius und der Raub der Sonnenuhr: vgl. Plinius Secundus d. Ä., *Naturkunde*, München 1975. Vitruv und der Katalog der antiken Sonnenuhren: *De Architectura*, Buch IX, Turin 1997.

Die Berechnung des Fehlers bei der Sonnenuhr von Catania: S. L. Gibbs, *Greek and Roman Sundials*, New Haven und London 1976, S. 96; ein Quellentext, der einen vollständigen Katalog der griechischen und römischen Sonnenuhren sowie eine mathematische Beschreibung davon enthält.

Das Fragment des Gedichts von Eratosthenes, *Hermes*, ist nachgedruckt in Powell, *Collectanea Alexandrina*, Oxford 1925. Vergil hat diesen Abschnitt in die *Georgica* übernommen: *Vom Landbau*, Reclam 1994, Übersetzt und herausgegeben von Otto Schönberger, S. 21.

Zum hohen Norden siehe Luigi de Anna, *Thule: Le fonti e le tradizioni*, Rimini 1998. Die traurige Geschichte von Peary steht in der Jubiläumsausgabe (September 1988) zum hundertjährigen Bestehen des *National Geographic*. Das Buch von Robert M. Bryce, *Cook and Peary*, Mechanicsburg 1997, enthält viel dokumentarisches Material zur »Eroberung« des Nordpols.

Über Sonnenuhren im Allgemeinen: René R. J. Rohr, *Cadrans Solaires*, Gauthier-Villars 1965 (ein englischer Nachdruck erschien 1996 in Dover). Der dritte Band von J. Needham, *Science and Civilization in China*, Cambridge 1959, beschreibt die chinesische Wissenschaft der Sonnenuhren.

9. Kapitel: Im Schatten des Minaretts

Vom Manuskript des *Traktats* existiert eine einzige Abschrift in der Bibliothek von Bankipore. Der Kopist sagt, er habe seine Arbeit im Dhū l-hidschdscha des Jahres 631 beendet, also zwischen dem 28. August und dem 26. September 1234. Das zwei Jahrhunderte früher entstandene Werk ist dem Scheich Musāfir gewidmet, einem herausragenden Bürger von Nīschāpur in Khorāsān. Der Text von al-Bīrūnī, das *Kitāb fī ifrad al-maāl fī amr az-zilal*, wurde von E. S. Kennedy übersetzt und kommentiert: *The Exhaustive Treatise on Shadows*, Institute for the History of Arabic Science, Aleppo 1976. Kennedy ist auch der Verfasser der Biografie von al-Bīrūnī im *Dictionary of Scientific Biography*.

Der *Traktat* ist nicht das einzige Schattenbuch jener Zeit: Es existierte ein ganzes Genre, das sich vermutlich an ein Publikum gebildeter Muezzine richtete. Al-Bīrūnī zitiert die Schriften von Abū al-Hasan Thābit b. Qurra, gestorben im Jahr 901, einem syrischen Übersetzer vom Griechischen ins Arabische, der eine Brücke zwischen der spätgriechischen Antike und der islamischen Welt schlug (S. 14 in Kennedys Kommentar): *Über die Bestimmung der von den Rändern des Schattens am Horizont gezogenen Linien*; und *Das Buch der Schatten* von Ibrāhīm b. Sinān (Enkel des vorigen, gestorben 946). Unbekannt ist ihm jedoch das andere Buch über die Schatten, das uns erhalten ist, verfasst von seinem großen Zeitgenossen Al-Hazen (Ibn Al-Haytham), ins Deutsche übersetzt von E. Wiedemann, »Über eine Schrift von Iban al-Haitam: Über die Beschaffenheit der Schatten«, in *Sitzungsberichte der physikalisch-medizinischen Sozietät in Erlangen* (1907), 39, S. 226-248, mit einer wichtigen Diskussion über den Halbschatten sowie Verweisen auf andere arabische Werke über den Schatten.

10. Kapitel: Die Zeit flieht durch das Loch im Schatten

Zur Sonnenuhr von Danti: F. Mancinelli und J. Casanovas, *La torre dei venti in Vaticano*, Vatikan 1980; O. Gingerich, »The tower of the winds and the Gregorian calendar«, in *The Great Copernicus Chase*, Cambridge 1992, S. 82-88. Eine gute Beschreibung gibt G. Paltrinieri, *Meridiane e Orologi Solari d'Italia*, Bologna 1997.

Zur Rolle der Sonnenuhr von Cassini: A. van Helden, *Measuring the Universe*, a. a. O., S. 130 ff.

11. Kapitel: Schattenkriege

Der *Sidereus Nuncius* liegt in verschiedenen Ausgaben vor. Zitiert wird hier aus der italienischen Übersetzung des lateinischen Originals, enthalten in Bd. 3 der zwanzigbändigen Ausgabe *Opere* von Galileo Galilei, der so genannten Edizione Nazionale, hg. von Antonio Favaro, Florenz 1890–1909. Es wurden auch mehrere deutsche Übersetzungen veröffentlicht, beispielsweise *Sidereus Nuncius – Nachricht von neuen Sternen*, hg. von Hans Blumenberg, Frankfurt/M. 1980.

Als die Computerwissenschaft sich für die Schatten zu interessieren begann, machte sie sich die Studien der Mondoberfläche zu Nutze: T. Rindfleisch, »Photometric Method for Lunar Topography«, in *Photometric Engineering* (1966), 32, S. 262–276.

Der Mond hat keine Gebirge: Ludovico delle Colombe, *Contro il moto della terra*, ebenfalls in Bd. 3 der *Opere* von Galilei (S. 250–290, insbesondere S. 286 f.)

Kepler über die Flecken im Mond: F. Hammer, *Johannes Kepler. Unterredung mit dem Sternenboten*, in Faksimile-Ausgabe von Keplers »Dissertation cum nuncio sidereo Galilaei«, hg. von W. Lehmann, Gräfelfing 1964.

Dante: *Die göttliche Komödie,* »Das himmlische Paradies«, italienisch und deutsch, übersetzt und kommentiert von August Vezin, Freiburg 1956, zweiter Gesang, 144, S. 780 f.

Zu Harriott und Galilei: T. F. Bloom, »Borrowed Perceptions: Harriott's Maps of the Moon«, in *Journal for the History of Astronomy* (1978), S. 117 bis 122. S. J. Edgerton jr. hat Galileis Bildern ein Kapitel gewidmet: *The Heritage of Giotto's Geometry*, Ithaca und London 1991, S. 223 ff.; dabei folgt er einer von E. Panofsky gelegten Spur, der als Erster die Aufmerksamkeit auf Galileis künstlerische Bildung lenkte: *Galileo critico delle arti*, Venedig 1985. Ein ganzes Kapitel hätte die Darstellung des Mondes auf Cigolis Fresko der *Himmelfahrt Mariä* in Santa Maria Maggiore in Rom verdient: Der Maler und Freund Galileis berücksichtigt darin dessen neue Entdeckungen – selbstverständlich auch den böhmischen Krater. E. Reeves hat ihm ein Buch gewidmet: *Painting the Heavens: Art and Science in the Age of Galileo*, Princeton 1997.

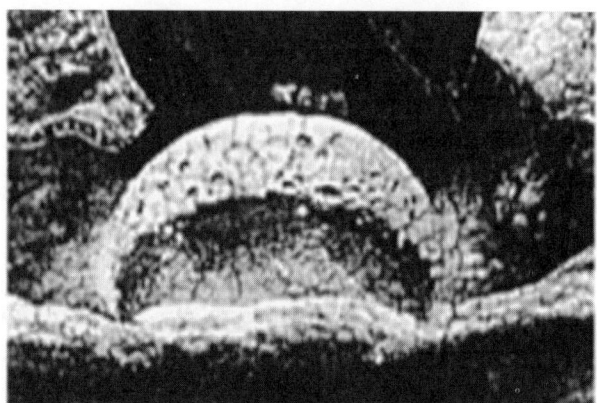

In dem Gemälde der Himmelfahrt Mariä von Ludovico Cardi, genannt Cigoli, steht der Mond für die Reinheit, doch nach Galileis astronomischen Entdeckungen erweist er sich als metaphorische Waffe mit doppelter Schneide.

Die Gleichsetzung des böhmischen Kraters mit *Albategnius*: O. Gingerich, »Dissertatio cum Professore Righini et Sidereo Nuncio«, in M. L. Righini Bonelli und W. R. Shea, *Reason, Experiment and Mysticism in the Scientific Revolution*, New York 1975, S. 59-76; E. A. Whitaker, »Galileo's Lunar Observations and the Dating of the Composition of ›Sidereus Nuncius‹«, in *Journal for the History of Astronomy* (1978), 9, S. 155-169.

1646 erscheint eine gewichtige Abhandlung über die Schatten, *Ars magna lucis et umbrae*, des Jesuitenpaters Athanasius Kircher (1602-1680), ein Buch über die Optik (Licht) und Sonnenuhren (Schatten). Die *Ars magna* reicht von der Metaphysik (das Universum als Mischung aus Licht und Schatten) bis hin zu Anweisungen zum Bau von Spielsachen (darunter eine Laterna magica).

12. Kapitel: Venus imitiert Dianas Schatten

Grabinschrift Keplers: übersetzt von Reinhold Schneider und zitiert in W. Gerlach und M. List, *Johannes Kepler, Leben und Werk*, München 1966, S. 117.

Keplers Kampf mit Galileis Anagrammen: *Gesammelte Werke*, hg. von der Kepler-Kommission der Bayer. Akademie der Wissenschaften, München 1937 ff., Bd. XVI, S. 357.

WEITERFÜHRENDE LITERATUR

Zu den Venusphasen vor Galilei: R. Ariew, »The Phases of Venus Before 1610«, in Studies in the History and Philosophy of Science (1987), 18, S. 81–92.

Galilei und das Buch des Universums: Il Saggiatore, enthalten in Bd. 6 der Edizione Nazionale, a. a. O., S. 226.

Gassendi und der Merkur: Mercurius in Sole visus, in Opera omnia, Lyon 1698.

Zu Harrocks: Beitrag im Dictionary of Scientific Biography, hg. von W. Applebaum.

Über die gesamte Zeit geben ausführliche Auskunft der Band 2a der General History of Astronomy, hg. von R. Taton und C. Wilson, Cambridge 1989, sowie van Helden, Measuring the Universe, a. a. O.

13. Kapitel: Vielleicht hat Saturn seine Kinder verschlungen

Galilei über Saturn, der seine Kinder verschlingt: Brief an Markus Welser vom 1. Dezember 1612, in G. Galilei, Opere, a. a. O., Bd. 5.

Über die Auseinandersetzung zwischen Divini und Campani berichten A. van Helden und M. L. Righini Bonelli in Divini and Campani: A Forgotten Chapter in the History of the Accademia del Cimento, Ergänzungsband zu den Annali dell'Istituto e Museo die Storia della Scienza, Florenz 1981.

Der Kosmotheoros äußert sich zum Saturn auf den S. 776–789 der Œuvres complètes de Christiaan Huygens, Société Hollandaise des Sciences, Den Haag 1888, Bd. 21. Die falsche Zeichnung steht auf S. 125 der englischen Ausgabe von 1698.

14. Kapitel: Die Geschwindigkeit des Schattens

Eine Einführung in das Problem der Längenbestimmung: D. Sobel, Longitude, New York 1995 (dt. Längengrad, Berlin 1996).

Al-Bīrūnīs Bemerkungen über die Mondfinsternisse zitieren F. R. Stephenson und S. S. Said: »Precision of Medieval Islamic Eclipse Measurements«, in Journal for the History of Astronomy (1991), 22, S. 195–207, S. 196.

Die Messung der unterschiedlichen Erdrotation anhand von Eklipsen:
F. R. Stephenson, *Historical Eclipses and Earth's Rotation*, Cambridge 1996. Vom selben Autor stammt auch das Kapitel »Modern Uses of antique Astronomy«, in C. Walker, *Astronomy Before the Telescope*, New York 1997.

Halley und die Eklipse von 1715: O. Gingerich, *The Great Copernicus Chase*, Cambridge 1992, Kap. 19.

Der Sammelband *Roemer et la vitesse de la lumière*, Paris 1978, enthält Dokumente und Schriftzeugnisse über die Entdeckung der Lichtgeschwindigkeit.

15. Kapitel: Die Schattenlinie und die Schattenstrahlen

Die Quelle für den Schatten in der Malerei ist *Shadows and Enlightenment* (dt. *Löcher im Licht*, München 1998) von M. Baxandall, New Haven 1995, ein ausgezeichnetes Werk über den Schatten als Instrument zur Formwahrnehmung.

Plinius und die Silhouette des Geliebten: *Naturkunde*, München 1975, XXXV, 15 und 43. In *A Short History of the Shadow* (dt. *Eine kurze Geschichte des Schattens*, München 1999) äußert sich V. Stoichita ausführlich über die Konsequenzen dieses mythischen Ursprungs der Malerei. Das Buch enthält viele schöne Bilder.

Zur bildenden Kunst der Griechen und zur Malerei als Darstellung von Schatten: P. Moreno, *Pittura greca*, Mailand 1987. Eine unterschiedliche Deutung der *skiagraphia* erörtert E. Keuls, *Plato and Greek Painting*, Leiden 1978, in Kapitel 4.

Das Haus des Augustus: G. Carrettoni, »La decorazione pittorica della casa di Augusto sul Palatino«, in *Bollettino dell'Istituto Archeologico Germanico, Sezione Romana* (1983), 90, S. 373–419. Zum Gebrauch von Hilfsmitteln bei der Hell-Dunkel-Darstellung: E. H. Gombrich, *Kunst und Illusion. Zur Psychologie der bildlichen Darstellung*, 2. Aufl., Stuttgart/Zürich 1986, Kapitel 1.

Die Dante-Zitate in der Bildunterschrift stammen aus der *Göttlichen Komödie*, a. a. O., »Der Läuterungsberg«, 5, 25–27 und 5, 7–9.

Zu den unvollkommenen Schatten in der Malerei siehe die kurze, aber erhellende Abhandlung von E. H. Gombrich, *Shadows*, London 1995 (dt. *Schatten. Ihre Darstellung in der westlichen Kunst*, Berlin 1996).

Zum Verankerungsschatten und der Auskunft über die Entfernung eines Objekts von der Oberfläche siehe D. Kersten, D. C. Knill, P. Mamassian, I. Bülthoff, »Illusory motion from shadows«, *Nature* (1996), 379, S. 31. Das Experiment von Kersten et al. zeigt ein Quadrat auf einem Schachbrett. Es genügt, den Schatten ein wenig zu verschieben, und das Quadrat scheint sich zu heben. Nach meiner Ansicht hat das Phänomen jedoch seine Grenzen – allzu weit darf sich der Schatten nicht entfernen. Ich habe von einem Aussichtsturm aus lange die Schatten fischender Möwen auf einer glatten und undurchsichtigen Wasserfläche beobachtet und hatte nie den Eindruck, ich könnte eine unmittelbare Information allein auf Grund des Schattens gewinnen.

Hering und die Schattenlinie: *Outlines of a Theory of Light Sense*, Cambridge, MA, 1964, S. 8.

Zur Wahrnehmung des Schattens siehe die klassische Abhandlung von L. Kardos, *Ding und Schatten*, Leipzig 1934. Kardos achtet überaus sorgfältig darauf, wie wir vom Schatten sprechen – beispielsweise beobachtet er, dass wir in unserem Denken dem Schatten keine Farbe zugestehen.

Zum Umriss des Schattens: J. M. Kennedy, *A Psychology of Picture Perception*, San Francisco 1974.

Der Inhalt des verlorenen Buchs über die Schatten steht auf Blatt 250 des *Codex Atlanticus*; eine Version davon findet sich bei A. Agostini, *La prospettiva e le ombre nelle opere di Leonardo da Vinci*, Pisa 1954, S. 34 f. Zu den Schattenstrahlen siehe ebenda, S. 26-28; Agostini bezieht sich auf das am Institut de France aufbewahrte Manuskript, Blatt 97 Verso und 102 Rekto. Zu Leonardos Schattentheorie siehe den vorzüglichen Anhang zu dem oben genannten Text von Baxandall. Zu Leonardo und den farbigen Lichtern: M. Kemp, *The Science of Art. Optical Themes in Western Art From Brunelleschi to Seurat*, New Haven/London 1990.

Talmy zu den Schatten und »Schattonen«: »Fictive Motion in Language and ›Ception‹« in P. Bloom et al. (Hg.), *Language and Space*, Cambridge, MA, 1996, S. 211-276.

Leonardos Analogie von Auge und Lampe: *Codex Atlanticus*, Blatt 204, zitiert in Agostini, a. a. O., S. 33.

J. Piagets und B. Inhelders Experimente zum Schattenzeichnen: *The Child's Conception of Space*, New York 1967, Kapitel 7.

16. Kapitel: Schattenverflechtungen

Dürer: *Albrecht Dürers Unterweisung der Messung*, hg. von Alfred Peltzer, Süddeutsche Monatshefte, München 1908. Die hier nicht dargestellte Spiegelmethode von Filippo Brunelleschi ist ein wenig anders, bringt jedoch dieselben Probleme mit sich wie die Fenstermethode.

Die Entstehung der Perspektive aus der Projektion des Schattens: G. Bauer, »Experimental Shadow Casting and the Early History of Perspective«, in *The Art Bulletin* (1987), 69, S. 211-219.

Alberti: *De Statua*, hg. von O. Morisani, Catania 1961, S. 47 (ich habe den ursprünglichen altertümlichen Wortlaut ein wenig modernisiert).

Zu den Abenteuern des Buchs von Ptolemäus: S. J. Edgerton jr., »Florentine Interest in Ptolemaic Cartography as Background for Renaissance Painting, Architecture, and the Discovery of America«, in *Journal of the Society of Architectural Historians* (1974), 33, S. 274-292.

Die Begegnung zwischen Toscanelli und Brunelleschi beim gemeinsamen Abendessen: Giorgio Vasari, »Vita di Filippo Brunelleschi«, in *Le Vite de' più eccellenti architetti, pittori e scultori italiani, da Cimabue a' tempi nostri*, Florenz 1550 und Turin 1986 (dt. *Lebensläufe der berühmtesten Maler, Bildhauer und Architekten*, Stuttgart 1993).

Zur Rolle der Optik und der Geometrie der Antike in der Renaissance: K. H. Veltman und K. D. Keele, *Linear Perspective and the Visual Dimensions of Science and Art*, München/Berlin 1986.

Zur Rolle Toscanellis: A. Parronchi, *Studi su la dolce prospettiva*, Mailand 1964, und E. Garin, »Ritratto di Paolo dal Pozzo Toscanelli«, in *Belfagor* (1957), 3, S. 241-257.

Zur Rolle von Biagio Pelacani: T. da Costa Kauffmann, »The Perspective of Shadows«, in *The Mastery of Nature*, Princeton 1993, S. 49-78.

Ein Text mit den Beschreibungen zahlreicher Arbeiten über den Schatten zwischen Kunst und Mathematik ist A. de Rosa, *Geometrie dell'ombra*, Mailand 1997.

M. Baxandall, *Shadows and Enlightenment*, a. a. O., legt sehr überzeugend dar, dass wir bei der Analyse der Nachrenaissancemalerei nicht nur eine rein geometrische Auffassung vom Schatten berücksichtigen dürfen.

17. Kapitel: Lektionen der Finsternis

Eine Quelle über Desargues ist J. Dhombres und J. Sakarovitch, *Desargues en son temps*, Paris 1994.

Leibniz über Perspektive und Schatten: *Ratschläge zur Einführung der allgemeinen Wissenschaft*, 1686, in G. W. Leibniz, *Vorausedition*, Faszikel 6, Münster 1987, Nr. 271 f.; zitiert in Javier Echeverría, »Leibniz, interprète de Desargue«, in J. Dhombres und J. Sakarovitch, *Desargues en son temps*, a. a. O., S. 291.

Die Entdeckung des Schattens

Zur Rolle der Aufmerksamkeit in der Phänomenologie des Schattens: M. Baxandall, *Shadows and Enlightenment*, a. a. O., S. 39.

Zur Metaphysik der Neugeborenen: F. Xu und S. Carey, »Infants' metaphysics: The case of numerical identity«, in *Cognitive Psychology* (1996), 30, S. 111–153.

BILDNACHWEIS

[S. 14] Jean-Baptiste-Siméon Chardin, *Kupferurne*, Louvre (grafische Bearbeitung von Walter Criscuoli).

[S. 38] Peter Schlemihl lässt seinen Schatten abschneiden. Stich von George Cruikshank, 1823.

[S. 47] M, das Monster von Düsseldorf (im bürgerlichen Leben Peter Kurten) sowie ein Opfer in Fritz Langs gleichnamigem Film aus dem Jahr 1931.

[S. 53] Aus S. Spaggiari, L. Malaguzzi und M. Dolci, *Tutto ha un'ombra tranne le formiche*, Gemeinde Reggio Emilia 1990, S. 34. Foto von S. Sturloni und L. Vecchi.

[S. 59] Nachgezeichnet aus van de Walle, Rubenstein und Spelke, 1998.

[S. 105] Almanach, hg. von K. Kachelofen, Leipzig 1497.

[S. 122] *Astronomie Populaire* von Camille Flammarion, S. 225 der Ausgabe von 1908.

[S. 134] Peary posiert am vermeintlichen Nordpol. Von der *National Geographic Society*.

[S. 147] Giovanni Battista Piranesi (1720–1778), *Ansicht der herausragenden vatikanischen Basilika mit dem weiten Bogengang und angrenzendem Platz*, 1773, in *Vedute di Roma*, Bd. 1, Tafel 3, Radierung.

[S. 166] Fotografiert von der Apollo 12 (NASA).

[S. 169] Aus der *Astronomie Populaire* von Camille Flammarion.

[S. 186] Die Phasen der Venus aus der Sicht Keplers, *Epitom der Copernicanischen Astronomie*, Teil 3.

[S. 187] Merkur, wie Gassendi ihn am 8. November 1631 sah. Aus *Mercurius in sole visus*.

[S. 196] Saturn von der Raumsonde Voyager am 30. Oktober 1980 (Foto NASA, AC 80-7023).

[S. 212] Aus dem *Journal des Scavans* vom 7. Dezember 1676.

[S. 223] Maskenzimmer im Haus des Augustus auf dem Palatin. Oberintendanz für Archäologie, Rom.

[S. 226] Fra Filippo Lippi, *Anbetung des Kindes* (Ausschnitt), Dom von Spoleto.

[S. 227] Luca Signorelli, *Dantes Schatten*, Orvieto, San-Brizio-Kapelle (aus *Temi danteschi a Orvieto*, Mailand 1963, S. 51).

[S. 230] Masaccio, *Der hl. Petrus heilt mit seinem Schatten*, Brancacci-Kapelle in Santa Maria del Carmine, Florenz.

[S. 231] Masaccio, *Der Tribut*, Brancacci-Kapelle in Santa Maria del Carmine, Florenz.

[S. 248] Albrecht Dürer, *Underweysung der Messung*, Nürnberg 1525.

[S. 266] Aus K. J. Holyoak und P. Thagard, *Mental Leaps*, MIT Press 1995.

[S. 272] Bernardo Bellotto (*Venedig 1721, † Warschau 1780), *Hofansicht der kaiserlichen Sommerresidenz Schönbrunn*, Kunsthistorisches Museum Wien.

[S. 278] Aus *Implausible container*, Objekt von Larry Kagan (1999), Foto von L. Kagan.

[S. 310] *Himmelfahrt Mariä*, Fresko von Ludovico Cardi, genannt il Cigoli (1559–1613), Paulinische Kapelle in Santa Maria Maggiore, Rom; Ausschnitt.

Der Verlag hat sich mit allen Mitteln bemüht, die Eigentümer der Bildrechte ausfindig zu machen, was ihm jedoch nicht gelungen ist: Selbstverständlich steht er zur Erfüllung seiner Verpflichtungen ihnen gegenüber uneingeschränkt zur Verfügung.

DANK

Alles begann in einem Gespräch mit Marco Vigevani: Ich wollte einen kurzen Artikel über den Schatten schreiben und wurde überredet, ein ganzes Buch daraus zu machen. Es kam zu einer für mich ein wenig ungewöhnlichen Serie von Reisen durch Zeit und Raum. Ich möchte einigen Personen und Institutionen danken, die mir bei diesem Streifzug geholfen haben. Das Team vom CREA in Paris, insbesondere Jean-Pierre Dupuy, Daniel Andler, Elisabeth Pacherie und Jérôme Dokic. An der State University of New York in Buffalo Barry Smith, David Mark und Len Talmy; dem National Center for Geographic Analysis and Information, dem Center for Cognitive Science von SUNY; Alain Michel von CEPERC in Aix-en-Provence; Andrew Frank und der Gruppe von der Technischen Universität Wien; am Warburg Institute in London (dem ersten Wunder der bibliographischen Welt) Paul Taylor, François Quiviger und Anita Pollard. Einige Besuche und das Studium schwer zugänglicher Materialien ermöglichten mir das freundliche Entgegenkommen von Irene Iacopi und Gianna Musatti von der Oberintendanz für Archäologie in Rom, von Marco Nani, von Pater Marino Maffeo von der Vatikanischen Sternwarte, von Herrn Fraiani, Restaurator im Vatikanischen Archiv, Pater Carlo von der Basilika Santa Maria Maggiore, Marco Beretta vom florentinischen Institut und Museum für Wissenschaftsgeschichte und von Annik Roger vom CNRS in Aix-en-Provence. Häufig geriet ich auf ein mir wenig vertrautes Gelände, auf dem man sich vernünftigerweise nur mit einem Führer bewegen sollte. Ich danke also Francesca Bizzarri und Fabrizio Montecchi für das Schattentheater; Maurice Bloch und Dan Sperber für die Informationen über die Anthropologie;

Jonathan Raper, meinem Mentor in geographischen Angelegenheiten; Marco Panza für die wertvolle Hilfe in der Geschichte der Mathematik; Ted Pedas für die Reise ins Herz der Finsternis. Die Diskussionen mit Paolo Bozzi, Vittorio Girotto und Ira Noveck über die Psychologie der Wahrnehmung und des Denkens übten einen großen Einfluss auf mich aus. Paola Fontanini und Flaminia D'Andria folgten Dutzenden von Pfaden zum dunklen Planeten der klassischen Philologie. Ein herzlicher Dank gilt Maurizio Giri, Gloria Origgi, Walter Criscuoli, Kevin Mulligan, Dominique Fioraso, Alain de Chevigné, Paolo Legrenzi, Maria Sonino, Monique Canto, Stephan Winter, Jean Petitot, Len Talmy, Steven Davis, François Longy, Philippe de Rouilhan, Francesco Fagioli, Adriano Palma, Roy Sorensen, Pierluigi Ciucci, Marta Spranzi, Susan Carey, Maria Casati, Gianna Zuradelli, Pietro Corsi, Luca Bonatti, Jean-Maurice Monnoyer, Barbara Tversky, Giovanni Paltrinieri, Liberio Sosio, Valeria Viganò, Andrea Bonomi, Mike Martin, Ettore Cingano, Luisa Dolza; Dank auch an Adriana Zangara und Davide Luglio, an Dani und Manu, Ale und Tullio, Inma und Tito, Holly und Matteo, Rez und Albe und denen aus Imbe. Ich danke der Redaktion von Mondadori, insbesondere Giovanni Quochi, Renato Curti und Giacomo Callo. Einen Dank an Agnes Krup, die an dieses Buch glaubte, als es noch eine Liste von Sätzen auf einem Blatt war. Achille Varzi, meinen Geschwistern Marco und Chiara, meinen Eltern und, *last but not least*, Marianna genannt Marisa kann ich nie genug danken. Das Buch ist dem kurzen Jahrhundert von Angela Farina (1907–1998) gewidmet, die mir seit jeher wie ein Schatten folgt.

Ausführlichere bibliographische Angaben und Dokumente im Zusammenhang mit diesem Text findet der Leser unter www.shadowmill.com.

NAMENSREGISTER

Abbott, Edwin A. 67, 304
Agostini, Amedeo 313
Albert von Sachsen 184
Alberti, Leon Battista 252 ff., 256, 314
al-Bīrūnī 140 ff., 144 ff., 207, 308, 311
Alexander der Große 39, 43
al-Hazen 303
al-Nāschī 145
Anaxagoras 92, 105 f., 298
Anaximander 104
Anaximenes 104
Angiolo, Jacobo d' 253
de Anno, Luigi 307
Apollonius 144
Applebaum, Wilbur 311
Archilochos 101
Archimedes 121, 144
Ariew, Roger 311
Aristarch 96 ff., 97, 103, 119 ff., 126, 126 f., 130 f., 159, 185, 298, 305 f.
Aristoteles 106, 184, 186, 298, 305 f.
Arnheim, Rudolf 224
Ascoli, Graziadio 243
Augé, Marc 42
Augustus 148, 222, 223, 226, 312
Aveni, Anthony 305
Avicenna 184

Barrie, James 39
Bauer, George 247, 252, 314
Baxandall, Michael 312–315
Beethoven, Ludwig van 63
Bellotto, Bernardo 272 f., 272
Bloom, Paul 313
Blumenberg, Hans 309
Bozzi, Paolo 304
Brahe, Tycho 183
Brewer, Bill 304
Brewer, William F. 305
Brunelleschi, Filippo 253 ff., 258, 314
Bryce, Robert M. 307
Bülthoff, Isabelle 313

Caligula 147 f.
Campani, Giuseppe 197 f., 198, 299, 311
Canal, Antonio 272
Carey, Susan 53 f., 303, 315
Carnera, Primo 63
Cäsar, Gajus Julius 150
Cassini, Giovanni D. 153 f., 197 f., 309
Chamisso, Adelbert von 38
Chardin, Jean Baptiste S. 14
Christina von Schweden 150
Chrysoloras, Manuel 253
Cigoli, Ludovico C. 301, 309

Clavius 167, 170
Collis, Giorgio 307
Colombe, Ludovico delle 167 f., 170
Cook, Frederick 133 f.
Crabtree, William 189
Cruikshank, George 38
Cuisinier, Jeanne 302

Daniels, Charles 70, 304
Dante Alighieri 173, 227 ff., *229*, 309, 312
Danti, Egnazio 148 f., 151, 153
Dehaene, Stanislas 303
Demokrit 172
Desargues, Girard 261 f., *262 f.*, 264 f., 278, *279*, 315
Deutsch, David 304
DeVries, Rheta 51, 54, 58
Dhombres, Jean 315
Dikaiarchos von Messene 132
Diogenes Laertios 92, 95, 113, 115, 307
Divini, Eustachio 194 f., *194 f.*, 197 f.
Donato, Leonardo 164
Draelants, Isabelle 306
Dunham, David 211, 300
Dürer, Albrecht 248 f., *248*, 251, 314

Echeverría, Javier 315
Eddington, Arthur S. 299
Edgerton, Samuel 253 f., 309, 314
Edison, Thomas 24
Egingwah 133
Eilan, Naomi 304
Einstein, Albert 300

Eratosthenes 17, 128–133, *129 f.*, 159, 205, 255, 284, 298, 307
Euklid 144

Fantz, Robert L. 303
Favaro, Antonio 309
Feyerabend, Paul K. 177
Fieandt, Kai von 305
Flammarion, Camille *122*, 169, *169*
Flaubert, Gustave 302
Fontana, Francesco *194*
Fraassen, Bas van 304
Francillon, G. 306
Frazer, James 36, 42, 302 f.
Friedrich der Große 272

Galilei, Galileo 14, 17, 161–168, *162*, 170–173, 175–179, *177*, *179*, 181 f., 184 f., 188–193, *193 f.*, 203 f., 208, 217 f., 298 f., 301, 309 ff.
Garin, Eugenio 255, 314
Gassendi, Pierre 186 ff., *187*, *194*, 299, 311
Gelman, Rochel 303
George, Beate 303
Gibbs, Sharon 124, 307
Gingerich, Owen 308, 310, 312
Goethe, Johann W. von 13, 39, 301
Gombrich, Ernst H. 224, 312
Graham, Ernest R. 28
Gregor XIII. 151
Grimaldi, Francesco M. 189, 299

Hahn, Albert 306
Hall, Asaph 191
Halley, Edmund 210 f., 255, 299 f., 312

NAMENSREGISTER 323

Harriott, Thomas 175 f., *175*, 309
Heath, Thomas 106, 305 f.
Helden, Albert von 305 f., 309, 311
Helmholtz, Hermann von 221
Henson, Matthew 133
Herakles 112
Heraklit 95, 119 f., 179
Hering, Edwald 233, 313
Herodot 111 f., 306
Hevelius, Johann *194*
Hipparch 188, 298
Hippokrates 144
Hissink, Karin 306
Hofmannsthal, Hugo von 39
Horn, Berthold K. 301
Horrocks, Jeremiah 188 f., 299, 311
Horst, Pieter W. van der 303
Huygens, Christiaan 192 f., 195 ff., *196*, 199, *201*, 299, 311

Ihde, Don 301, 304
Inhelder, Bärbel 243, 303, 313

Jablochkow, Pawel 24
Jacob, Georg 302

Kagan, Larry 278
Kahle, Paul 302
Kardos, Ludwig 313
Keele, Kenneth D. 314
Kemp, Martin 313
Kennedy, Edward S. 146, 308
Kennedy, John F. 233 f., 313
Kepler, Johannes 171 f., 174, 178, 182 f., 186 ff., *186*, 191 f., 199, 208, 297, 309 f.
Kersten, D. 313
Keuls, Eva 312

King, David 140
Kircher, Athanius 310
Knill, David C. 313
Koestler, Arthur 177
Kolumbus, Christoph 121, 253–255
Kopernikus, Nikolaus 170
Krupp, Edwin C. 305
Kurten, Peter 47

Lang, Fritz 47
Lebedev, A. V. 306
Leibniz, Gottfried Wilhelm 261, 265, 315
Leonardo da Vinci 17, 163, *163*, 175, 233, 235–239, 241 f., *242*, 252, 256, 264
Lévy-Bruhl, Lucien 302
Lippi, Filippo 225, *226*
Lockyer, J. Norman 300
Lower, William 176
Lucius Paulus 124
Lumière, Auguste M. u. Louis J. 31

Masᶜūd I. 141
Maḥmūd 139 f., 143
Mammassian, Pascal 313
Mancinelli, Fabrizio 308
Manlius Valerius Messala 124
Maria Theresia von Österreich 272
Marshack, Alexander 305
Masaccio 229 f., *230 f*
Mästlin, Michael 172
McCarthy, Rosaleen 304
Medici, Cosimo II. 164, 181
Medici, Giuliano de 161, 181 f., 191
Menget, Patrick 306
Messala, Manlius Valerius 124
Middleton, John 42

Mies van der Rohe, Ludwig 29
Miloradowitsch 275 f.
Montecchi, Fabrizio 33
Moreno, Paolo 312
Morisani, Ottavio 314
Morrison, Leslie 210, 300
Musāfir 308
Myrsiades, Linda S. 302

Napoleon I. 276
Needham, Joseph 307
Negelein, Julius von 302
Nero 148
Nerval, Gérard de 302
Neugebauer, Otto 305, 307
Ney, M. 275 f.
Niepce, Joseph N. 25
Nikias 113
Nováková, Julie 302
Noveck, Ira 87

O'Connell, D. H. 15 f., 301
Olivier de Sardan, Jean-Pierre 41
Ooqueah 133
Ootah 133
Oppolzer, Theodor von 111 f.

Paltrinieri, Giovanni 155, 308
Pamphylas 115
Panofsky, Erwin 309
Park, David 301
Parmenides 81 f., 90, 92, 297
Parronchi, Alessandro 256, 314
Peary, Robert 133 ff., *134*, 147
Pelacani, Biagio 252 f., 256 ff., 314
Pelzer, Alfred 314
Perikles 113
Philon 132

Piaget, Jean 48–51, 54, 58, 67, 243, 303, 313
Pindar 35, 275
Piranesi, Giambattista 147 ff., *147*
Platon 11 f., 15 f., 30, 81, 145, 159, 280, 285, 289, 301
Plinius 113, 123 ff., 137, 219 f., 222, 231 f., 245, 307, 312
Plutarch 172 ff., 190, 306
Poncelet, Jean-Victor 275–279
Popper, Karl R. 82, 305
Powell, John U. 307
Ptolemäus 144, 170, 183, 253–258
Pytheas 132 f.

Quintilian 113, 306
Quintus Marcus Filippus 124

Raper, Jonathan 89
Reeves, Eileen A. 309
Remus Quietanus 187 f.
Riccioli, Giovanni B. 189, *194*
Righini Bonelli, Maria L. 310
Rindfleisch, T. 309
Rohr, René J. 307
Rømer, Ole 211, 213, 299
de Rosa, Agostino 314
Rothman, Milton A. 304
Rubenstein, Jayne 58, 60, 287, 304

Saharovitch, Joel 315
Said, S. S. 311
Scheiner, Christoph *194*
Seegloo 133
Séraphin, Dominique 31
Shakespeare, William 23
Shea, William R. 310
Signorelli, Luca 227, *227*, 229, *229*

Sizzi, Francesco 168, 170
Smith, Carol 53
Sobel, Dava 311
Sober, Elliott 304
Sorensen, R. 304
Sosigenes aus Alexandria 150
Spelke, Elizabeth 58, 60, 287, 304
Sperber, Dan 303
Stephenson, Richard 210, 300, 306, 311 f.
Stoichita, Victor I. 312
Strauss, Richard 39
Strawinsky, Igor 44

Talbot, William Henry Fox 26
Talmy, Len 241
Tanizaki, Junichiro 27, 302
Taton, René 311
Thales 110-121, 117, 130, 151, 306 f.
Theon von Alexandria 298
Thurow, Lester 27, 302
Titus Livius 113
Todes, Samuel 70, 301, 304
Toscanelli, Paolo dal Pozzo 253-256, 258, 314

Varro 124
Varzi, Achille 304
Vasari, Giorgio 254, 314
Veltman, Kim H. 314
Vergil 307
Vermaseren, Maarten J. 303
Vitruv 125, 255, 307
Vosnadiu, Stella 305

Walker, Christopher 305, 312
Wallach, Hans 15 f., 301
Walle, Gretchen van de 58, 60, 287, 304
Waltz, D. 301
Welser, Markus 311
Whitaker, J. 310
Wiedemann, E. 308
Wilson, Curtis 311
Wington, Patrick H. 301
Wiser, Marianne 53

Xenophanes 92
Xu, F. 315

Yehoshua, Abraham B. 23

Zaner, Richard M. 301, 304